Für Mama und Papa, die mir gezeigt haben, wie wunderbar es ist, etwas zu basteln.

Und für Elliot und Frida, die mir das alles wieder vor Augen geführt haben.

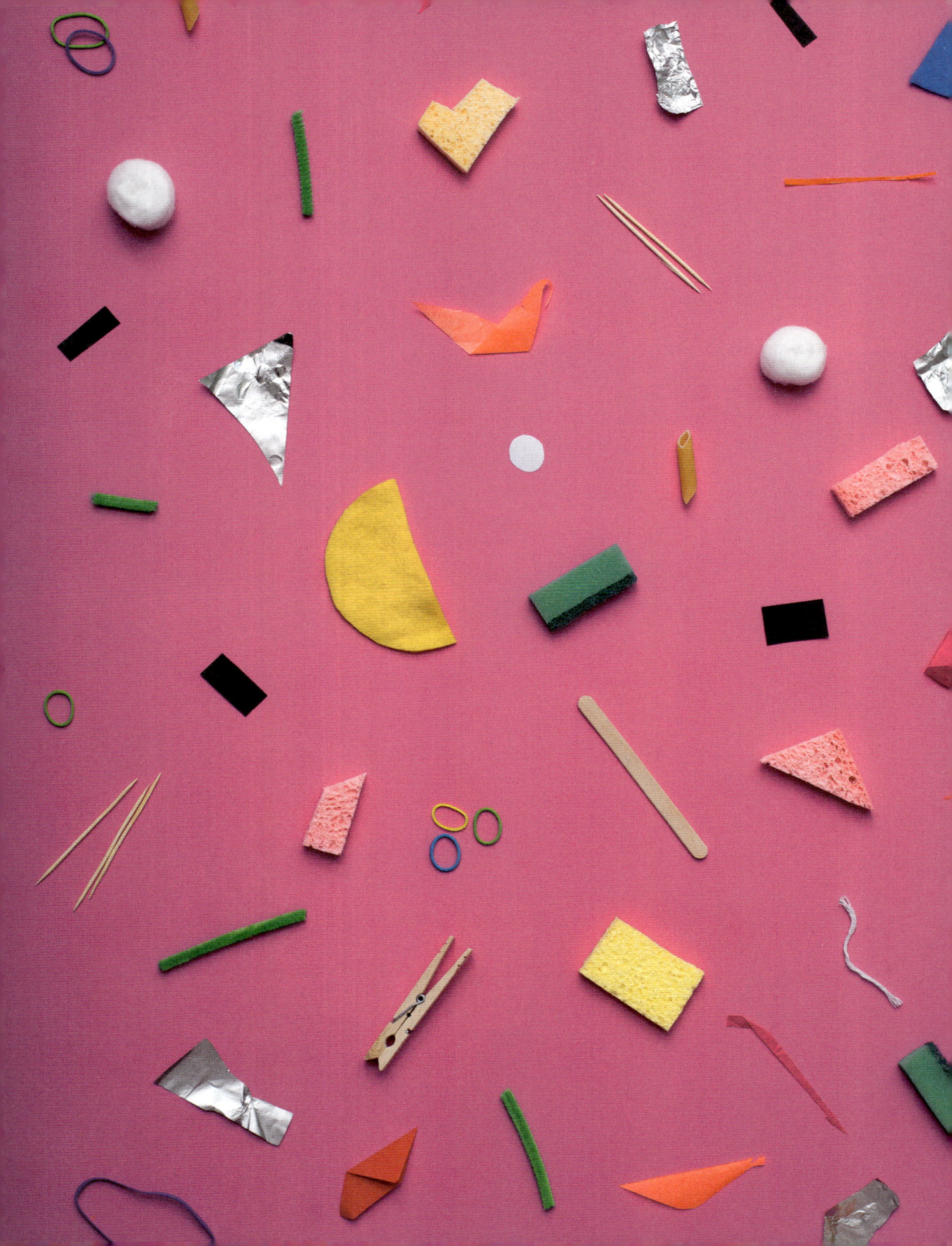

HILFE, MEIN KIND WILL BASTELN!

40 Ideen – schnell, einfach und ohne Glitzer

EMMA SCOTT-CHILD

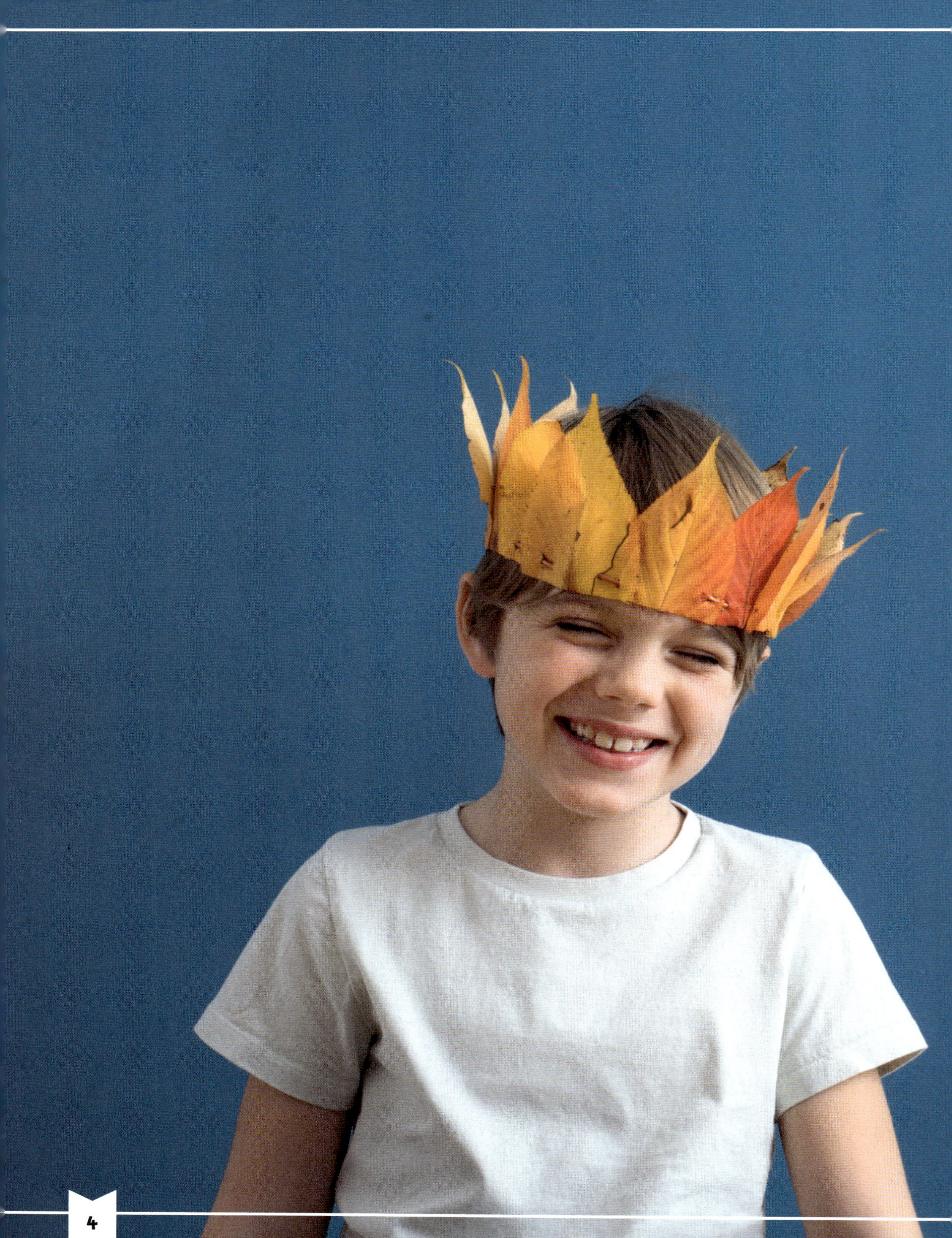

Kreativität bereichert das Leben, egal wie gut oder schlecht das Ergebnis ist. Es muss nicht perfekt sein. Auf alles, was du mit Liebe und Freude erschaffst, kannst du stolz sein. Trau dich einfach zu singen, zu tanzen oder zu basteln!
Du wirst sehen, es lohnt sich.

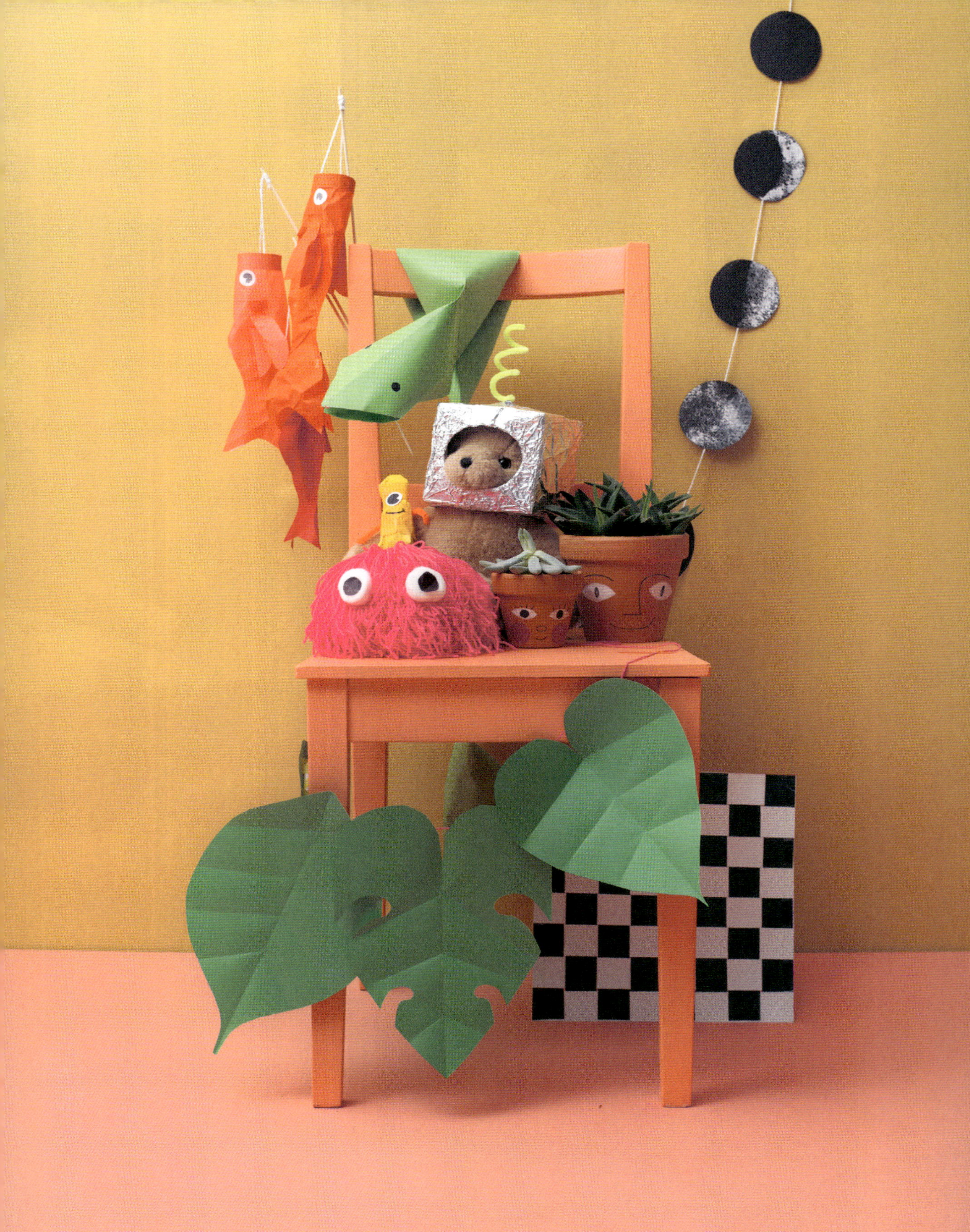

INHALT

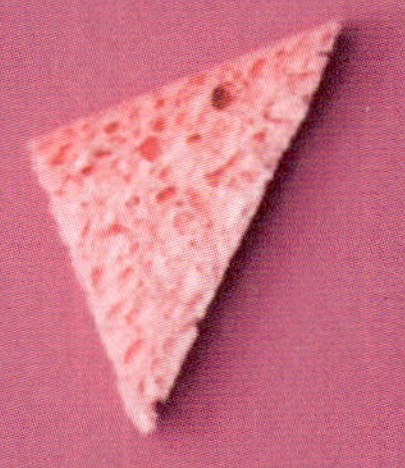

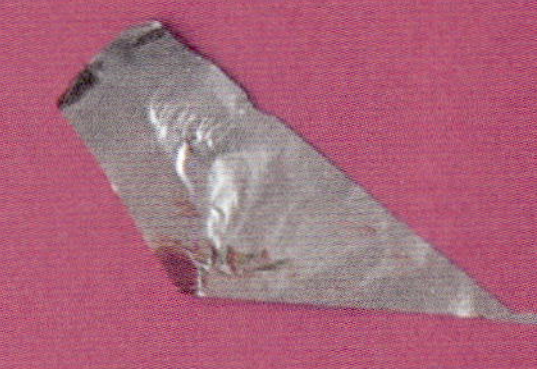

Basteln hat einen schlechten Ruf. Das ist etwas für Leute, die sich ihre Unterhosen selbst stricken und Glitzer zum Frühstück essen.

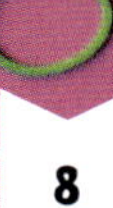

Ich glaube, dass jeder Spaß beim Basteln haben kann. Selbst wenn es schief wird oder morgen wieder auseinanderfällt. Es ist der Akt des Selbermachens an sich, der gut für die Seele ist.

Kreativität ist allgegenwärtig: wenn du Abendessen machst, wenn du dich anziehst, wenn du Entscheidungen triffst.

Ich habe jahrelang Bastel-Workshops geleitet und dabei festgestellt, dass es zwei Arten von Menschen gibt: solche, die sich selbst als „handwerklich geschickt" bezeichnen, und solche, die glauben, dass sie absolut nicht basteln können, und es nur ihren Kindern zuliebe tun.

Meiner Erfahrung nach haben diejenigen, die sich für weniger kreativ halten, am meisten Spaß daran, etwas zu basteln – aber seltener den Mut, ein Projekt in Angriff zu nehmen.

Ich hoffe, dass dieses Buch dir einen neuen Blick auf Kreativität und Basteln gibt. Schief ist okay! Bastele aus Dingen, die normalerweise weggeworfen werden. Es muss nicht Pinterest-tauglich sein. Bastele einfach, um zu basteln.

Mach es dir so leicht wie möglich und gib die Vorstellung von Perfektion auf. Dann scheint alles besser umsetzbar.

Meistens werden die Leute durch Zeitmangel sowie Angst vor Schmutz und Chaos davon abgehalten, kreativ zu werden. Daher habe ich, während ich dieses Buch geschrieben habe, ein paar Regeln für mich aufgestellt:

+ keine klecksende, schmierende Malerei
+ kein Nähen
+ keine speziellen Utensilien
+ und vor allem KEIN GLITZER!

Die Projekte in diesem Buch sind schnell gemacht, doch sie können Abenteuer starten, die etwas länger dauern.

Wahrscheinlich hast du keine Zeit, den ganzen Nachmittag zu werkeln, aber du hast sicher zehn Minuten, um ein Papier-Monster zu basteln, mit dem du den restlichen Tag ein tolles Monster-Abenteuer erleben kannst. Ist das gemeinsame Basteln vorbei, können die Kinder allein losziehen und damit spielen, es anziehen oder es aufhängen, damit jeder es bewundern kann.

So wird's gemacht

LOS GEHT'S

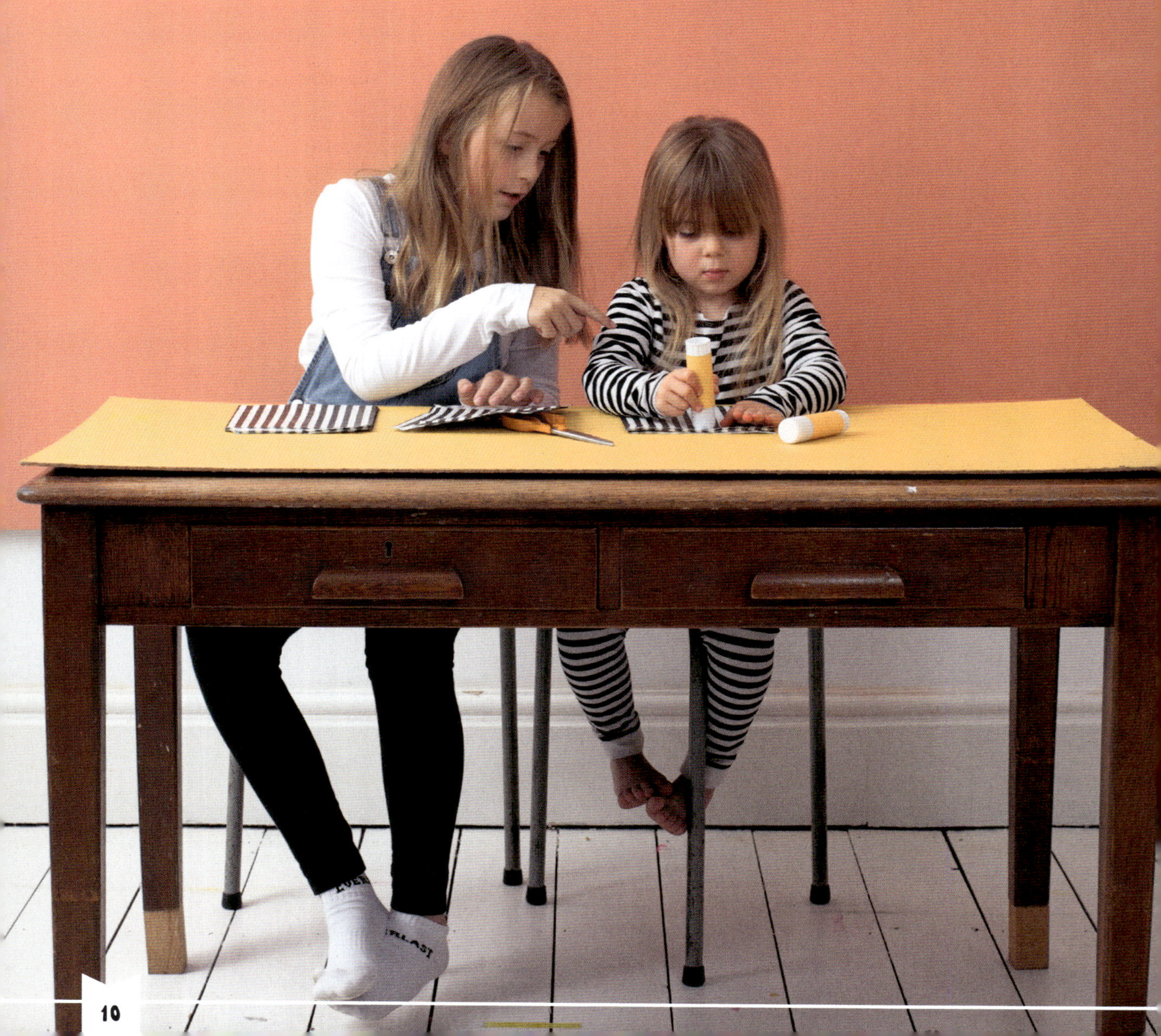

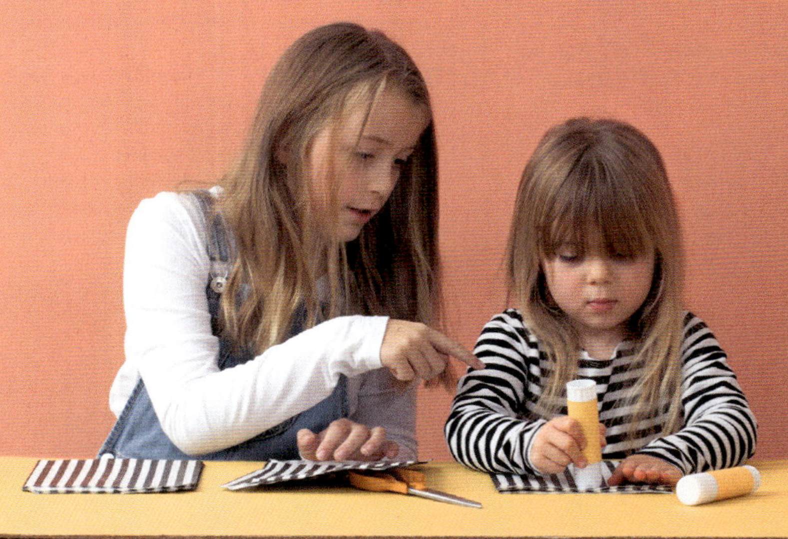

WARUM BASTELN WIR?

Die Projekte in diesem Buch sind alle so angelegt, dass wir kreativ denken lernen. Etwas anzufertigen, zu dekorieren und auch zu spielen, hilft uns, Aspekte von Design um uns herum wahrzunehmen: wie Objekte funktionieren, wie Farben harmonisch kombiniert werden, wie Formen zu Gesichtern werden können und wie wir visuell miteinander kommunizieren. Basteln kann uns helfen zu verstehen, wie wir Probleme in unserer Welt lösen können.

Ich sehe dieses Buch als eine Art Rezeptbuch. Du kannst ein Projekt so ausprobieren, wie du vielleicht an einem regnerischen Nachmittag ein Backbuch durchblätterst und einen Kuchen bäckst. Und so wie du dann vielleicht auch alle Zutaten dafür in der Küche hast, hast du wahrscheinlich auch die meisten Dinge im Haus, die du für das Bastelprojekt benötigst.

Am wichtigsten ist, dass du es zusammen mit deinem Kind machen kannst. Jüngere können vielleicht nur etwas beim Kleben helfen, aber das Ergebnis ist dasselbe – der „Sieh-mal-was-wir-gemacht-haben!"-Moment am Ende.

WIE LANGE DAUERT ES?

Für die Projekte braucht man unterschiedlich viel Zeit, je nach Alter und Zahl der Kinder, die dabei mitmachen. Ich habe neben die Titel kleine Uhren gesetzt, an denen man erkennen kann, dass es ziemlich schnelle Projekte, aber – am Ende der Kapitel – auch längere gibt, die sich für Regennachmittage eignen.

WER MACHT WAS?

Die Altersspanne für die Projekte liegt zwischen vier und elf Jahren, aber selbst Kinder, die zu klein sind, um bei diesen Projekten mitzumachen, profitieren davon, wenn sie zusehen und können beim Kleben und Stempeln helfen.

In den Anleitungen habe ich Abschnitte mit ***Mit erwachsener Assistenz*** gekennzeichnet. Das sind Schritte, bei denen man besonders aufpassen muss, zum Beispiel weil ein Cuttermesser oder Sekundenkleber verwendet wird.

Ältere Kinder (ab 8 Jahren) können einem jüngeren vielleicht helfen oder die Projekte allein anfertigen. Dann sollte man sie darauf aufmerksam machen, wenn etwas mit erwachsener Assistenz gedacht ist, damit sie wissen, wann sie einen Erwachsenen fragen müssen. Oder man beaufsichtigt sie beim Basteln.

Auch wenn auf den meisten Fotos meine Hände zu sehen sind, können die meisten Arbeitsschritte von den Kindern selbst ausgeführt werden. Du kennst die Fähigkeiten deines Kindes am besten, ermuntere es also, das selbst zu machen, was du ihm zutraust. Vielleicht überrascht es dich mit seinen Fertigkeiten, wenn es die Gelegenheit bekommt, sie zu zeigen.

Und nicht vergessen, nichts muss perfekt sein. Loszuzulegen und etwas zu schaffen, ist an sich schon eine tolle Leistung.

Du musst kein Bastel-Nerd sein und kein besonderes Bastelmaterial haben. Das meiste, was in diesem Buch verwendet wird, hast du wahrscheinlich bereits im Haus.

Als Designerin betrachte ich Dinge oft mit einem zweiten Blick und überlege, auf welch unterschiedliche Weisen man sie verwenden könnte. Die besten Bastelmaterialien liegen schon irgendwo im Haus rum und warten auf ihre Wiedergeburt. Das Regal unter der Spüle ist voller Schätze und die Wertstofftonne ebenso.

Die nächsten Seiten zeigen dir all die Dinge, die man für die Projekte hier benötigt. Das meiste findest du bereits bei dir zu Hause. Aber alles hier Gezeigte kann man problemlos im Supermarkt, im Schreibwarenladen oder in 1-Euro-Läden erstehen.

KÜCHE

Plastikflaschen
Gabel
Essstäbchen
Zahnstocher
Alufolie
Schaschlikstäbchen
Eisstäbchen
Geschirrtuch
Trockene Pasta
Pappbecher
Pappteller
Schwämme
Holzwäscheklammern
Gummihandschuhe

HAUSHALT

Gewebeband
Malerkrepp
Cuttermesser (mit Schneideunterlage)
Sekundenkleber

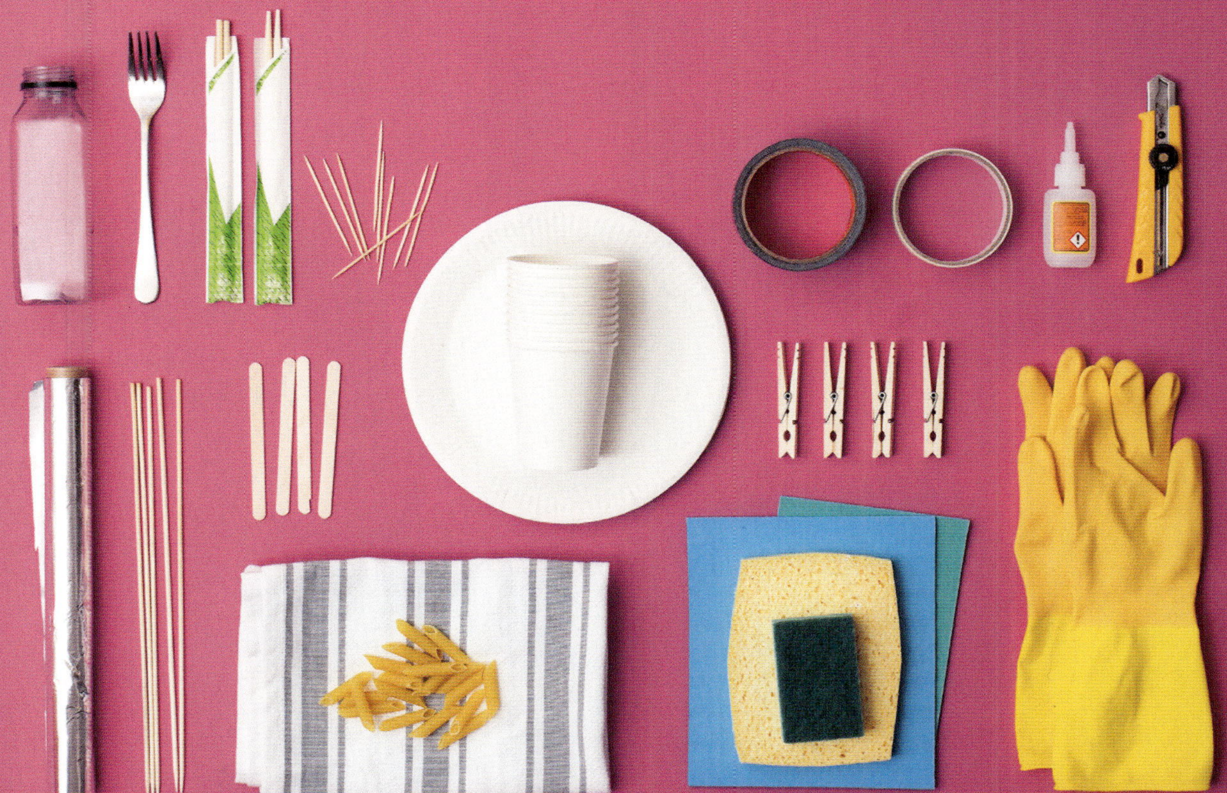

Bastelzubehör

SCHREIBTISCH

Schere
Klebestift
Kreidemarker
Wasserfeste Stifte
Bleistift
Lineal
Bürohefter
Filzstifte
Reißzwecken
Gummibänder
Klebeband
Klebepunkte

BAD

Klopapierrollen
Taschentuchbox
Watteballchen
Zahnseide
Nagelschere
Nagellack

GARTEN

Blumentopf
Pflanzen

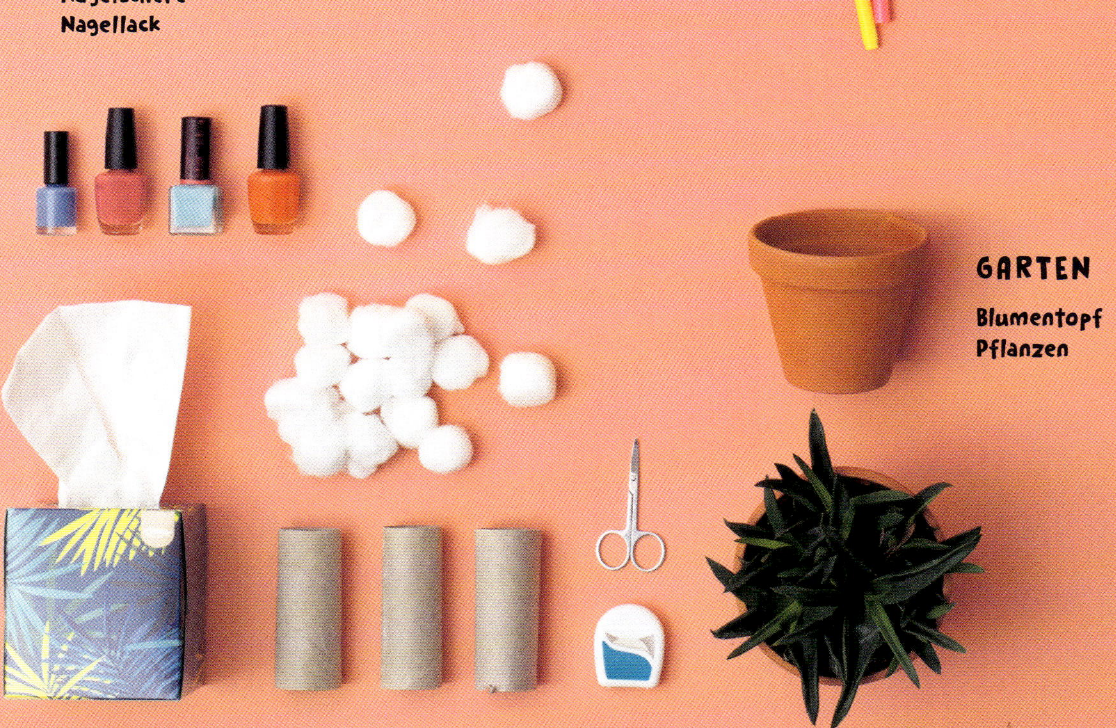

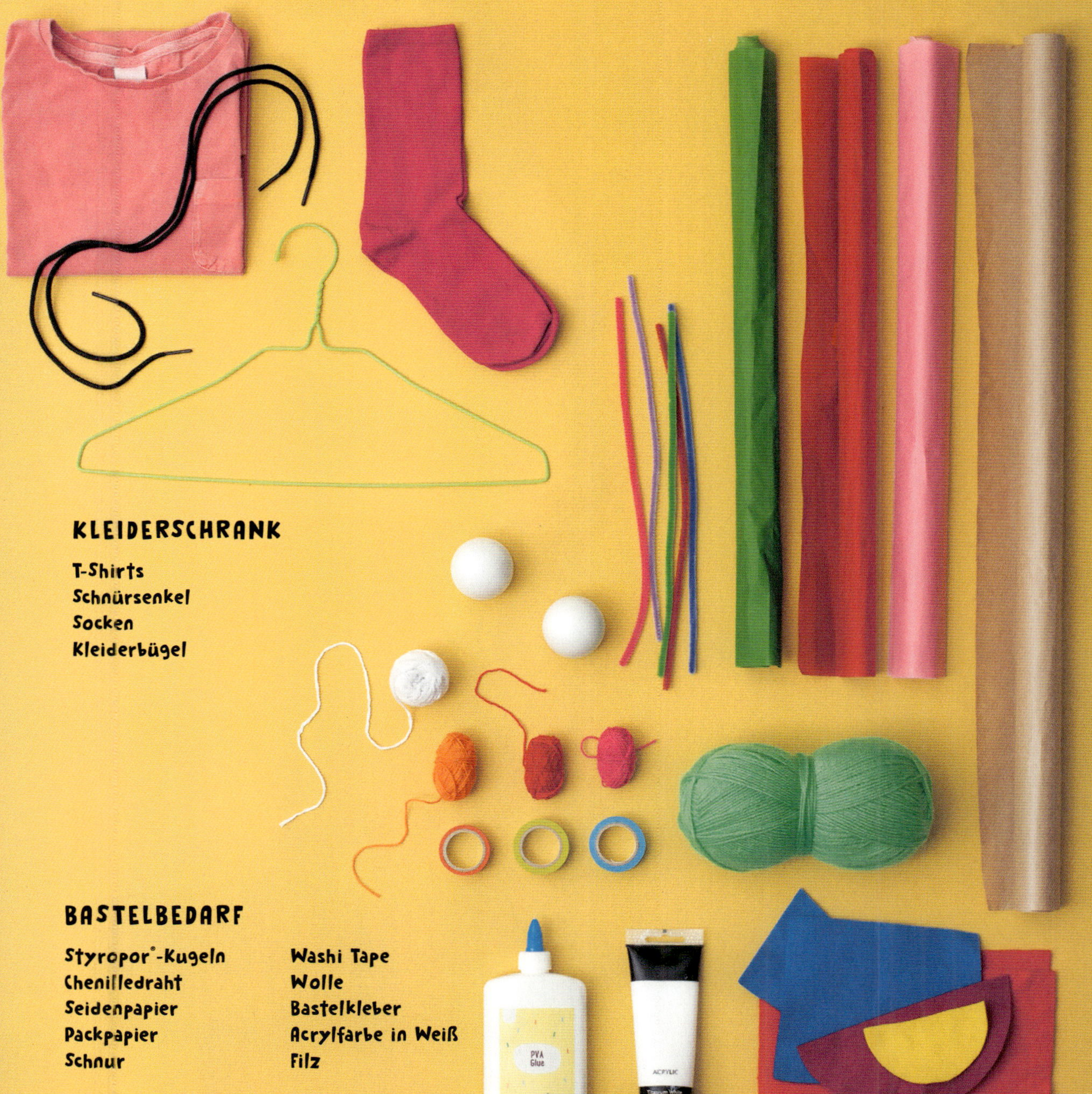

KLEIDERSCHRANK

T-Shirts
Schnürsenkel
Socken
Kleiderbügel

BASTELBEDARF

Styropor®-Kugeln
Chenilledraht
Seidenpapier
Packpapier
Schnur
Washi Tape
Wolle
Bastelkleber
Acrylfarbe in Weiß
Filz

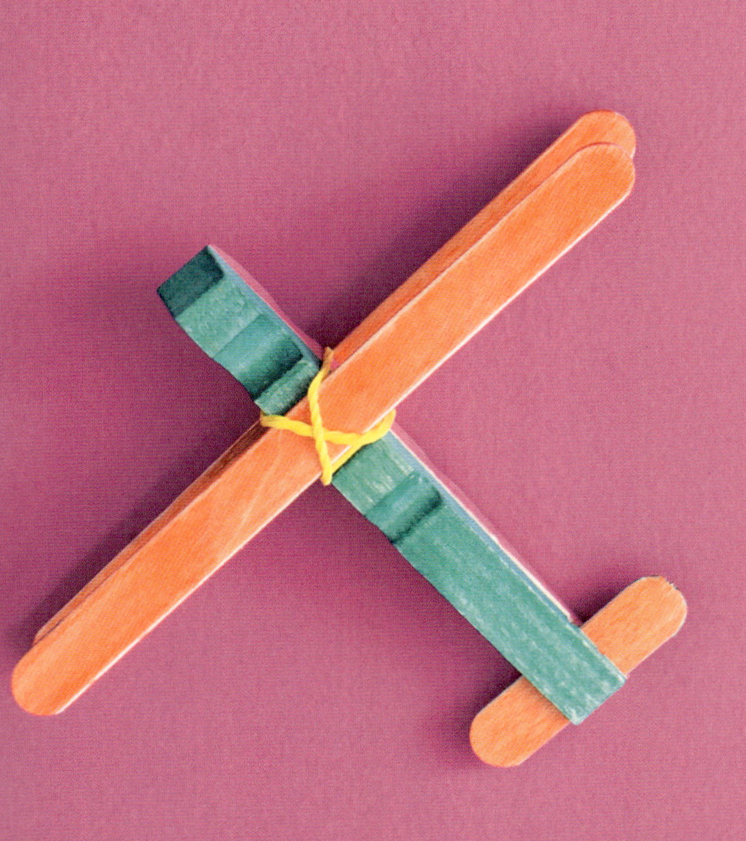

KAPITEL 1

ZUM SPIELEN

PROJEKTE FÜR KREATIVE SPIELABENTEUER

PAPIER-MONSTER

Wenn du mal einen Fehler gemacht und das Papier zusammengeknüllt hast, war das zufälligerweise schon der erste Schritt, um ein lustiges kleines Monster zu machen.

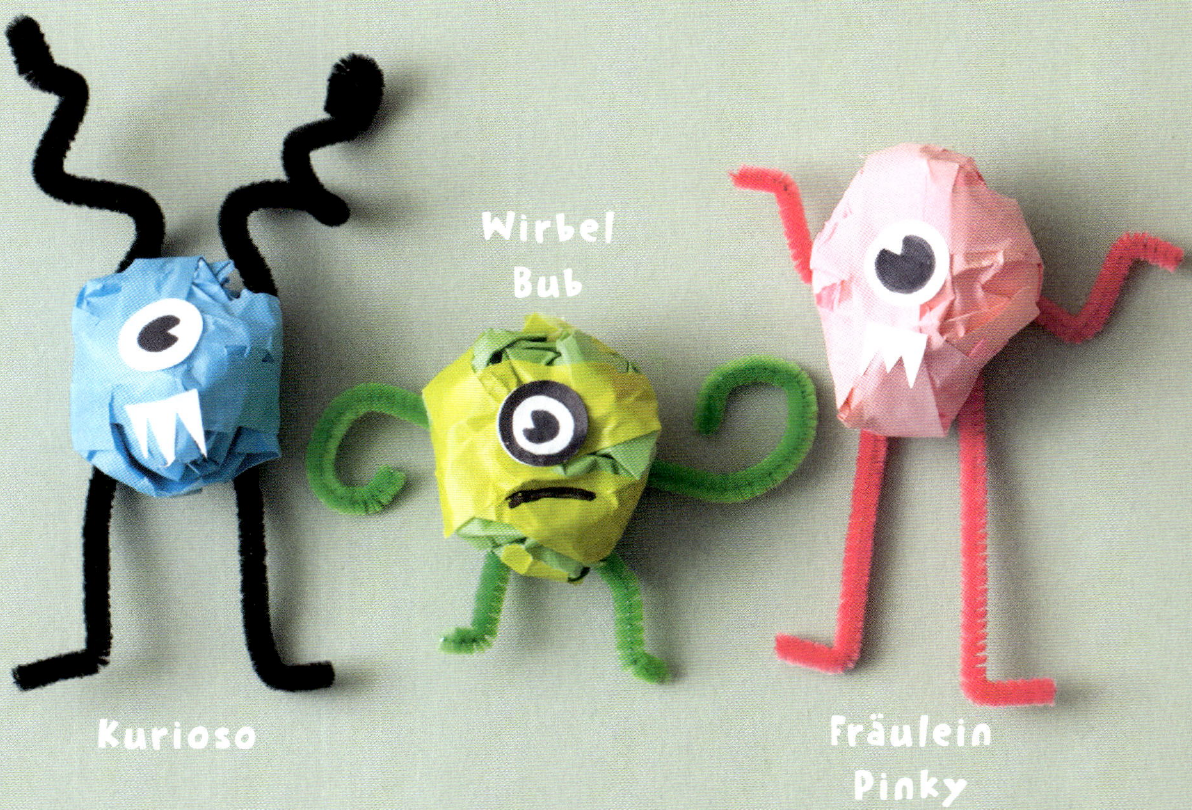

Wirbel Bub

Kurioso

Fräulein Pinky

Diese Kerlchen regen wunderbar zum kreativen Spielen an! Sie zeigen auch, wie leicht man mit Formen und Farben den Charakter von Figuren verändern kann.

Wenn deine Monster-Bande fertig ist, kannst du ihnen Namen geben und überlegen, welche besonderen Monster-Fähigkeiten sie haben könnten. Und wenn du Lust hast, kannst du ihnen aus einem Schuhkarton noch ein Haus basteln.

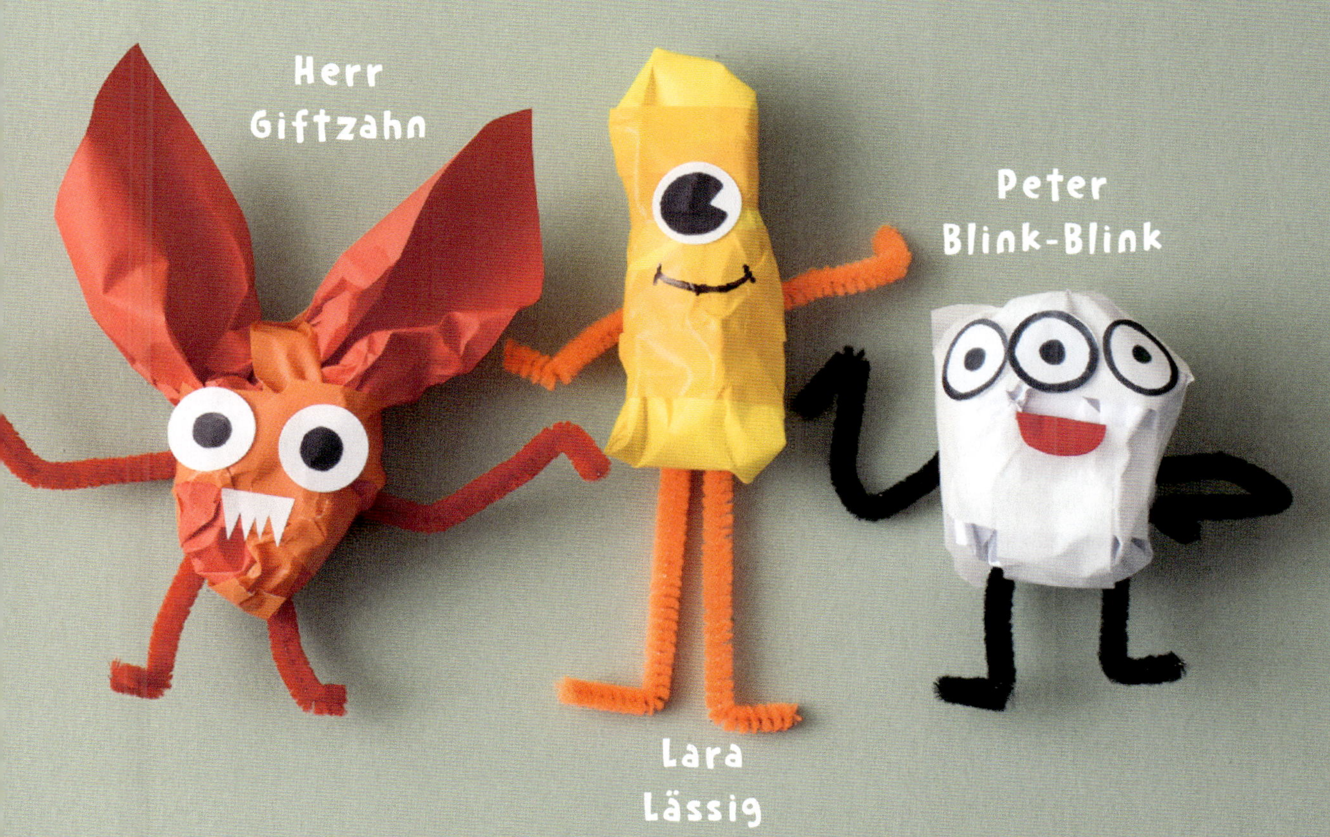

DU BRAUCHST

- **Papier**
  Seidenpapier, Zeitung, Geschenkpapier, Alufolie etc
- **2 Chenilledrähte**
- **Klebeband**
  Washi Tape sieht toll aus, Malerkrepp oder Klebefilm gehen auch
- **Klebepunkte in Weiß**
  oder Papierkreise ausschneiden und aufkleben
- **Filzstift in Schwarz**
- **Schere**

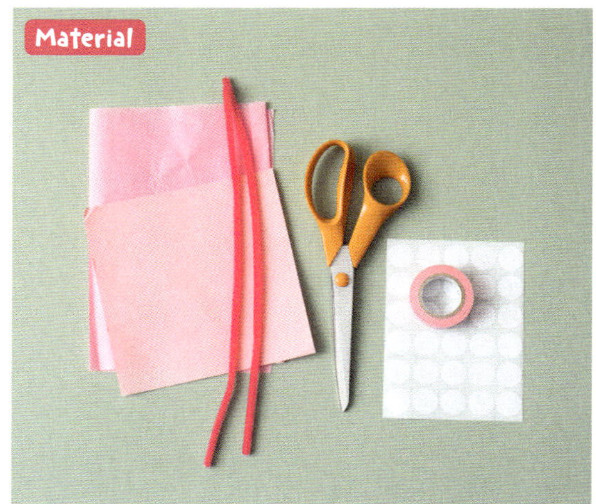
Material

ANLEITUNG

1 Das Papier zu einer Kugel knüllen. Ich habe hier Seidenpapier verwendet.

2 Umwickle die Kugel mit etwas Klebeband, damit sie zusammenhält.

3 Chenilledraht für die Arme und Beine zurechtbiegen und falls nötig mit der Schere auf die richtige Länge zurückschneiden.

4 Klebe nun die Chenilledrähte am Rücken des Monsters fest.

5 Augen auf die Klebepunkte zeichnen oder für die Augen Kreise aus Papier ausschneiden. Vergiss nicht, manche Monster haben nur ein Auge, andere haben sehr viele!

6 Andere Details wie Reißzähne, Augenbrauen oder vielleicht einen Schnurrbart ausschneiden.

7 Klebe die Augen und Details deiner Wahl auf das Monster und gestalte so das Gesicht.

8 Jetzt kannst du deinem Monster einen Namen geben und dir überlegen, was für schaurige Fähigkeiten es hat. Bastele mehrere Monster in unterschiedlichen Formen und Farben!

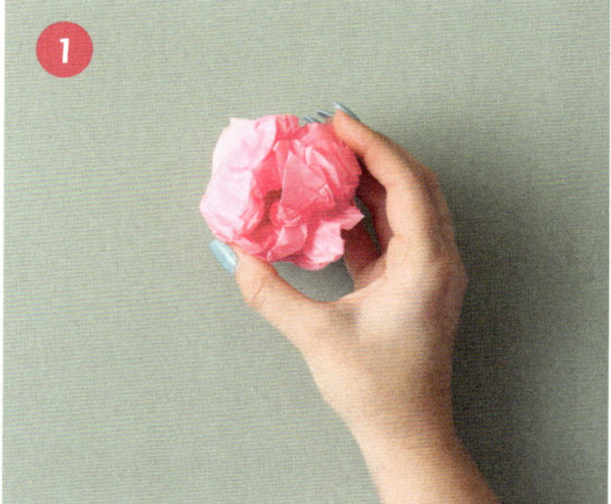
1

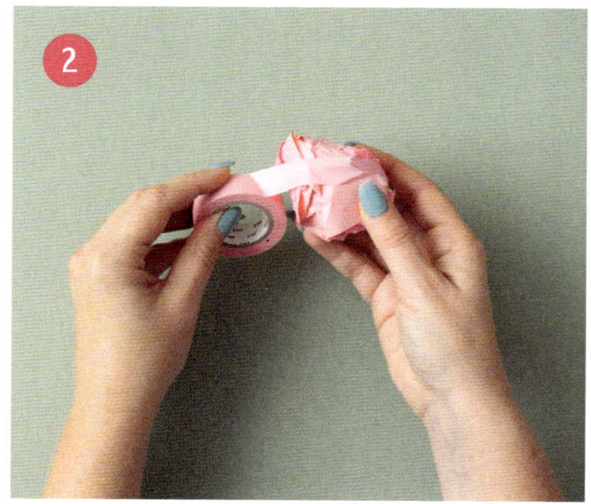
2

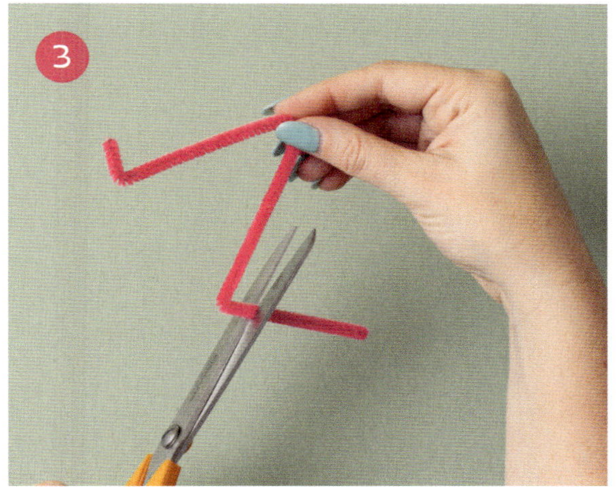
3

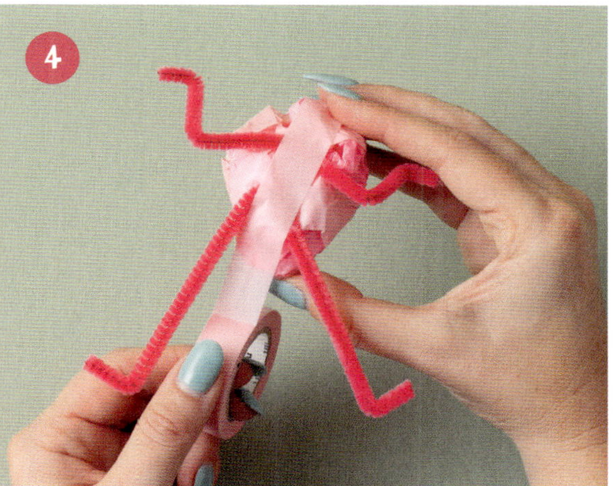
4

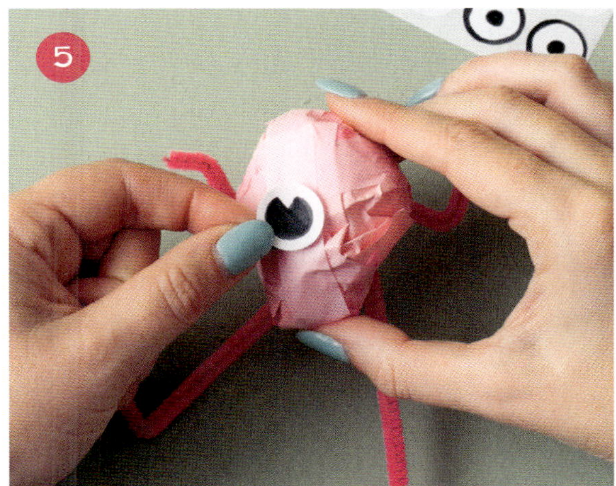
5

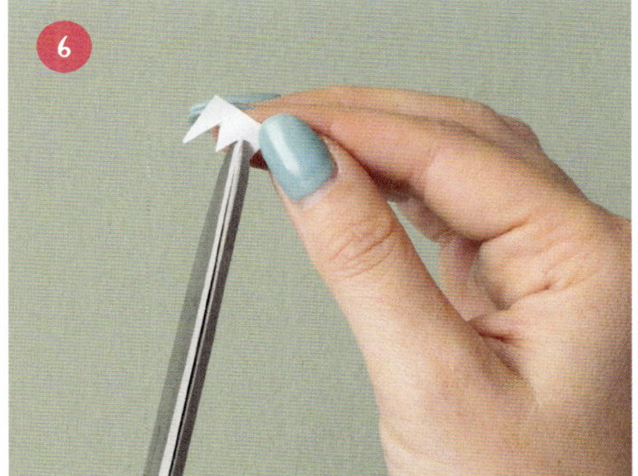
6

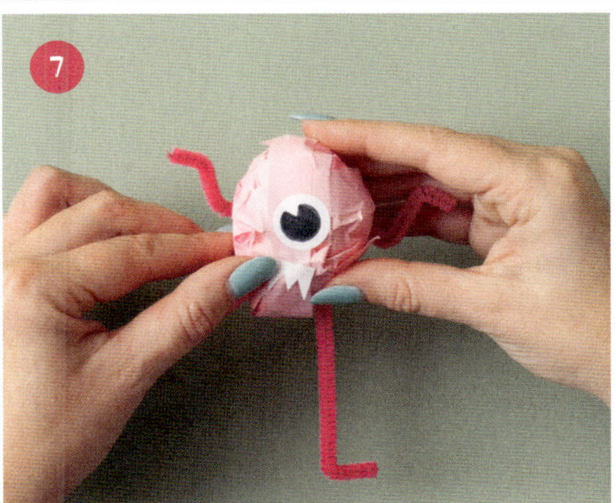
7

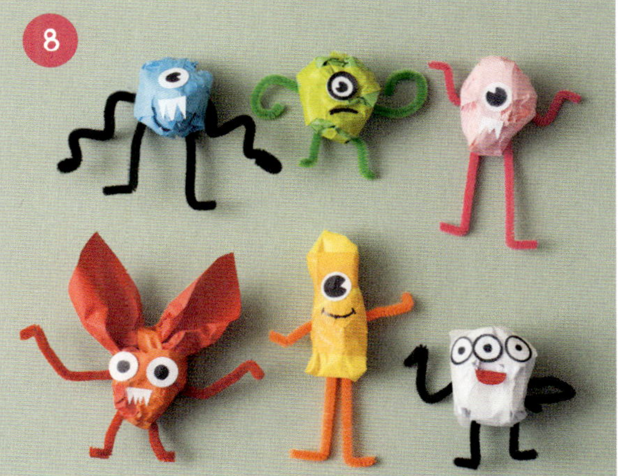
8

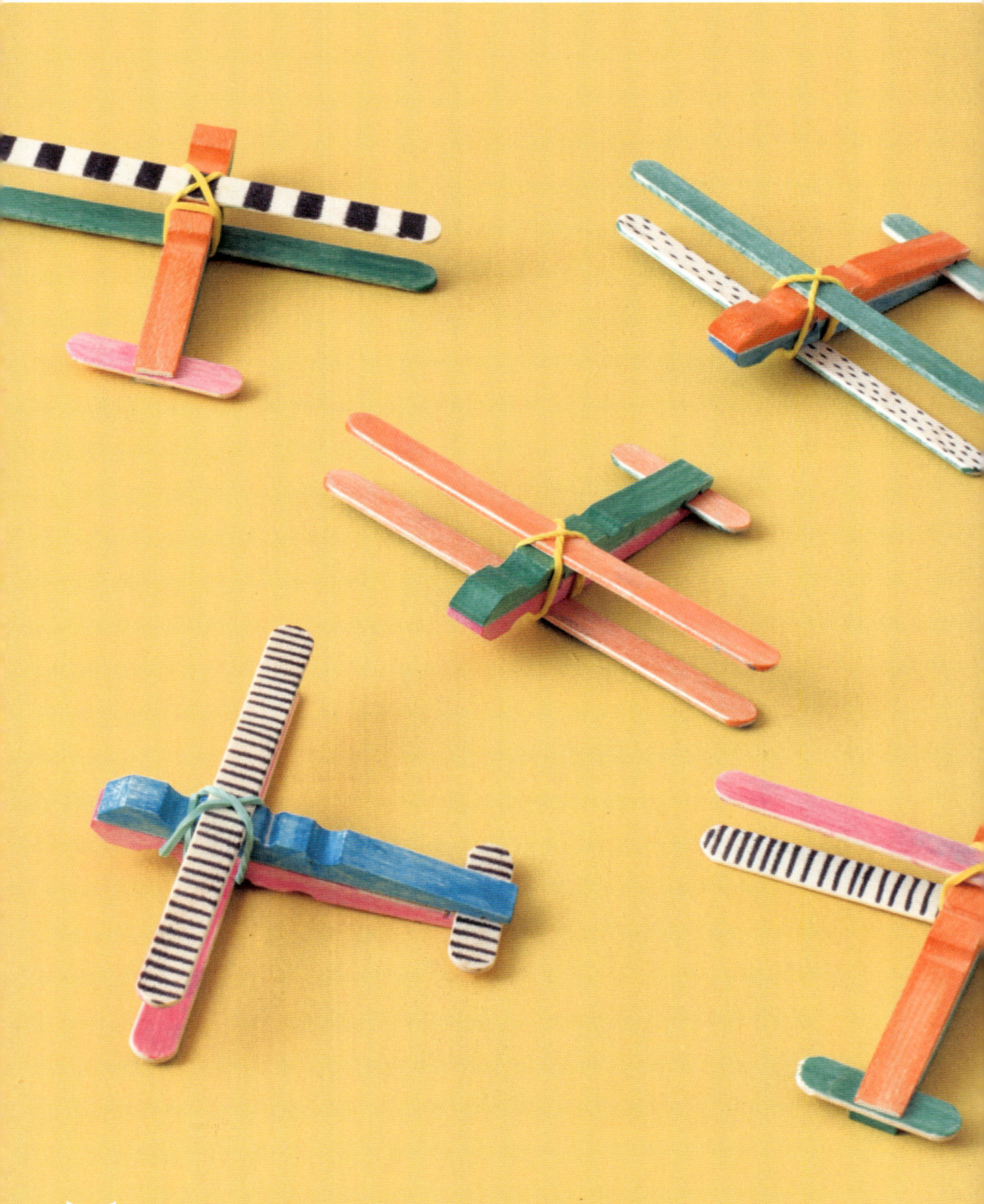

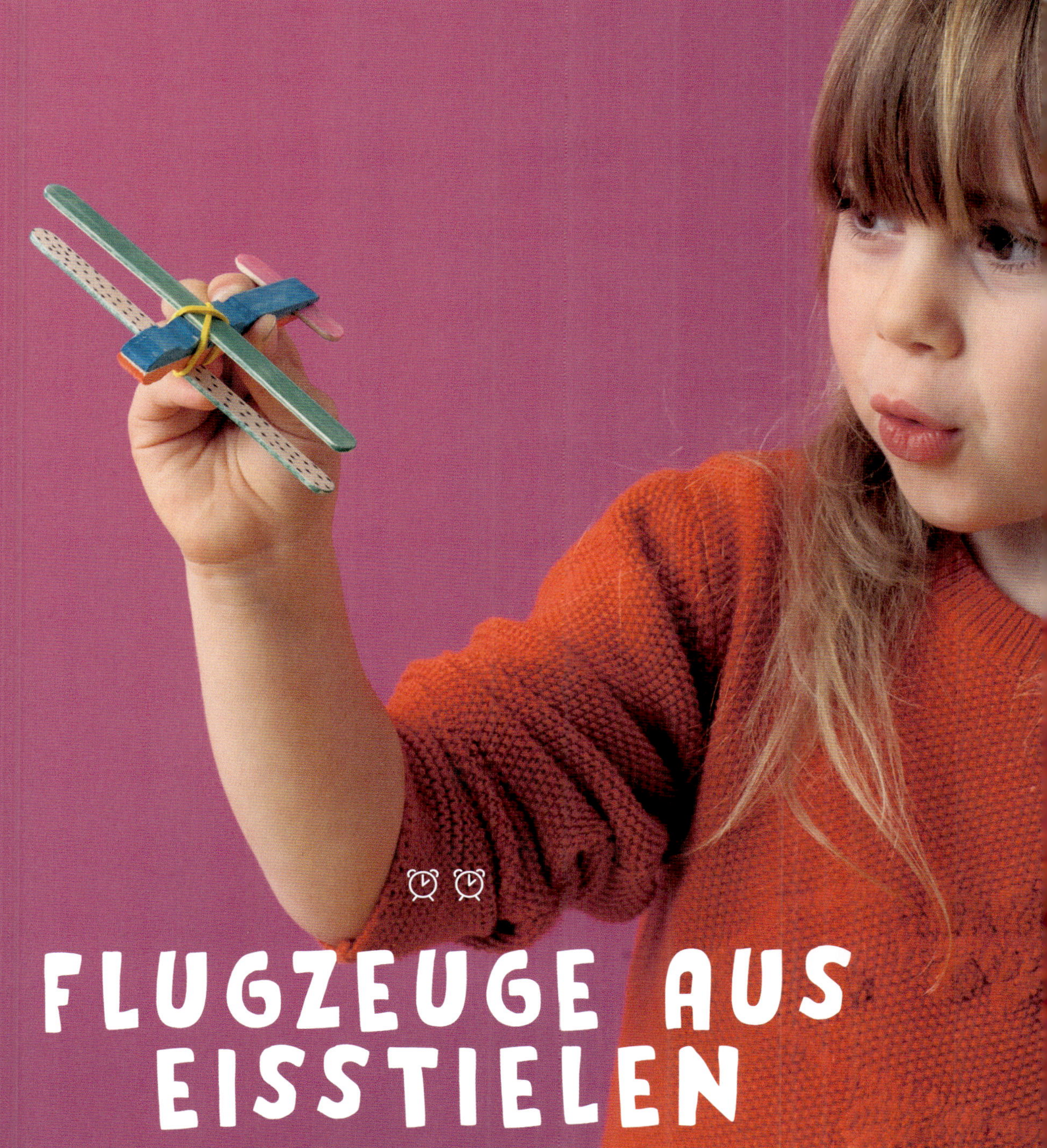

FLUGZEUGE AUS EISSTIELEN

Diese kleinen Flugzeuge sind einfach aus Holzwäscheklammern, Eisstielen und Gummibändern gemacht. Wenn das nicht die perfekte Entschuldigung dafür ist, ein Eis am Stiel zu essen, dann weiß ich auch nicht weiter!

DU BRAUCHST

- 3 Eisstiele
- Holzwäscheklammer
- Gummiband
- Filzstifte
- Schere
- Bastelkleber

ANLEITUNG

1 Nimm die Wäscheklammer auseinander und bemale alle Holzteile mit Filzstift.

2 Für den Flugzeugkörper die Teile andersherum wieder zusammensetzen, sodass die geraden Seiten aufeinanderliegen.

3 Lege einen Eisstiel quer auf den Flugzeugkörper und befestige ihn mit einem Gummiband. Verdrehe das Gummiband dabei so, dass von oben ein X zu sehen ist.

4 Das Flugzeug umdrehen und den anderen Eisstiel auflegen. Wickle das Gummiband darum – wieder so kreuzen, dass oben ein X zu sehen ist. Wenn dein Gummi sehr lang ist, musst du es vielleicht mehrmals um die Hölzer wickeln, damit es schön fest sitzt.

5 Brich vom übrigen Eisstiel vorsichtig ein kleines Stück für das Heck ab.

6 ***Mit erwachsener Assistenz*** Die Bruchkante des Eisstiels für das Heck mit einer Schere in Form schneiden, damit sie glatt und rund ist wie die andere Seite.

7 Stecke das Heck am hinteren Ende zwischen die Ober- und Unterseite. Um es zu sichern, kannst du es mit etwas Bastelkleber festkleben.

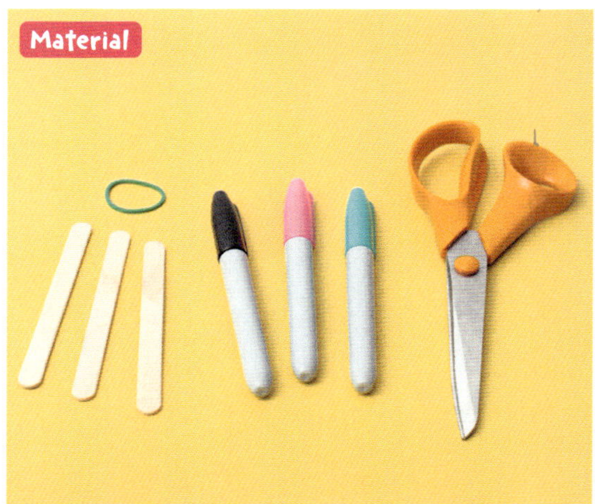

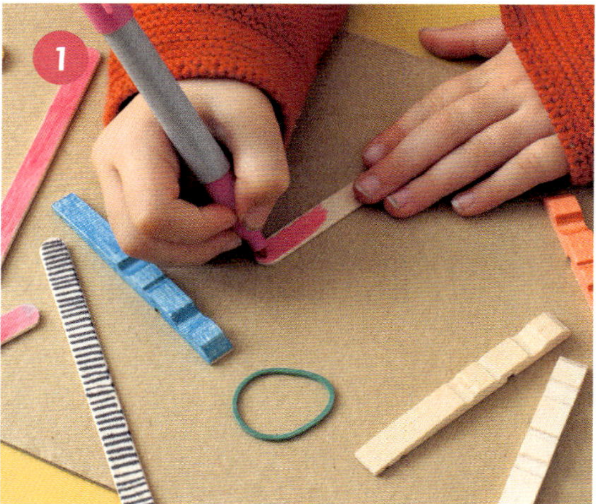

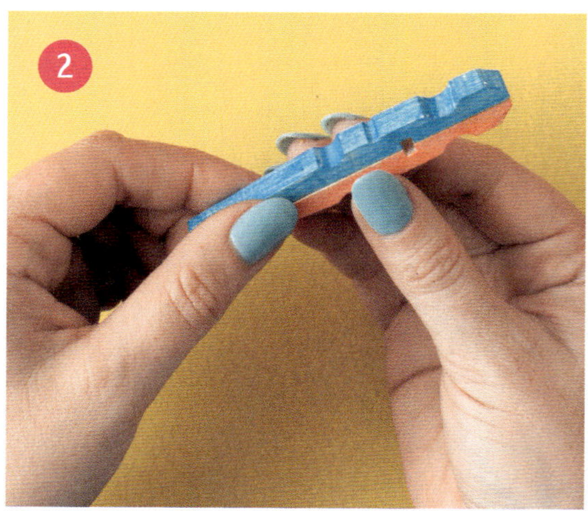

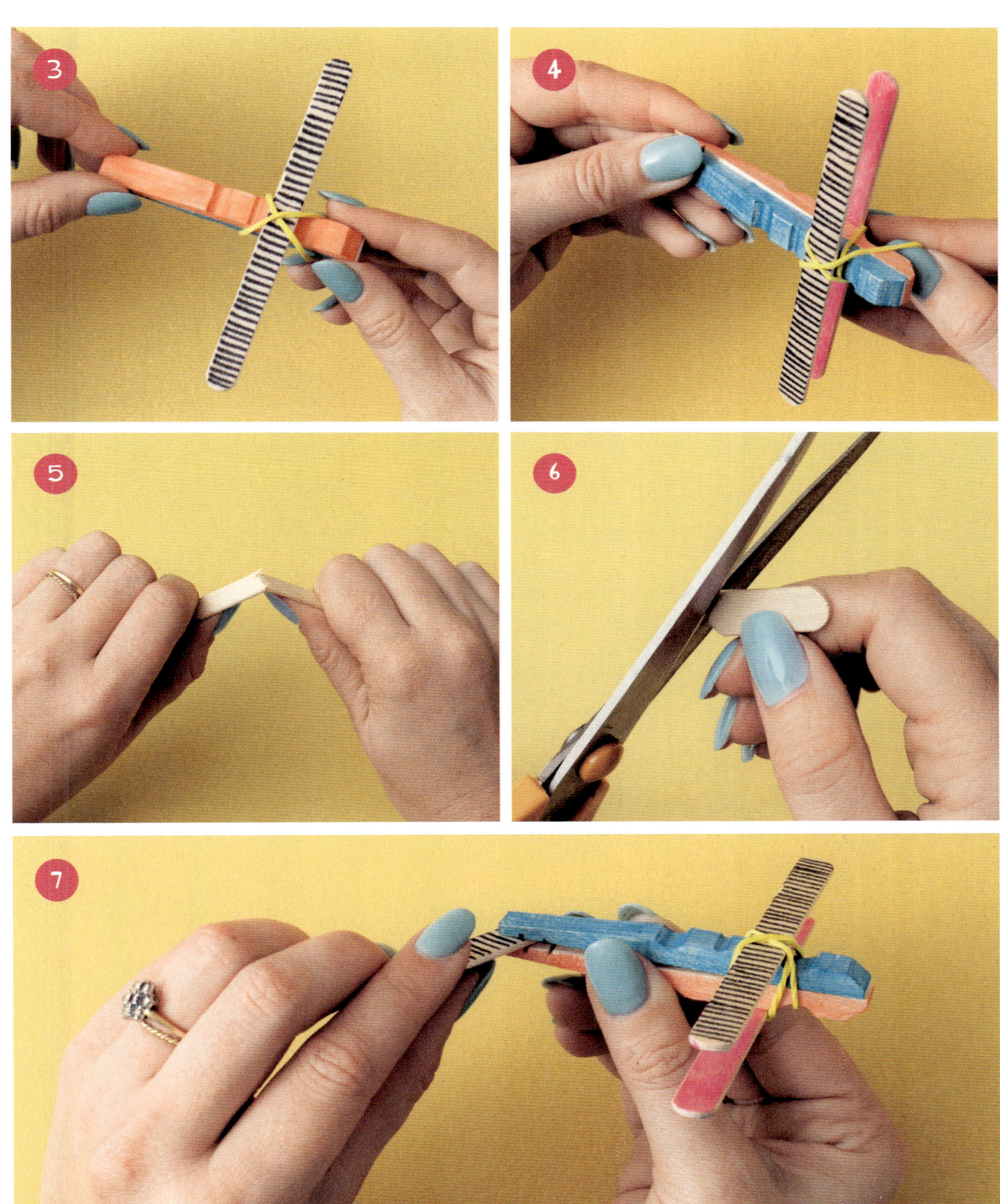
3
4
5
6
7

ASTRONAUTENHELM FÜR DEN TEDDY

Wenn dein Teddy gerne ein Astronaut werden möchte, braucht er einen Astronautenhelm.* Dieser hier ist aus einer Schachtel für Taschentücher und in nur etwa fünf Minuten gemacht.

* NICHT FÜR DEN ECHTEN WELTRAUM GEEIGNET.

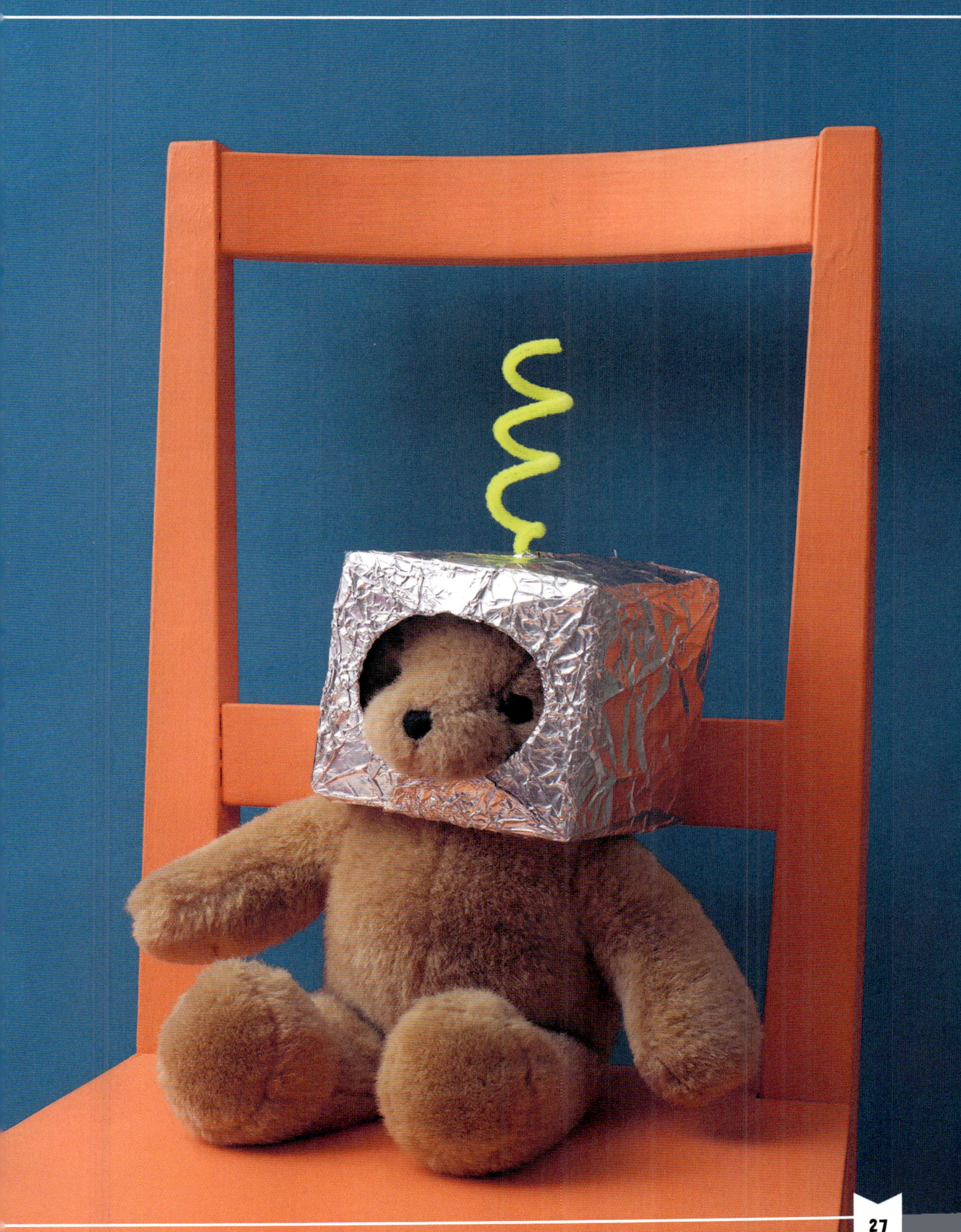

DU BRAUCHST

- **Taschentuchbox**
  oder andere Schachtel, die auf den Kopf des Teddys passt
- **Alufolie**
- **Chenilledraht**
- **Schere**
- **Klebeband**
- **Teddy**
  alternativ Puppe, Hasen, Affen – wer auch immer in den Weltraum fliegen will

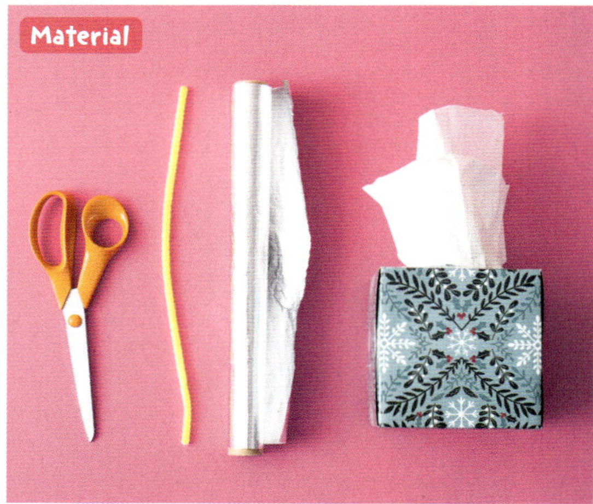

ANLEITUNG

1 Nimm die Tücher aus der Schachtel. Aus dem Loch wird der Teddy später herausschauen – es ist sein Sichtfenster.

2 ***Mit erwachsener Assistenz*** In eine Seite, neben der mit dem Loch, noch ein Loch schneiden. Durch dieses wird der Kopf des Teddys später hineingesteckt.

3 Lege die Schachtel mittig auf ein großes Stück Alufolie. Die Folie seitlich um die Schachtel legen und am Sichtfenster nach innen biegen.

4 Drücke die Folie um das Fenster herum fest, sodass die Kante glatt ist.

5 Den Chenilledraht um einen Finger aufwickeln, dabei ein Ende gerade lassen.

6 ***Mit erwachsener Assistenz*** Bohre mit der Schere vorsichtig ein Loch oben in den Helm.

7 Den Chenilledraht durchstecken, innen umbiegen und mit Klebeband befestigen.

8 Brich die Folie auf der Unterseite beim Loch für den Kopf auf und biege sie rund um die Öffnung nach innen. Jetzt kannst du deinem Teddy den Helm überstülpen!

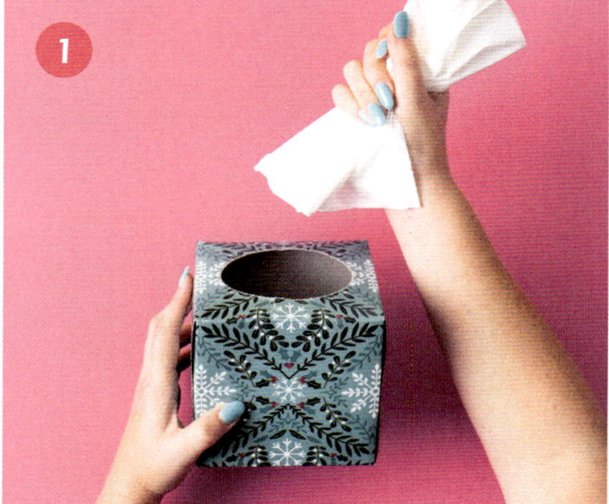

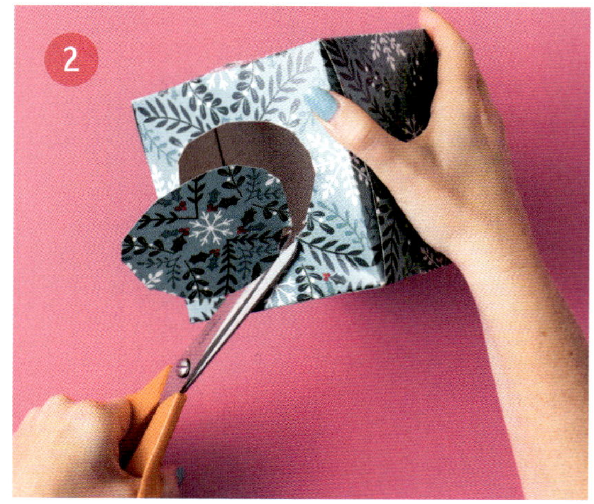

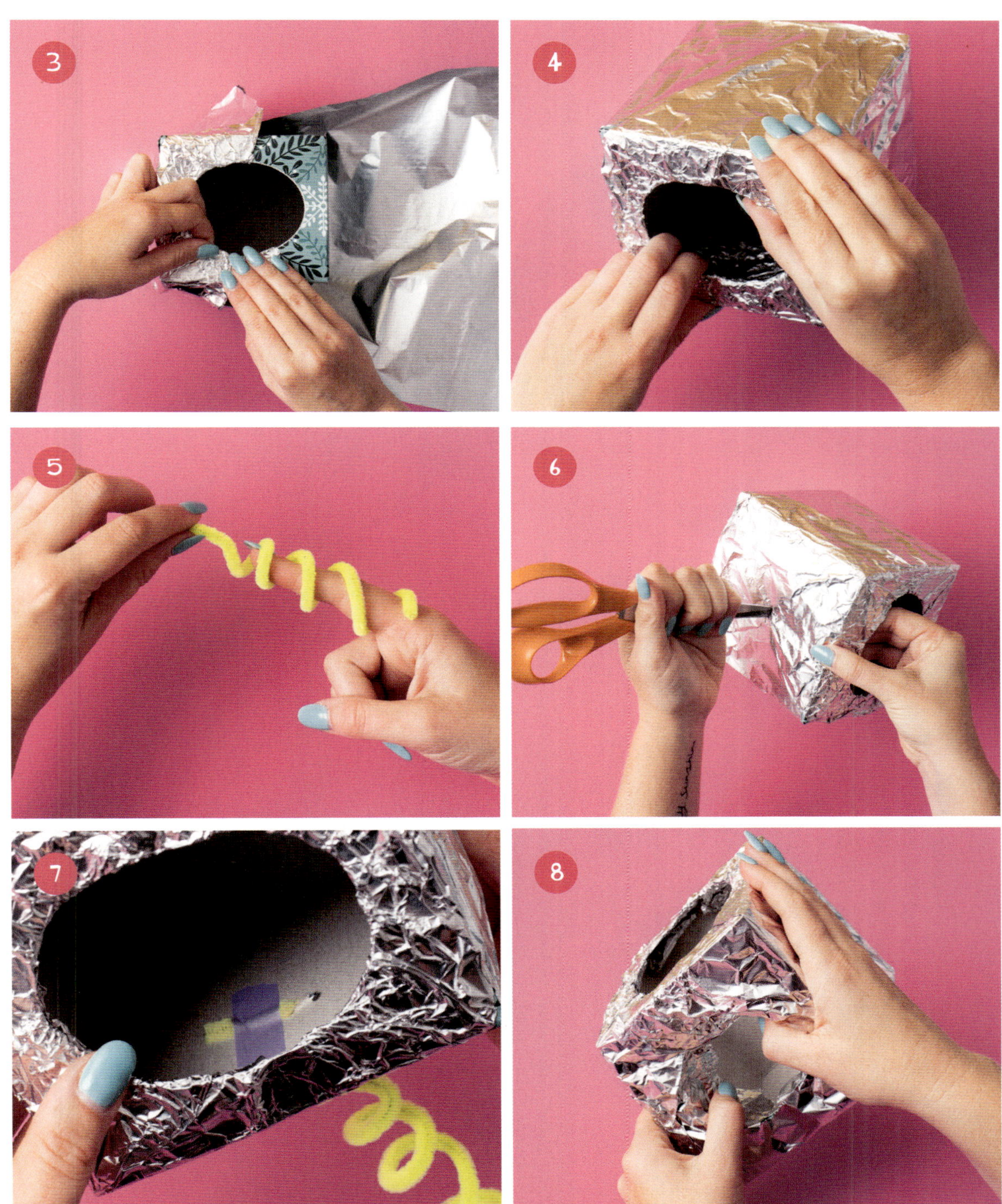
3
4
5
6
7
8

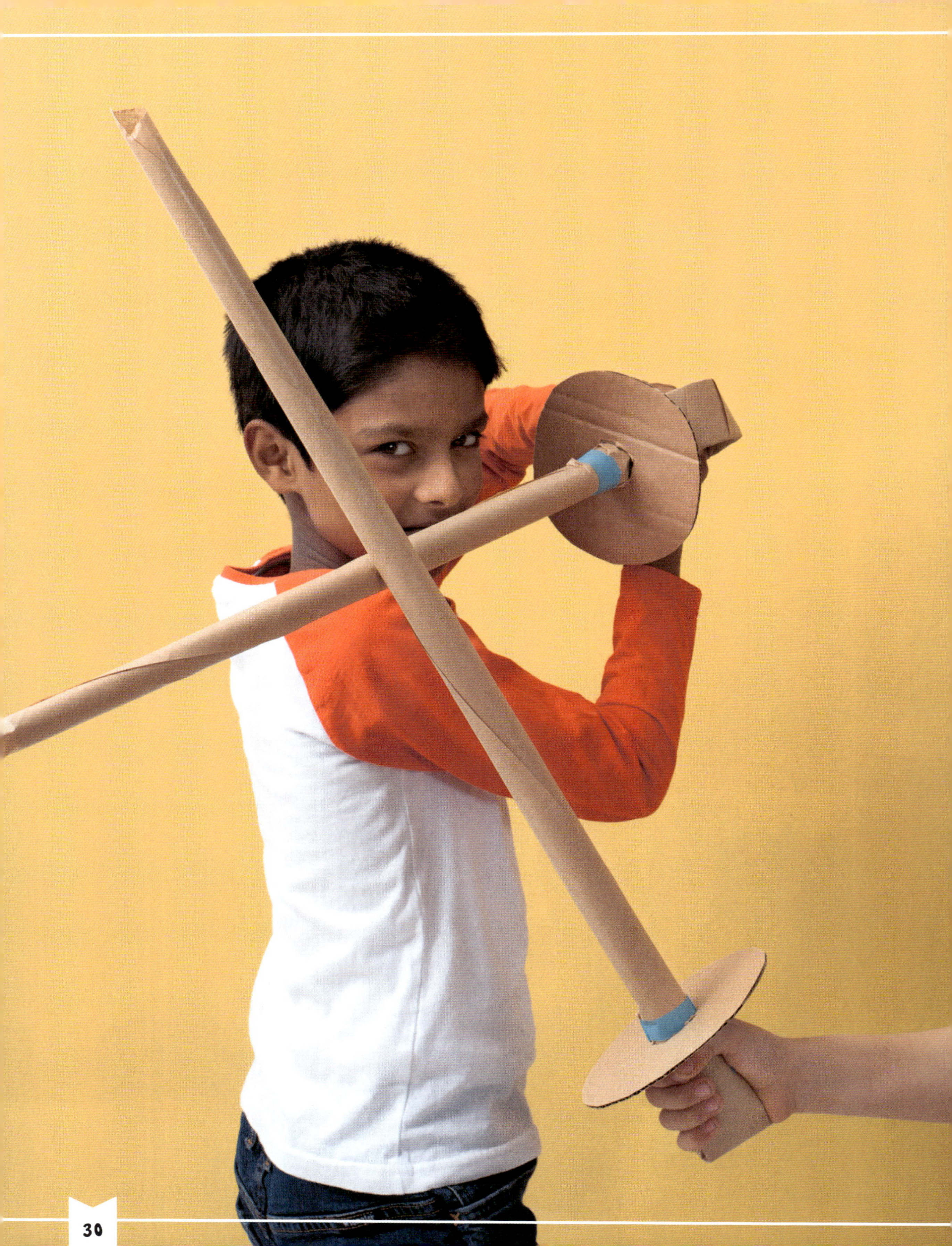

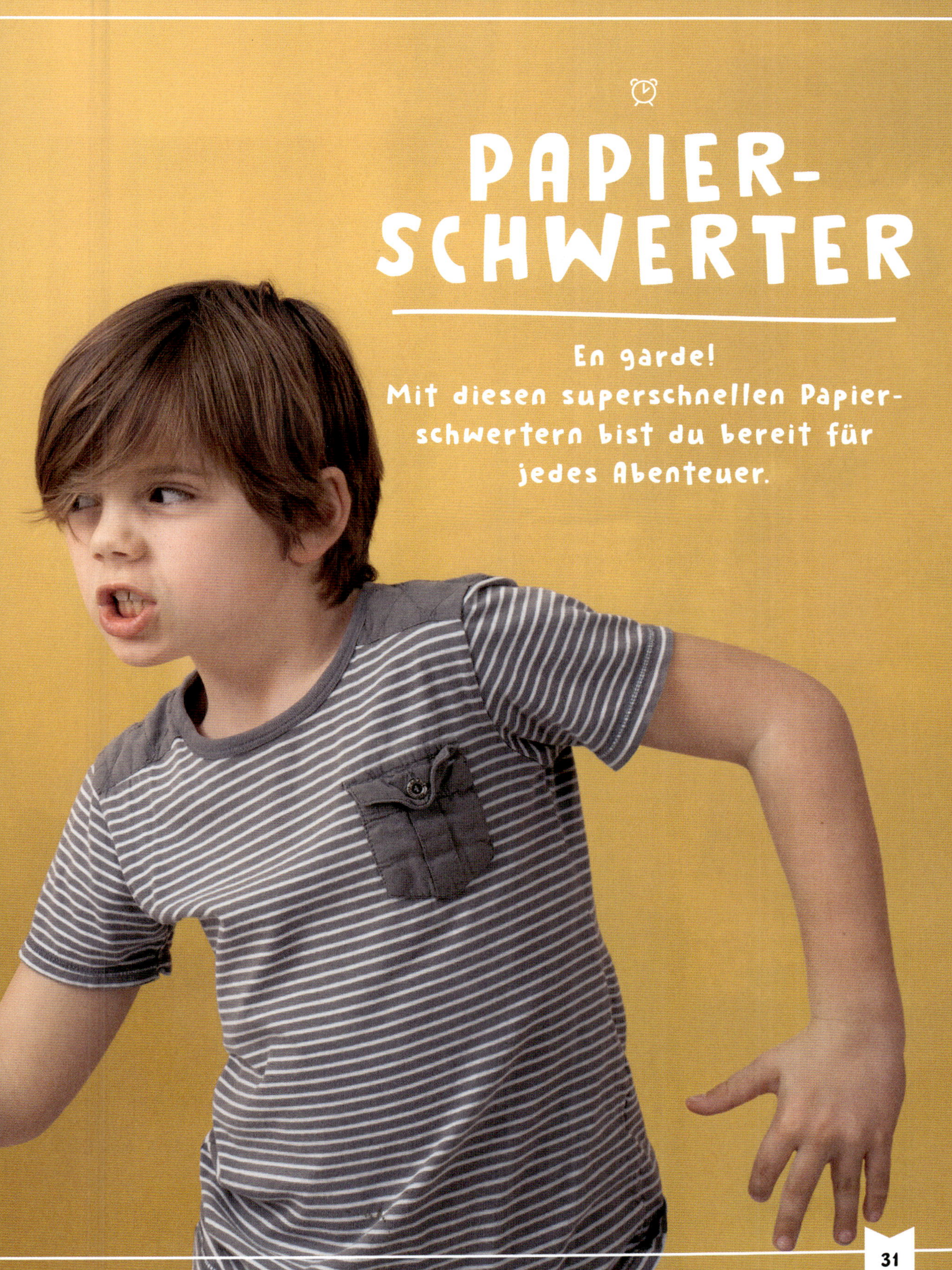

PAPIER-SCHWERTER

En garde!
Mit diesen superschnellen Papierschwertern bist du bereit für jedes Abenteuer.

DU BRAUCHST

- Packpapier oder Zeitungspapier
- Pappe
  altes Paket ist super geeignet
- runde Form als Schablone
  z.B. eine Untertasse
- Klebeband
- Schere
- Bleistift

ANLEITUNG

1 Das Papier von einer Ecke zur anderen diagonal aufrollen. Es sieht gut aus, wenn ein Ende eine eng aufgerollte Spitze ist. Klebe das Ende fest, damit es hält.

2 Etwa ein Drittel der Rolle am breiteren Ende flach drücken.

3 Biege das flache Ende um, damit der Griff entsteht, und klebe das Ende am Schwert fest.

4 Mithilfe einer runden Form einen Kreis auf die Pappe zeichnen. Schneide den Kreis aus.

5 ***Mit erwachsener Assistenz*** Ein kleines Loch in die Kreismitte schneiden. Beginne mit einem kleinen Loch und streife die Pappscheibe über das Schwert. Wenn das Loch zu klein ist, dieses nach und nach vergrößern, damit es fest über dem Griff auf dem Schwert sitzt. Es ist verführerisch, das Loch gleich in der vermeintlich richtigen Größe zuzuschneiden, aber meist muss es kleiner sein als man denkt. Jetzt bist du fertig für den Piratenkampf!

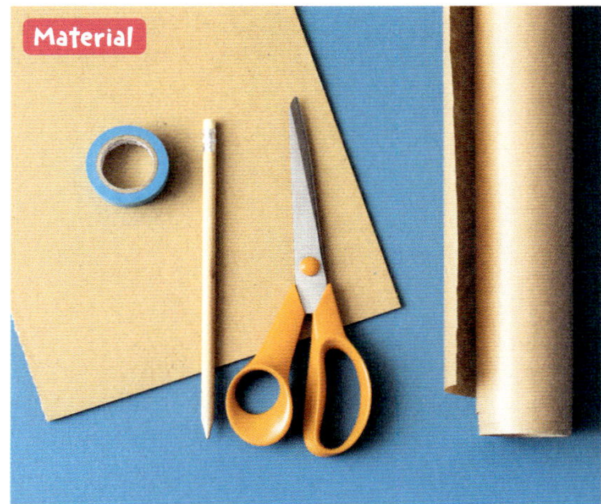

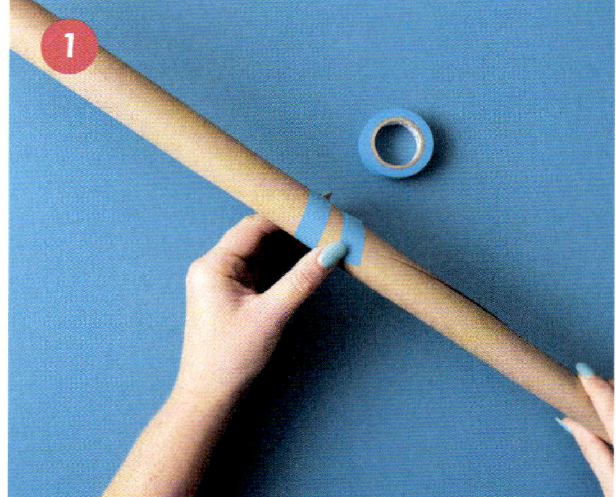

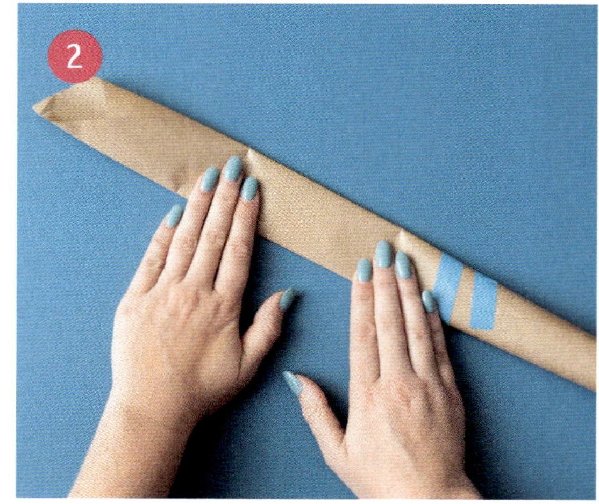

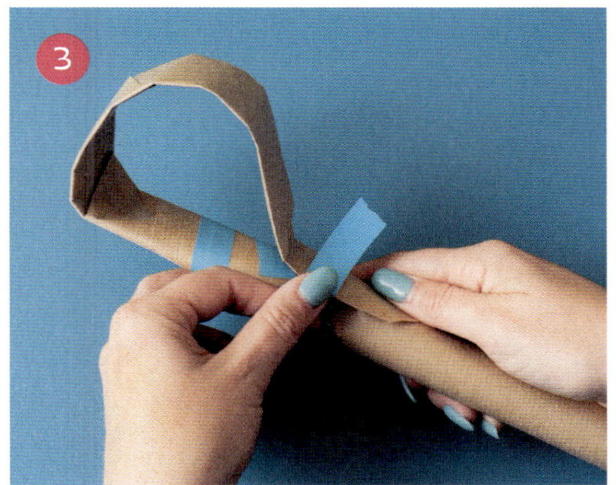

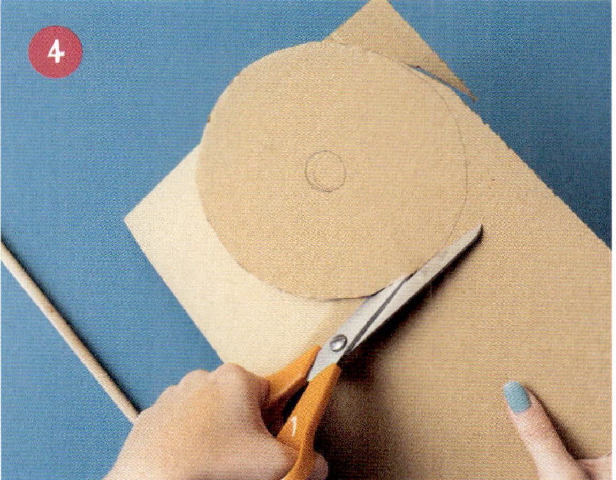

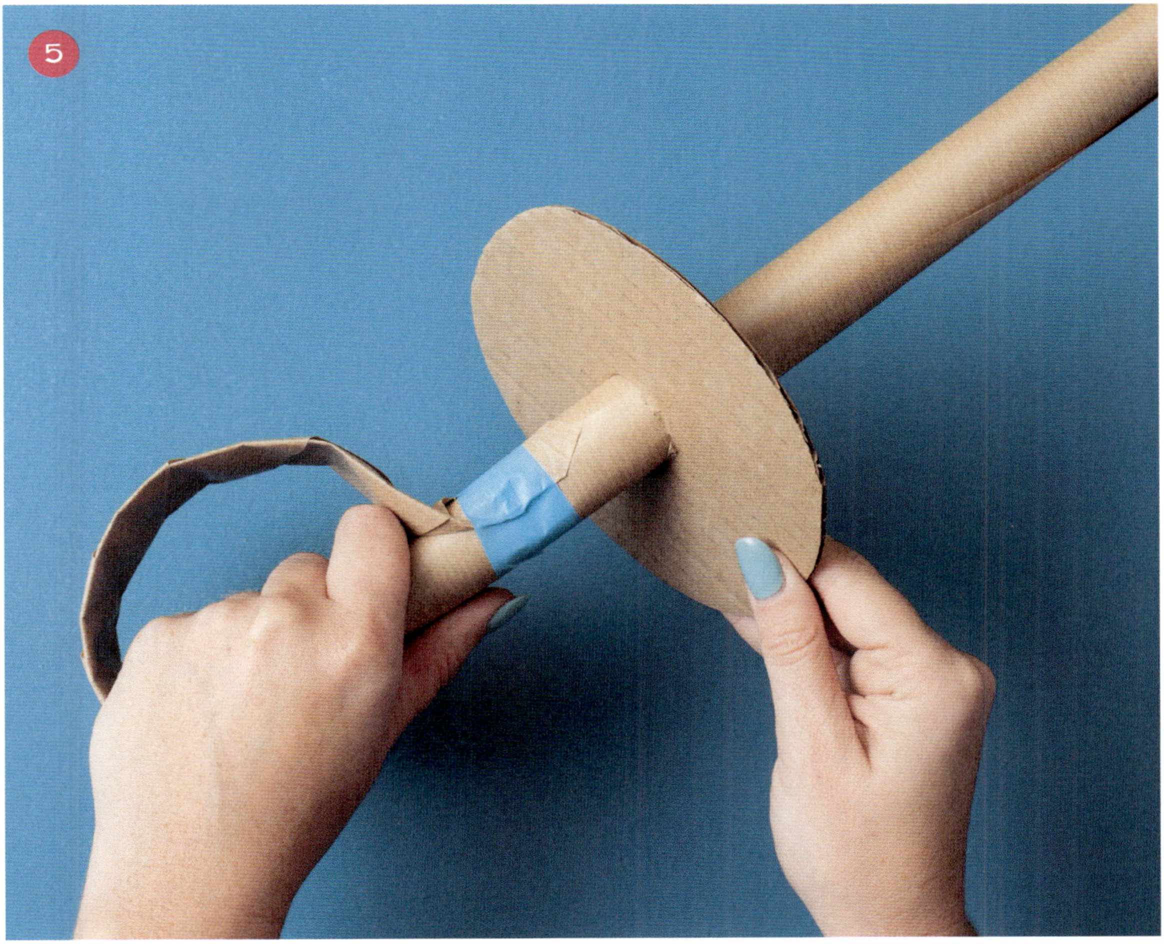

5

CAPTAIN HOOKS HAKEN

Ein Pirat braucht einen Haken. Für diesen hier benötigst du nur Alufolie und einen Pappbecher.

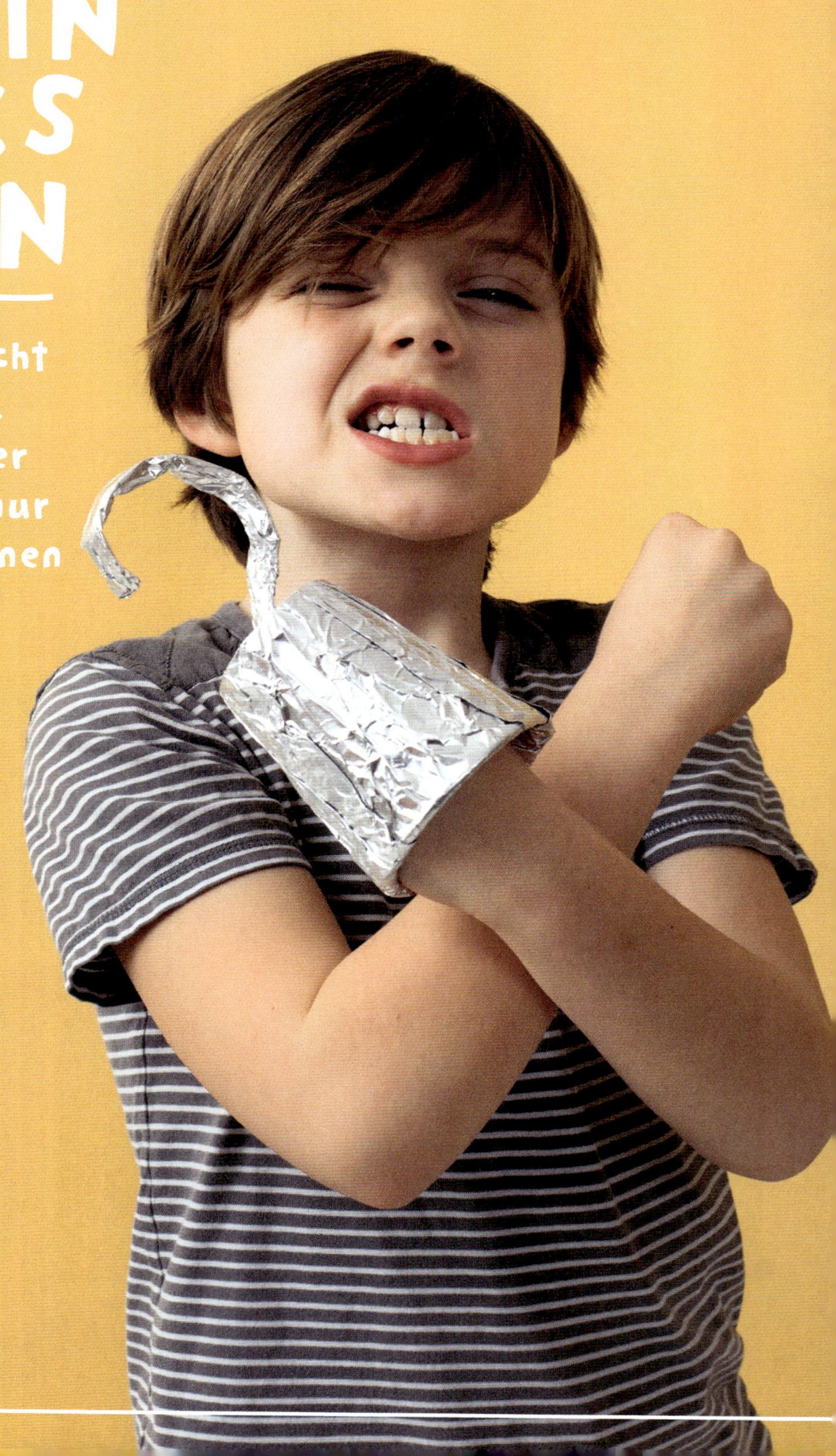

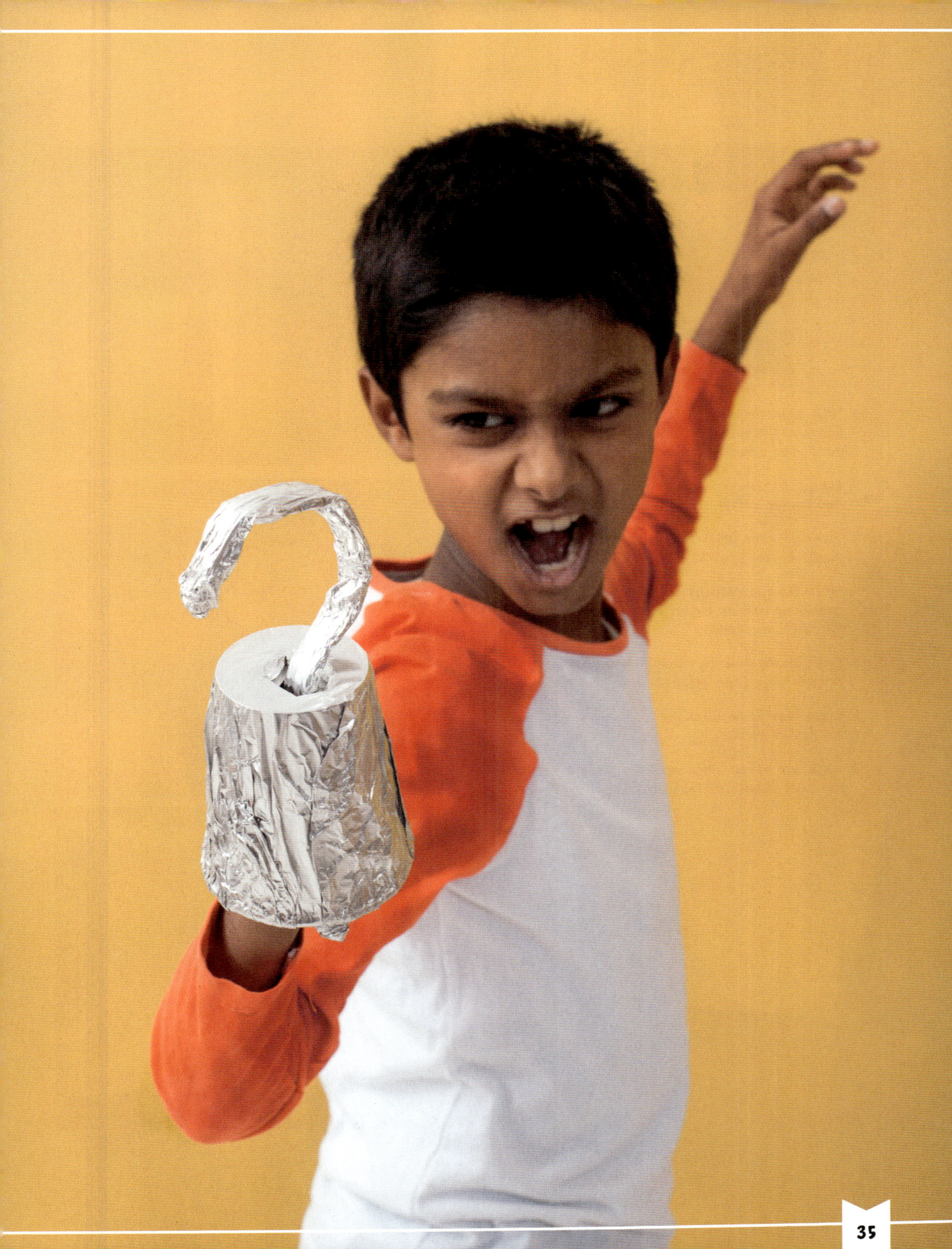

DU BRAUCHST

- Alufolie
- Pappbecher
- Schere

ANLEITUNG

1 ***Mit erwachsener Assistenz*** Durchbohre den Boden des Pappbechers in der Mitte vorsichtig mit der Spitze einer Schere.

2 Ein quadratisches Stück von der Alufolie abschneiden. Den Becher mittig daraufsetzen.

3 Biege die Folie um den Becherrand nach innen, bis der ganze Becher bedeckt ist.

4 Noch ein quadratisches Stück von der Folie abschneiden und zu einem Stab, etwas länger als ein Bleistift, verdrehen.

5 Biege diesen Stab zu einem Haken. Lass dabei das untere lange Ende gerade.

6 Das gerade Ende durch die Folie und das Loch unten am Becher stecken.

7 Halte den Haken innen im Becher fest und schon kann das Abenteuer losgehen!

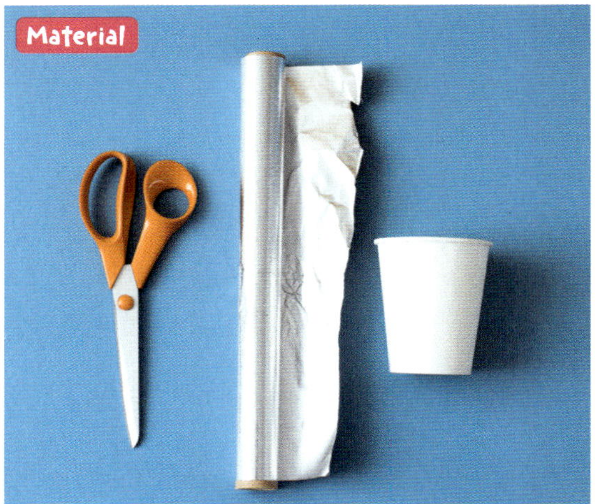

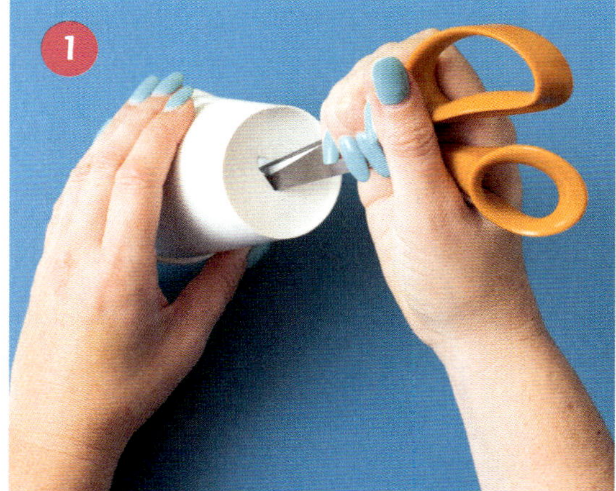

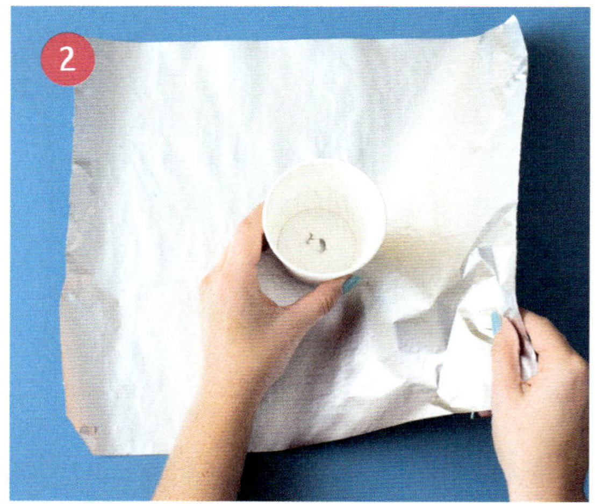

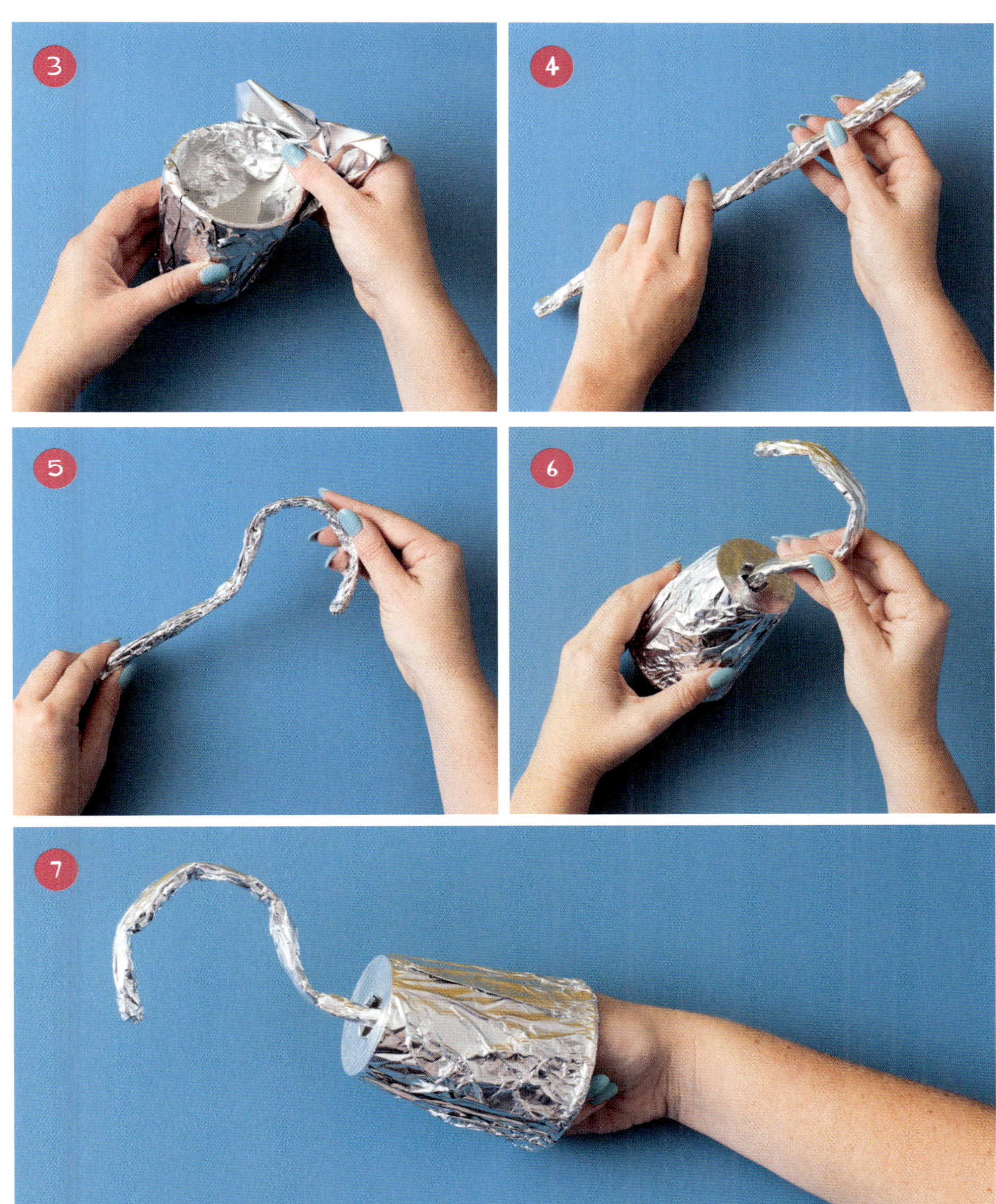
3
4
5
6
7

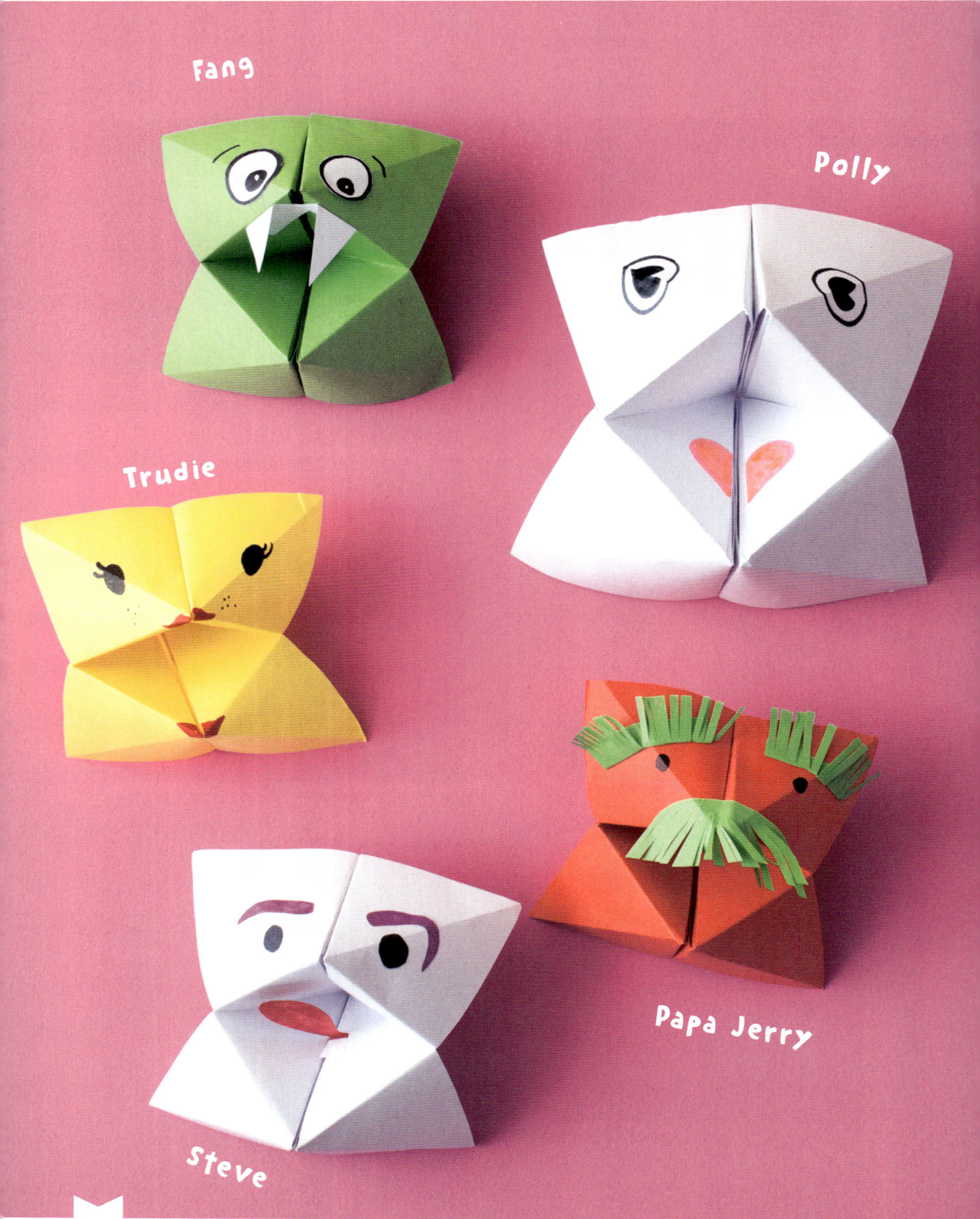

Fang

Polly

Trudie

Papa Jerry

Steve

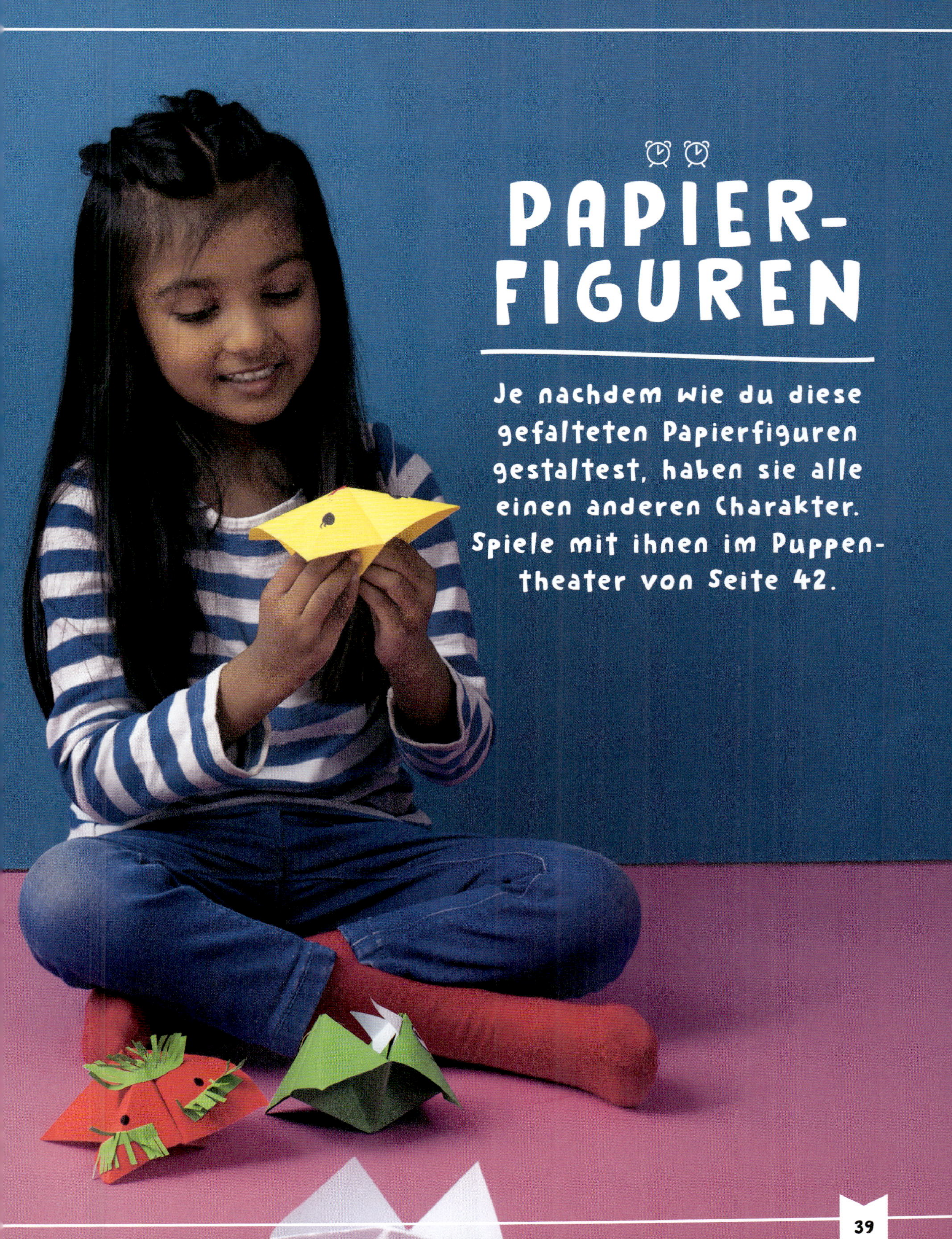

PAPIER-FIGUREN

Je nachdem wie du diese gefalteten Papierfiguren gestaltest, haben sie alle einen anderen Charakter. Spiele mit ihnen im Puppentheater von Seite 42.

DU BRAUCHST

- Tonpapier, A4 oder A3
- Klebestift
- Filzstifte

ANLEITUNG

Die Grundanleitung ist dieselbe wie für das Spiel „Himmel und Hölle".

1 Schneide das Papier quadratisch zu. Dafür den Bogen einmal diagonal falten und den überstehenden Streifen abschneiden.

2 Falte das Quadrat zweimal diagonal.

3 Das Papier wieder aufklappen, dann die Ecken zur Mitte falten. Die Faltlinien dienen dabei als Orientierung.

4 Wende das Papier und falte alle Ecken zur Mitte.

5 Jetzt sollten alle Ecken zur Mitte zeigen.

6 In der Mitte zusammenfalten.

7 Vier Finger in die Öffnung schieben und das Papier auseinanderdrücken, sodass die Form dreidimensional wird und sich in vier Teile teilt.

8 Wieder öffnen und etwas Kleber auf die Dreiecke geben, die auf dem Foto eingekreist sind. So fällt das Gesicht nicht mehr auseinander.

9 Verziere das Gesicht mit Stiften oder kleinen Papierelementen. Du kannst Augen, Lippen, Zähne und Wimpern hinzufügen, damit deine Papierfigur witzig aussieht!

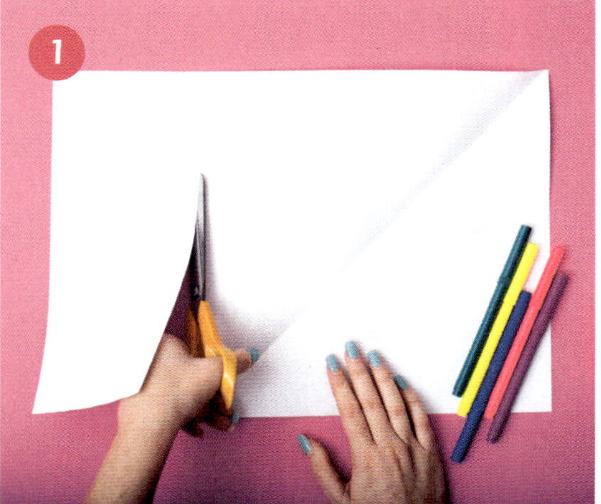

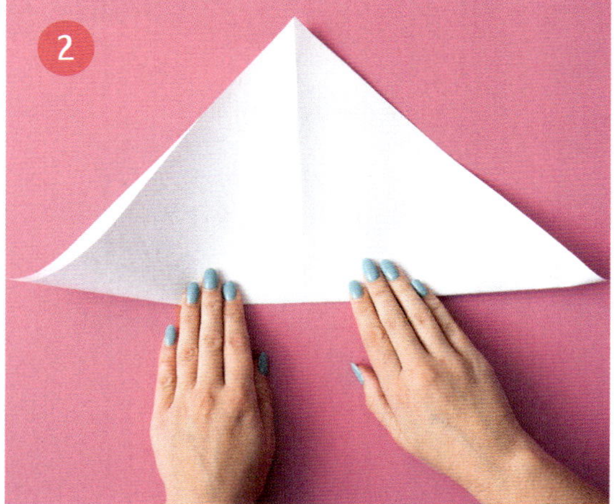

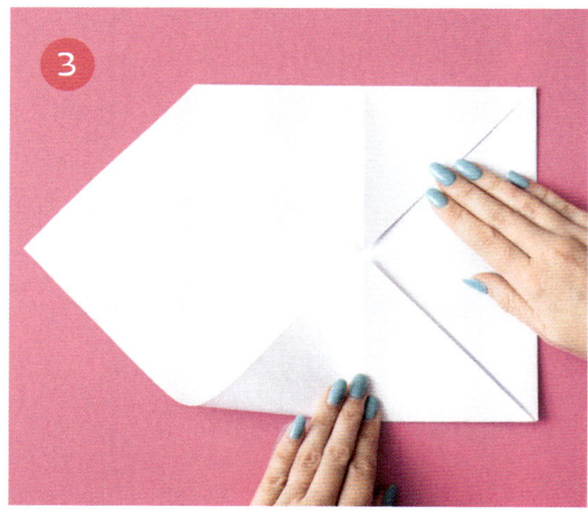

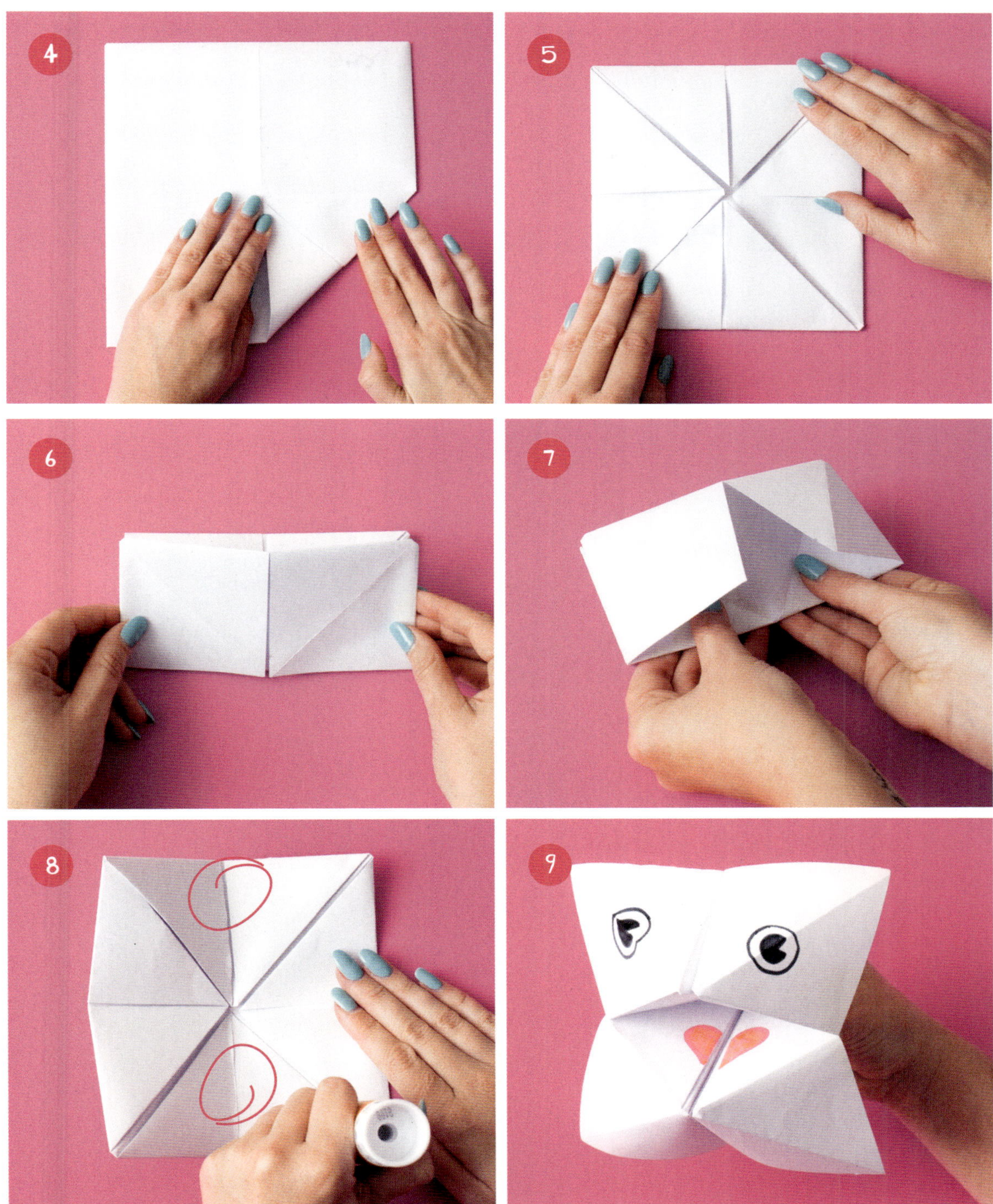
4
5
6
7
8
9

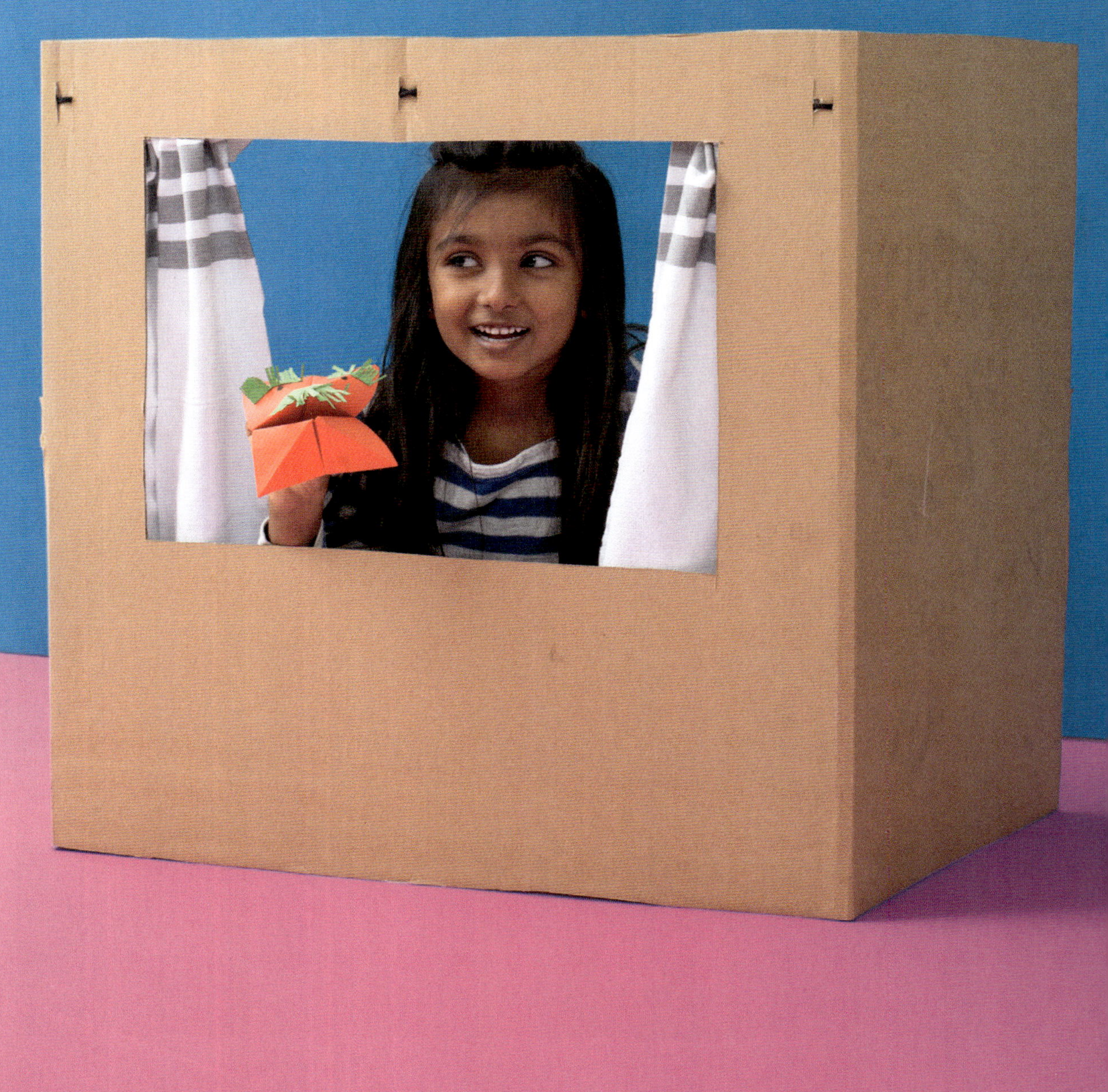

PUPPENTHEATER

Dieses Puppentheater wird aus einem Pappkarton gemacht. Es hat Vorhänge, aber dafür muss man nicht nähen. Du kannst Geschirrtücher, Schnürsenkel und einen Bürohefter dafür nehmen. Und wenn du das Puppentheater nicht mehr brauchst, kannst du die Geschirrtücher wieder verwenden.

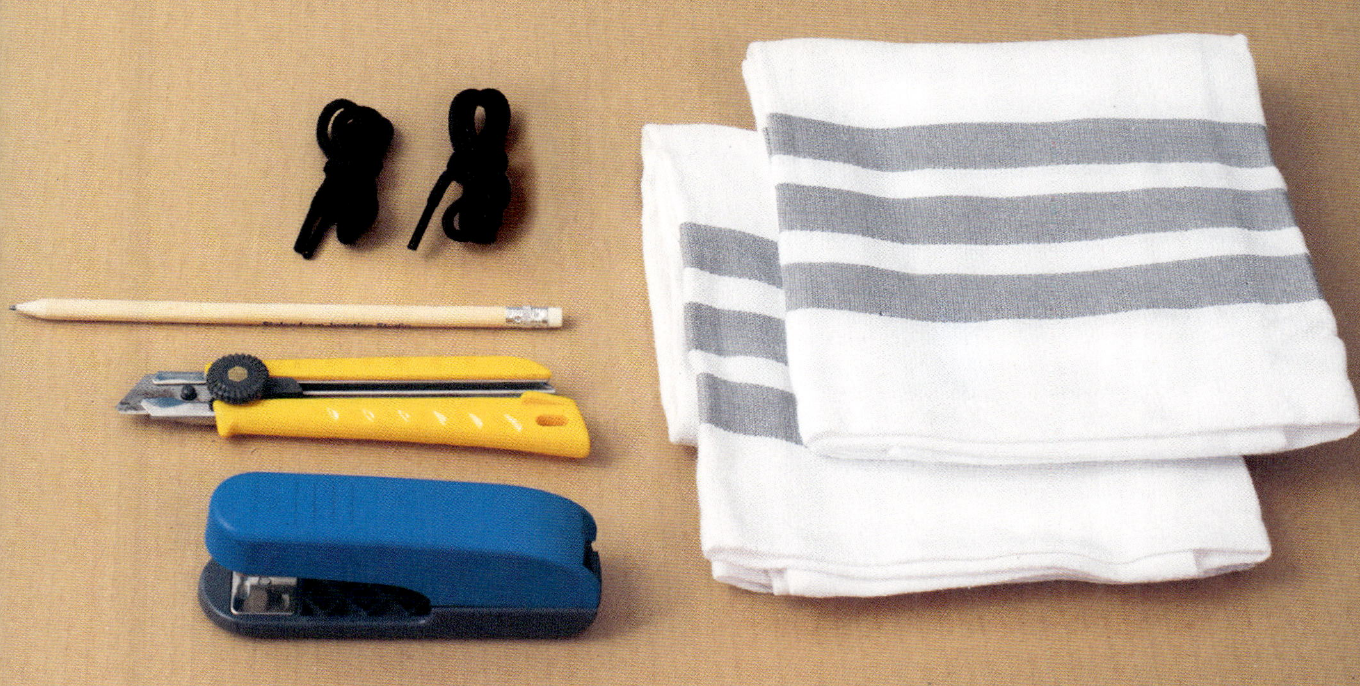

DU BRAUCHST

- Pappkarton, groß
- 2 Schnürsenkel
  alternativ dicke Schnur
- 2 Geschirrtücher
- Cuttermesser mit Schneideunterlage
- Bürohefter
- Bleistift

ANLEITUNG

1 Den Karton so zuschneiden, dass er noch drei Seiten hat, mit einer Breitseite in der Mitte.

2 Zeichne auf dem mittleren Stück ein großes Rechteck für das Bühnenfenster.

3 ***Mit erwachsener Assistenz*** Die Bühne mit einem Cuttermesser ausschneiden.

4 Breite für die Vorhänge ein Geschirrtuch flach aus und lege einen Schnürsenkel 3 cm unterhalb einer kurzen Kante darauf. Die Kante wie einen Saum darüberlegen und festtackern. Achte darauf, dass du nicht versehentlich den Schnürsenkel erwischst!

5 Den Vorhang raffen, dafür den Schnürsenkel straff halten. Wiederhole die Schritte 4 und 5 mit dem anderen Geschirrtuch.

6 ***Mit erwachsener Assistenz*** Auf beiden Seiten der Bühne oben zwei Schlitze in die Pappe ritzen.

7 ***Mit erwachsener Assistenz*** Schneide zwei weitere Schlitze mittig oberhalb des Fensters.

8 Die Schnürsenkel durch die Schlitze ziehen und so die Vorhänge anbringen.

9 Verbinde die Schnürsenkel in der Mitte mit einer Schleife und knote sie an den Seiten fest. Wenn du die Vorhänge an den Schnürsenkeln hin und herschiebst, kannst du sie ganz einfach öffnen und schließen.

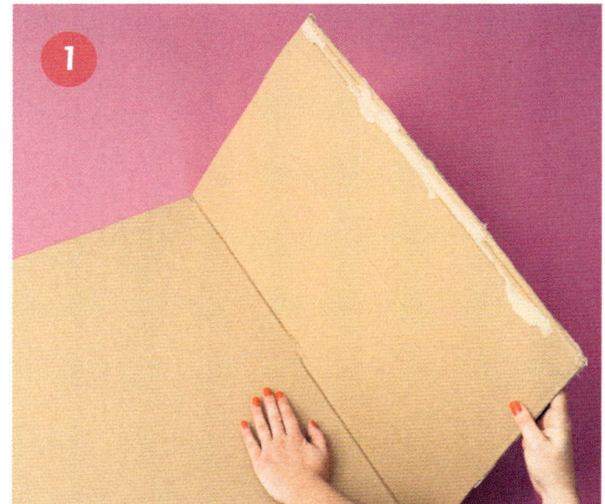

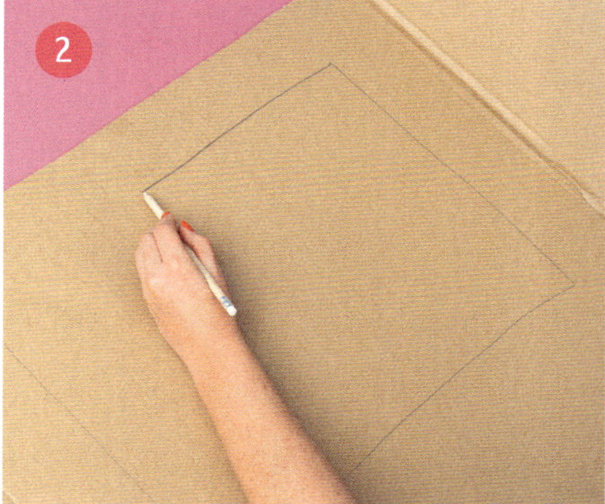

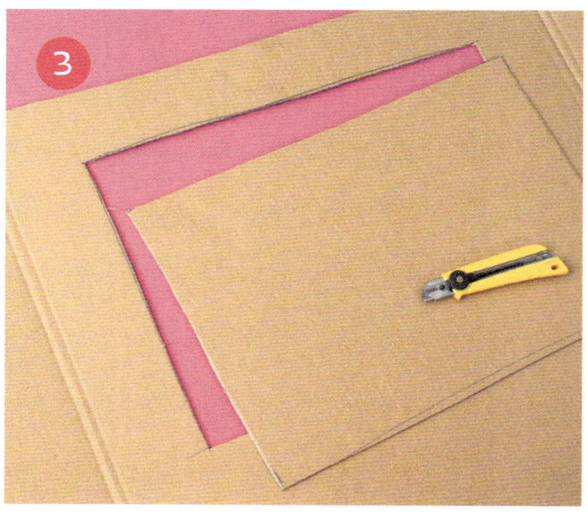

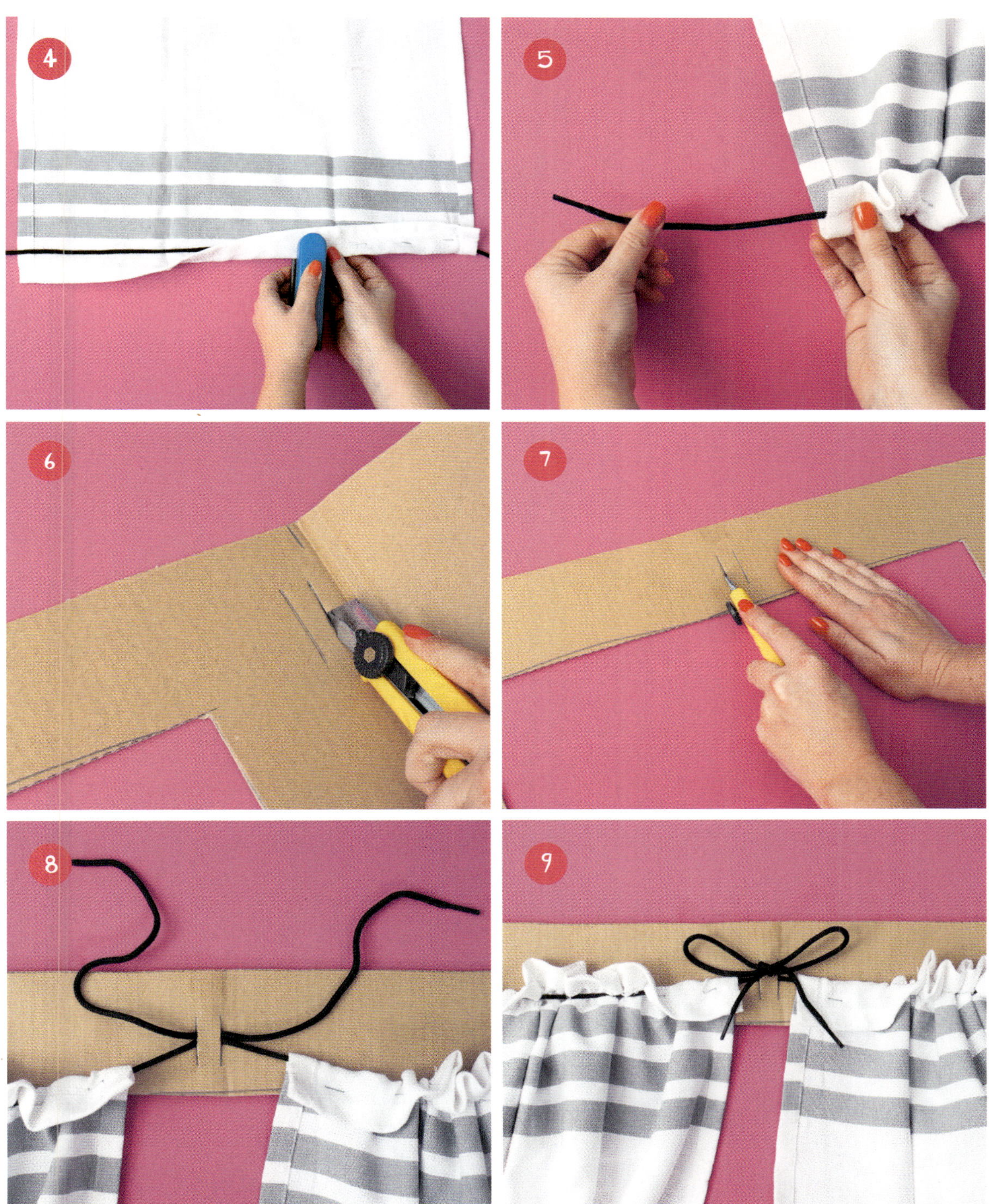
4
5
6
7
8
9

SPRITZIGER FLASCHENWAL

Dieser kleine Wal ist toll beim Baden.
Er ist leicht zu basteln und du kannst ihn durch sein Blasloch Wasser verspritzen lassen.

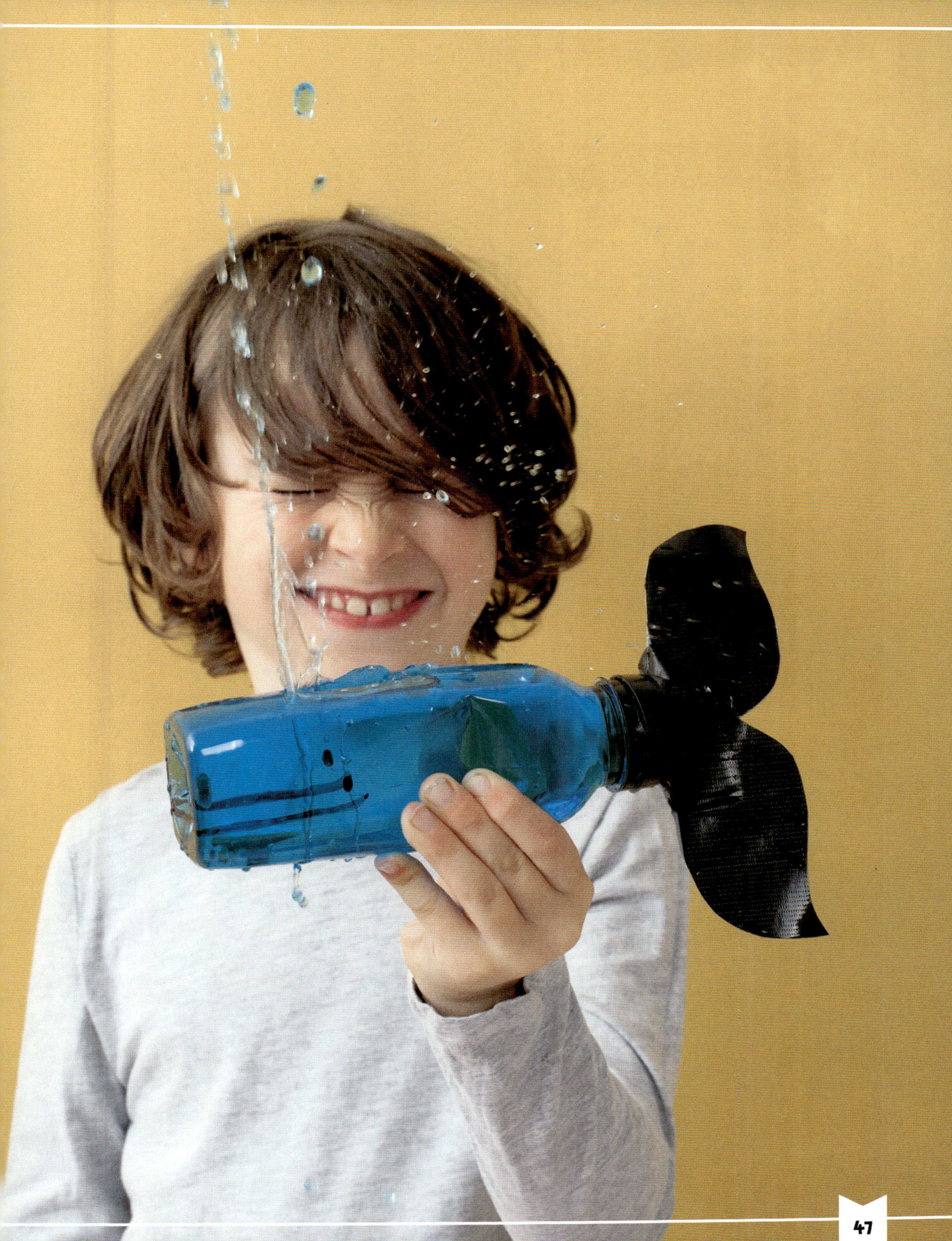

DU BRAUCHST

- **Plastikflasche**
  eine eckige Flasche ist ideal, weil sie der Walform ähnelt
- **Schere**
- **Permanentmarker**
- **Gewebeband in Schwarz**
- **Lebensmittelfarbe (optional)**

ANLEITUNG

1 Nimm den Deckel von der Flasche ab und umwickle die Kante mit Gewebeband.

2 Das Band oben zusammendrücken und so ein flaches Ende für die Schwanzflosse formen.

3 Klebe einen etwa 20 cm langen Streifen Gewebeband mittig auf eine Seite des Endes.

4 Von der anderen Seite klebst du ein gleich langes Stück dagegen.

5 Runde mit der Schere die Ecken so ab, dass eine geschwungene Flosse entsteht. Dann die Oberkante in eine gebogene V-Form, ähnlich einem Schnurrbart, schneiden.

6 ***Mit erwachsener Assistenz*** Bohre etwa bei ein Drittel der Länge, vom Flaschenboden aus gemessen, ein kleines Loch in die Flasche.

7 Nun das Gesicht aufzeichnen: eine lange Linie für den Mund und zwei Punkte für die Augen.

8 Fülle die Flasche mit Wasser und gib etwas Lebensmittelfarbe dazu, wenn du welche hast. Beim Befüllen das Loch mit dem Finger abdecken! Dann kannst du losspritzen!

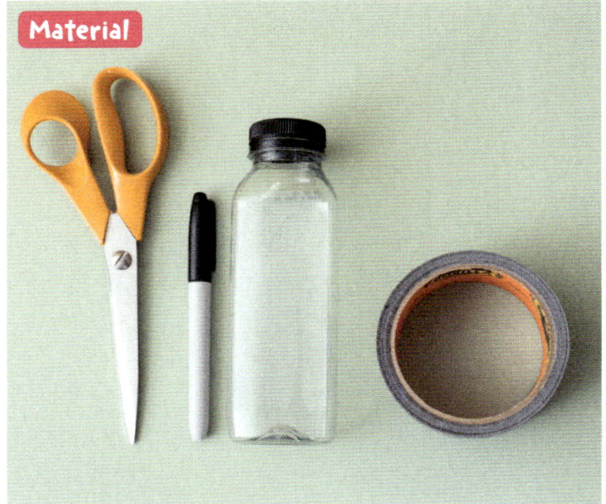

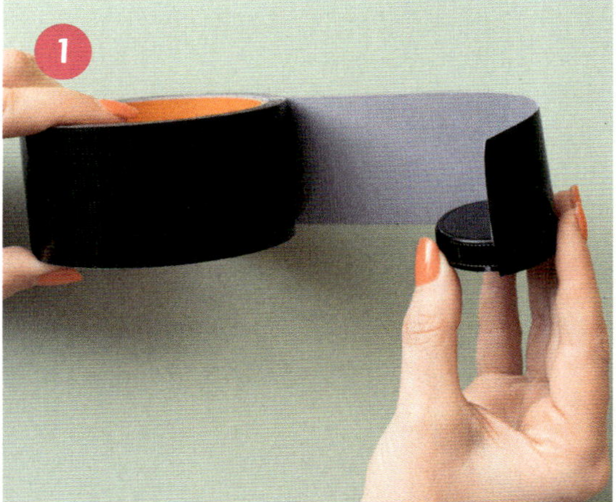

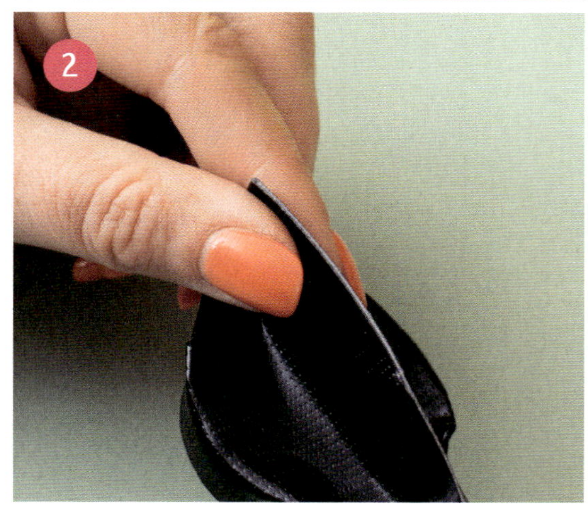

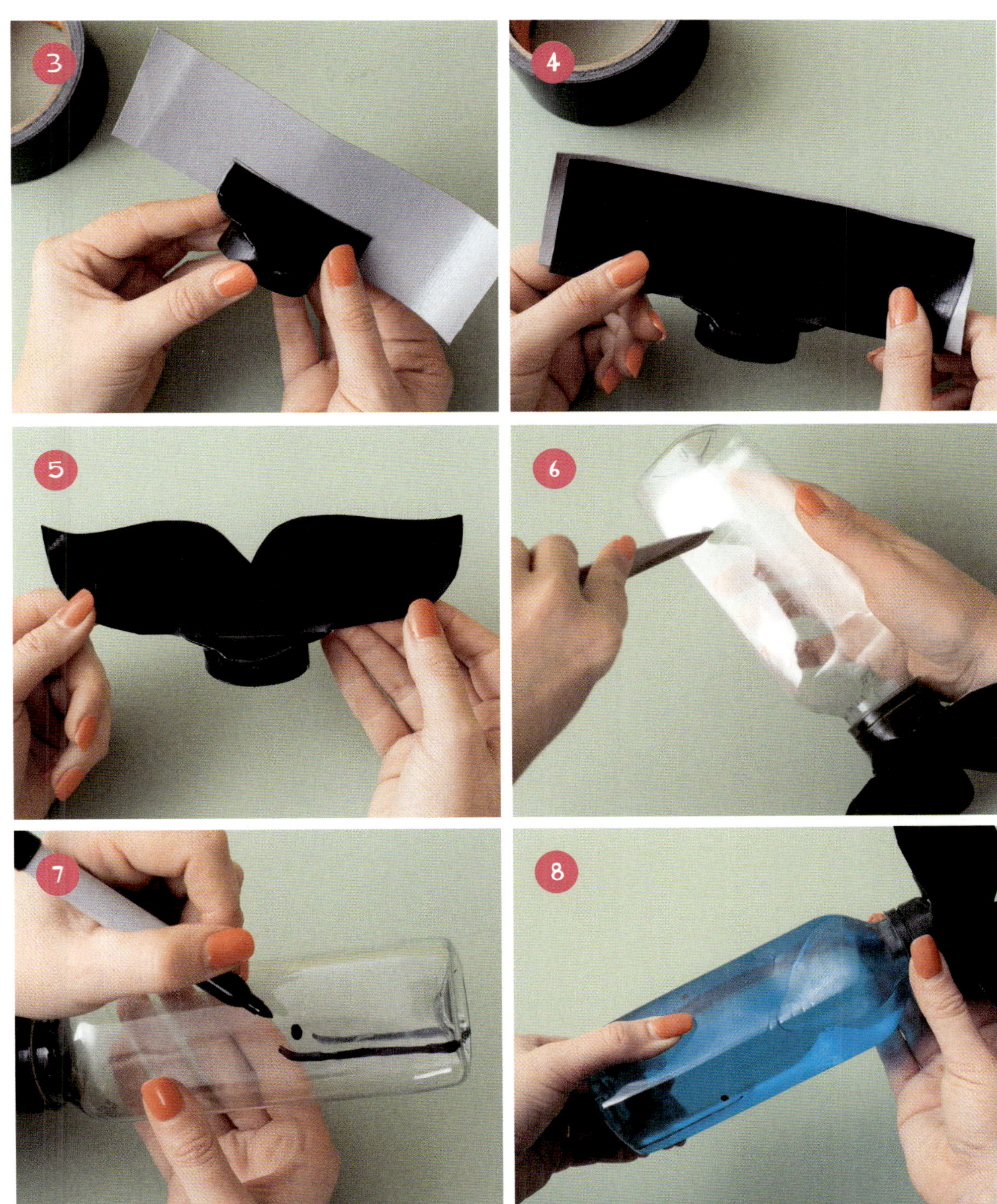
3
4
5
6
7
8

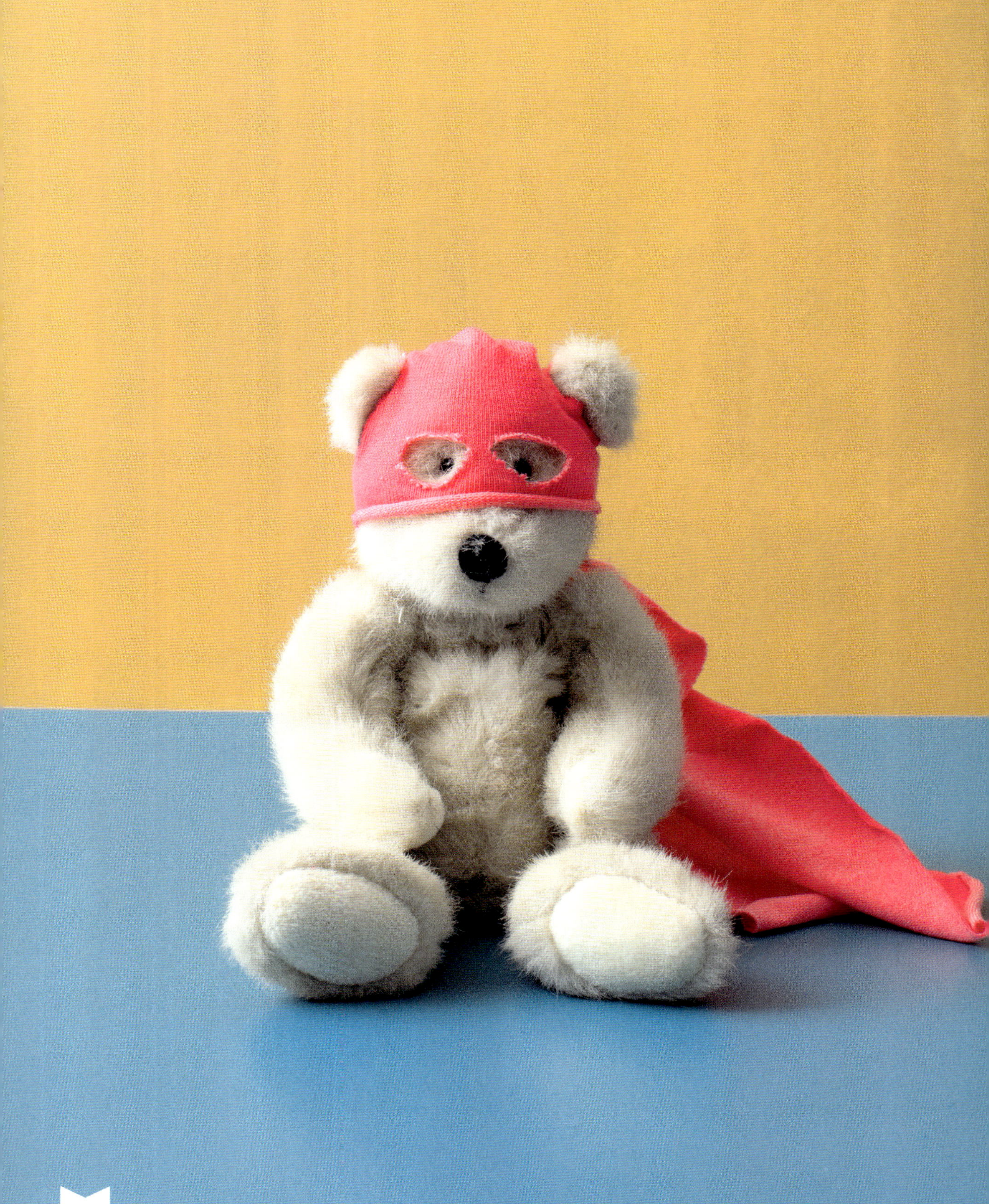

SUPERHELDEN-TEDDY

Wenn dein Teddy auf Verbrecherjagd geht, braucht er eine Maske und ein Cape. Dafür brauchst du nur eine Socke!

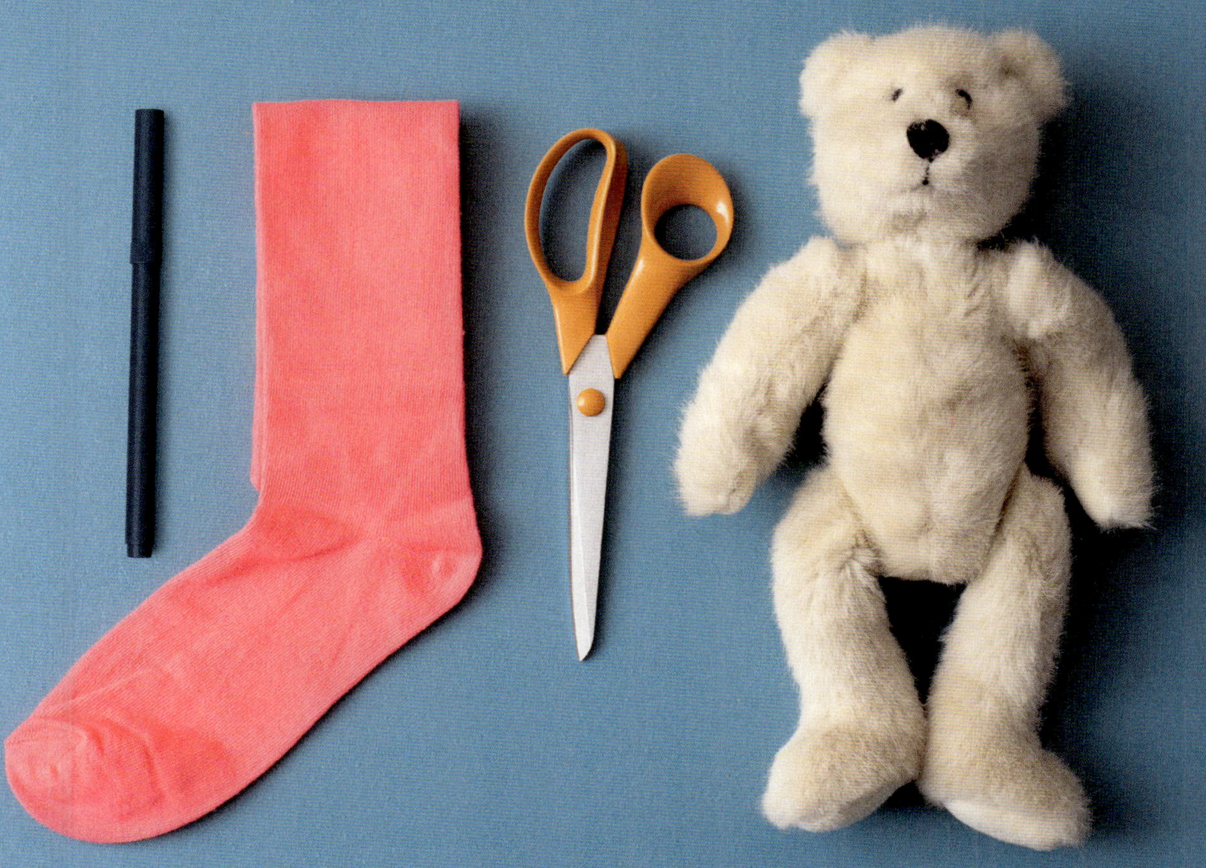

DU BRAUCHST

- **Teddy**
  alternativ Hase, Puppe etc.
- **Socke**
- **Filzstift oder Kreidemarker**
  für die Markierungen
- **Schere**

ANLEITUNG

1 Lege die Socke flach hin und schneide sie auf der Fersenseite bis zu der auf dem Foto gezeigten Stelle auf. Die Sockenspitze wird zur Kapuze und zur Maske des Capes.

2 Auf der Fußunterseite wie auf dem Foto ein Dreieck in die Socke schneiden.

3 Jetzt hast du zwei Dreiecke und die Socke bildet ein Cape mit einer Kapuze für Teddys Kopf.

4 Setz deinem Teddy die Kapuze auf.

5 Die Position der Augen markieren.

6 Markiere auch die Position der Ohren.

7 Die Kapuze wieder abnehmen und an den Markierungen Schlitze hineinschneiden. Schneide die Löcher zuerst nicht zu groß, man kann sie notfalls später noch vergrößern.

8 Die Kapuze wieder aufsetzen und die Größe der Löcher überprüfen, eventuell noch vergrößern. Jetzt kann dein Teddy gegen Gut oder Böse kämpfen, ganz wie er will.

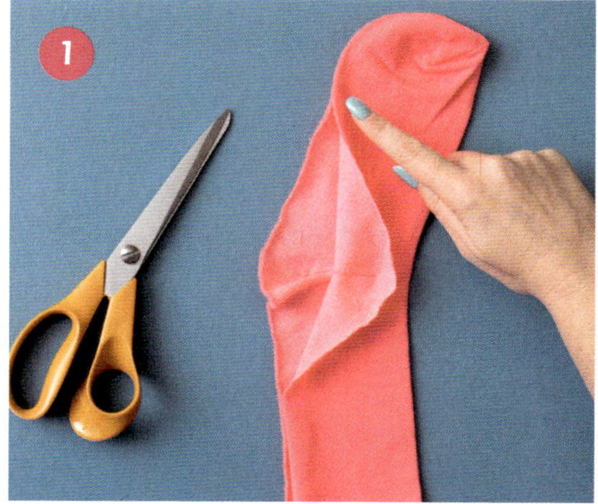

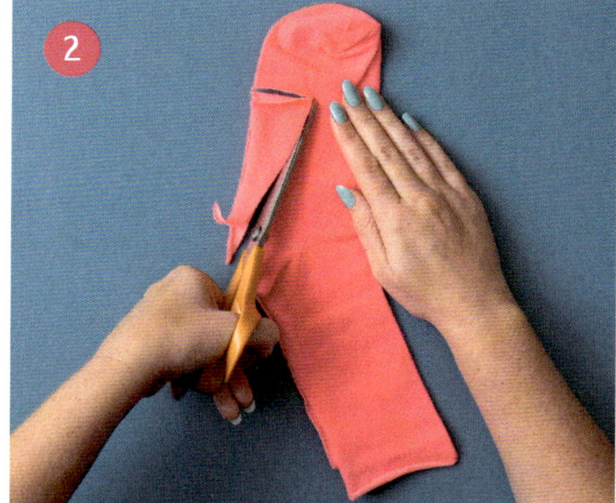

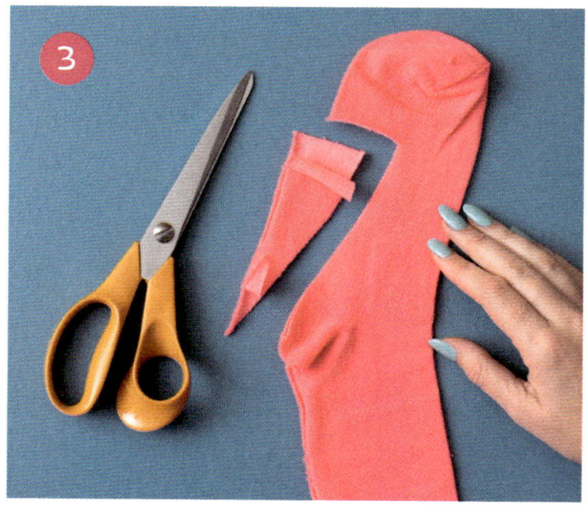

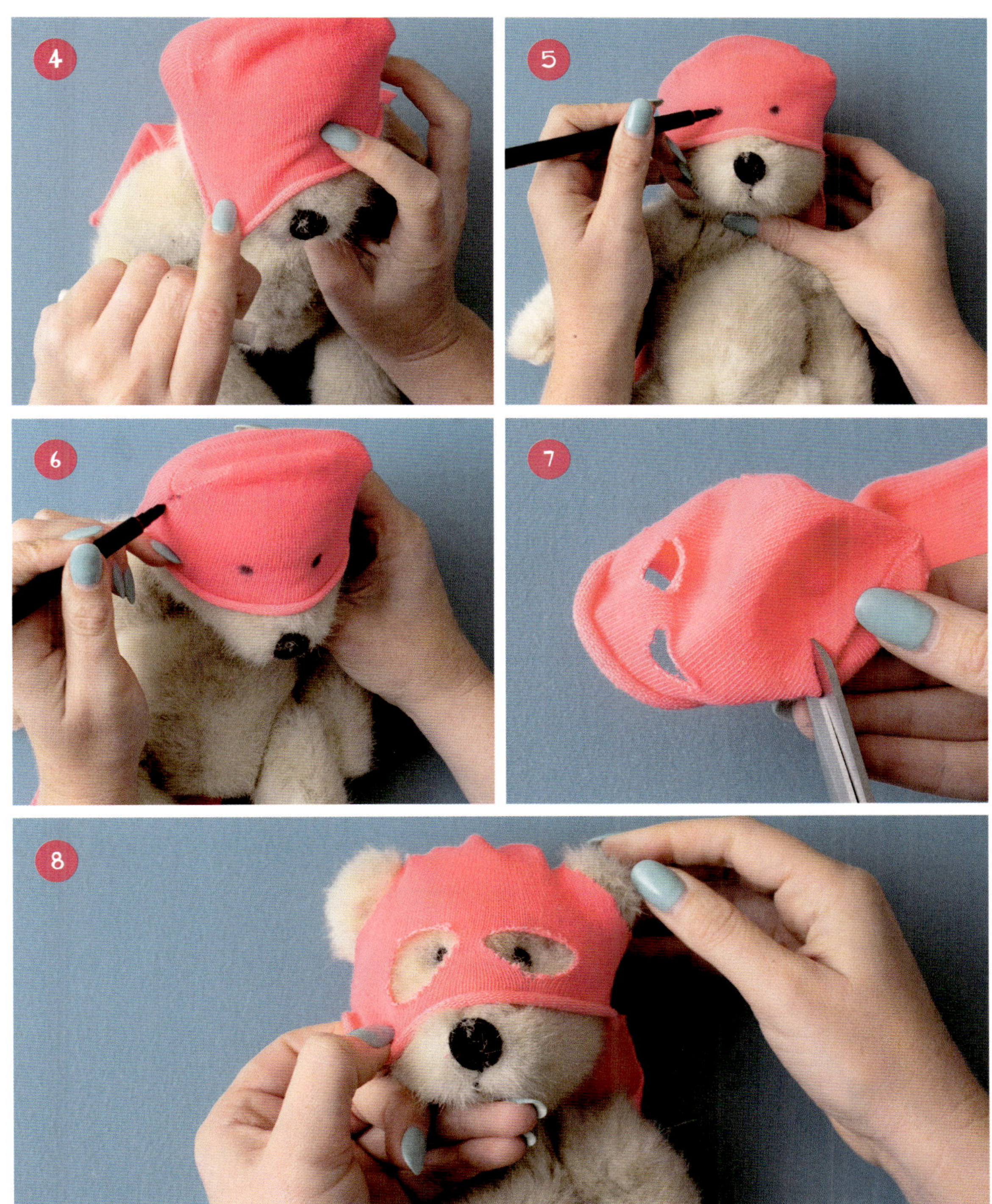
4
5
6
7
8

KUSCHELTIER-HÄNGEMATTE

Auch Kuscheltiere brauchen Erholung. Die Hängematte kannst du ganz schnell aus einem Geschirrtuch machen – ohne Nähen!

Diese „Nähfrei-Technik" ist ideal für kurzzeitige Basteleien. Nach dem Spiel kannst du die Heftklammern wieder ablösen und das Geschirrtuch zurück in die Küche bringen.

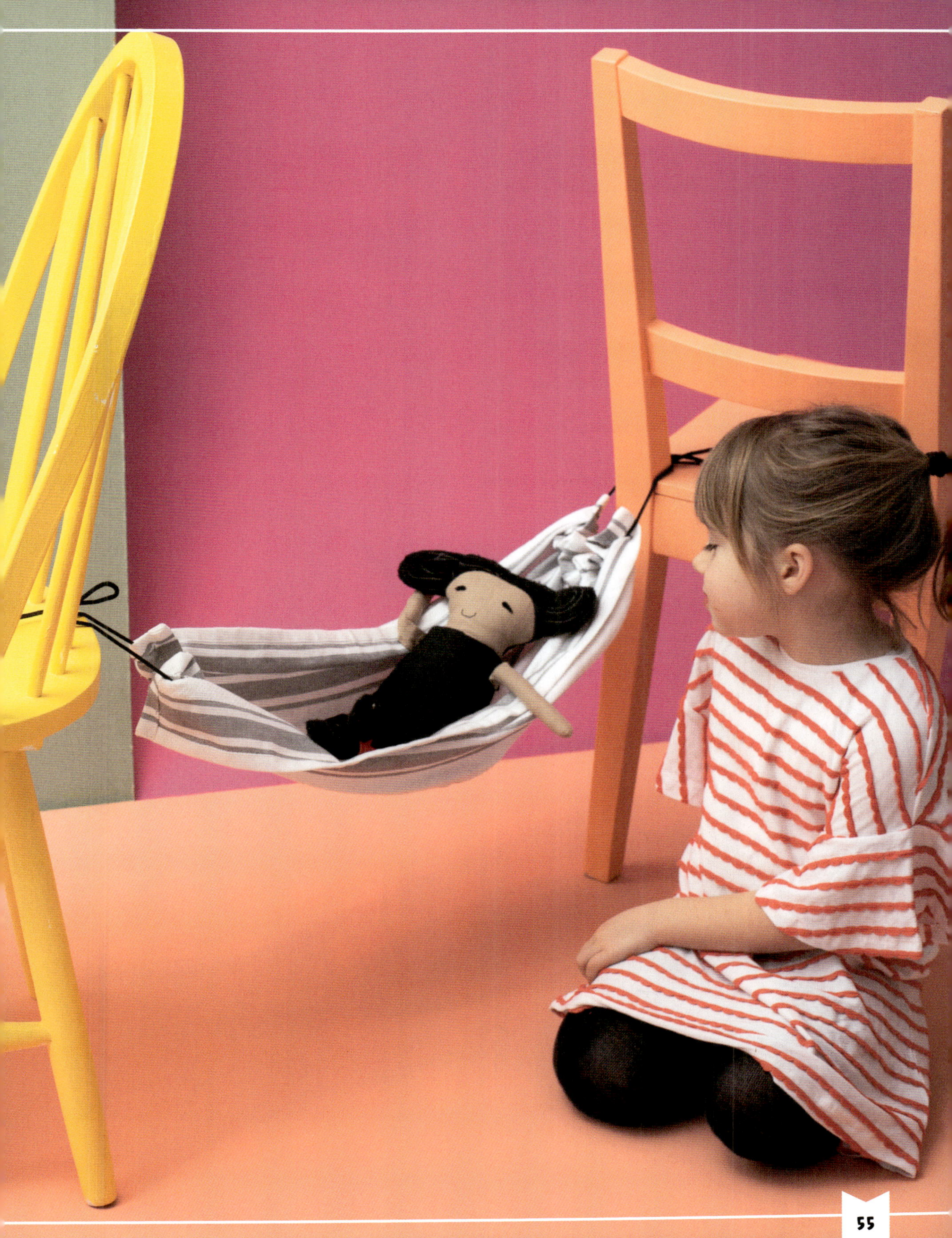

DU BRAUCHST

- Geschirrtuch
- 2 Schnürsenkel
  alternativ dicke Schnur, Wolle oder ein Seil
- Bürohefter

ANLEITUNG

1 Nimm einen Schnürsenkel und mach an einem Ende einen Knoten mit Schlaufe.

2 Den Schnürsenkel etwa 3 cm unterhalb einer kurzen Kante auf das Geschirrtuch legen.

3 Klappe die Stoffkante um, sodass der Saum den Schnürsenkel umschließt.

4 Den Saum festtackern, dabei nicht versehentlich den Schnürsenkel befestigen.

5 Raffe den Stoff. Wiederhole Schritte 1-4 auf der anderen Seite des Geschirrtuchs. Jetzt kannst du die Hängematte mit den Schnürsenkeln zwischen zwei Stühlen aufhängen und ein Kuscheltier zum Entspannen hineinlegen.

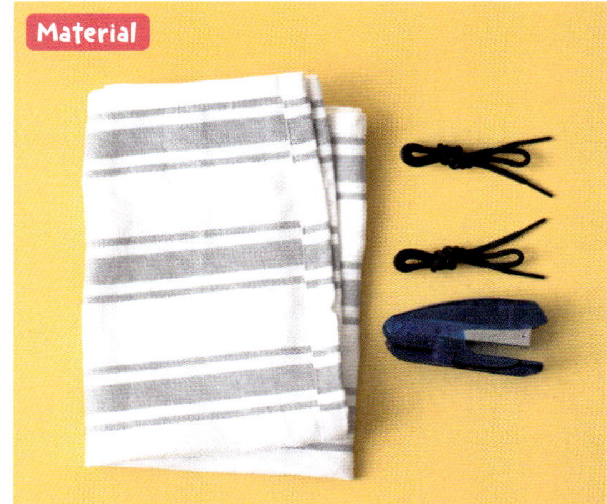

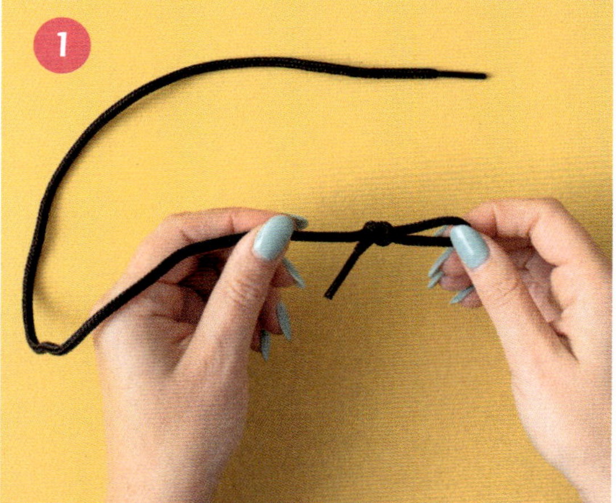

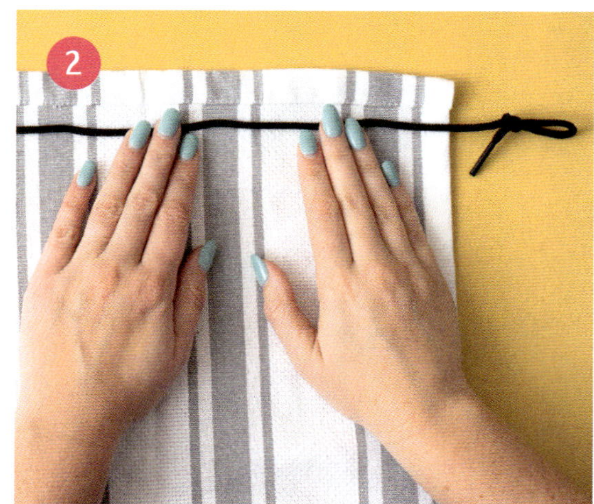

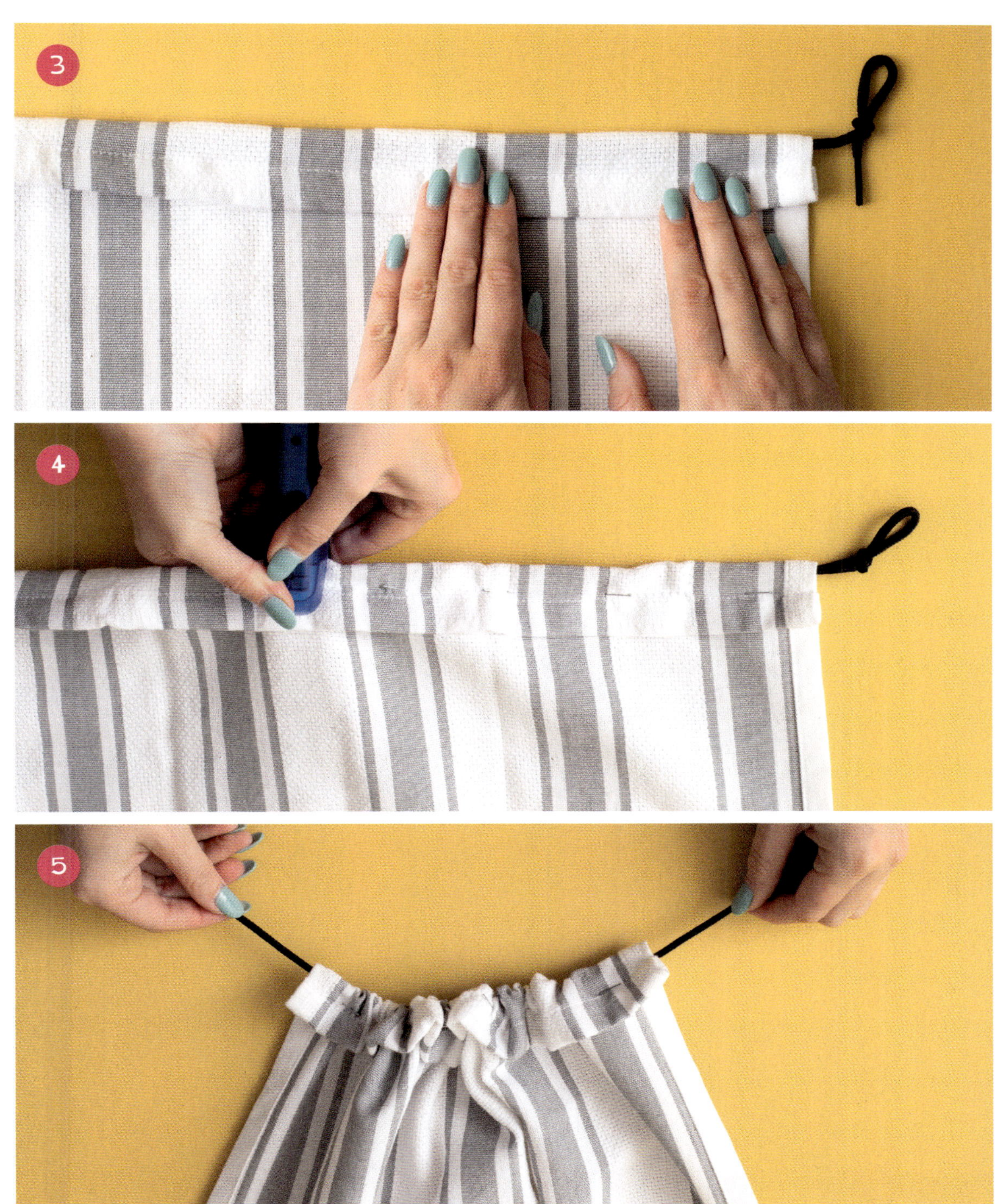
3
4
5

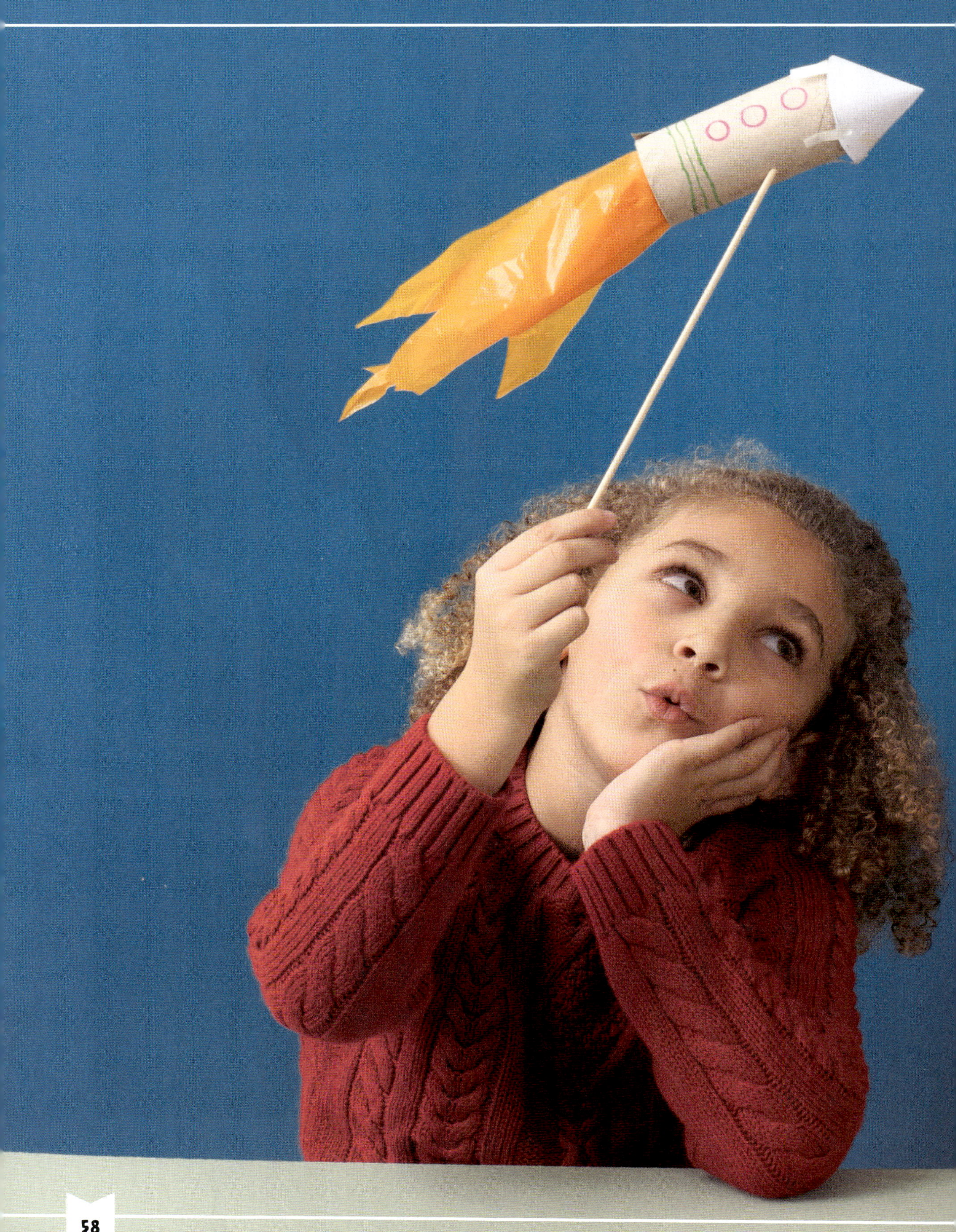

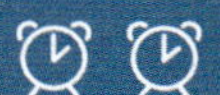

RAKETEN AUS KLOPAPIERROLLEN

Diese Klopapierrollen-Raketen heben richtig gut ab.

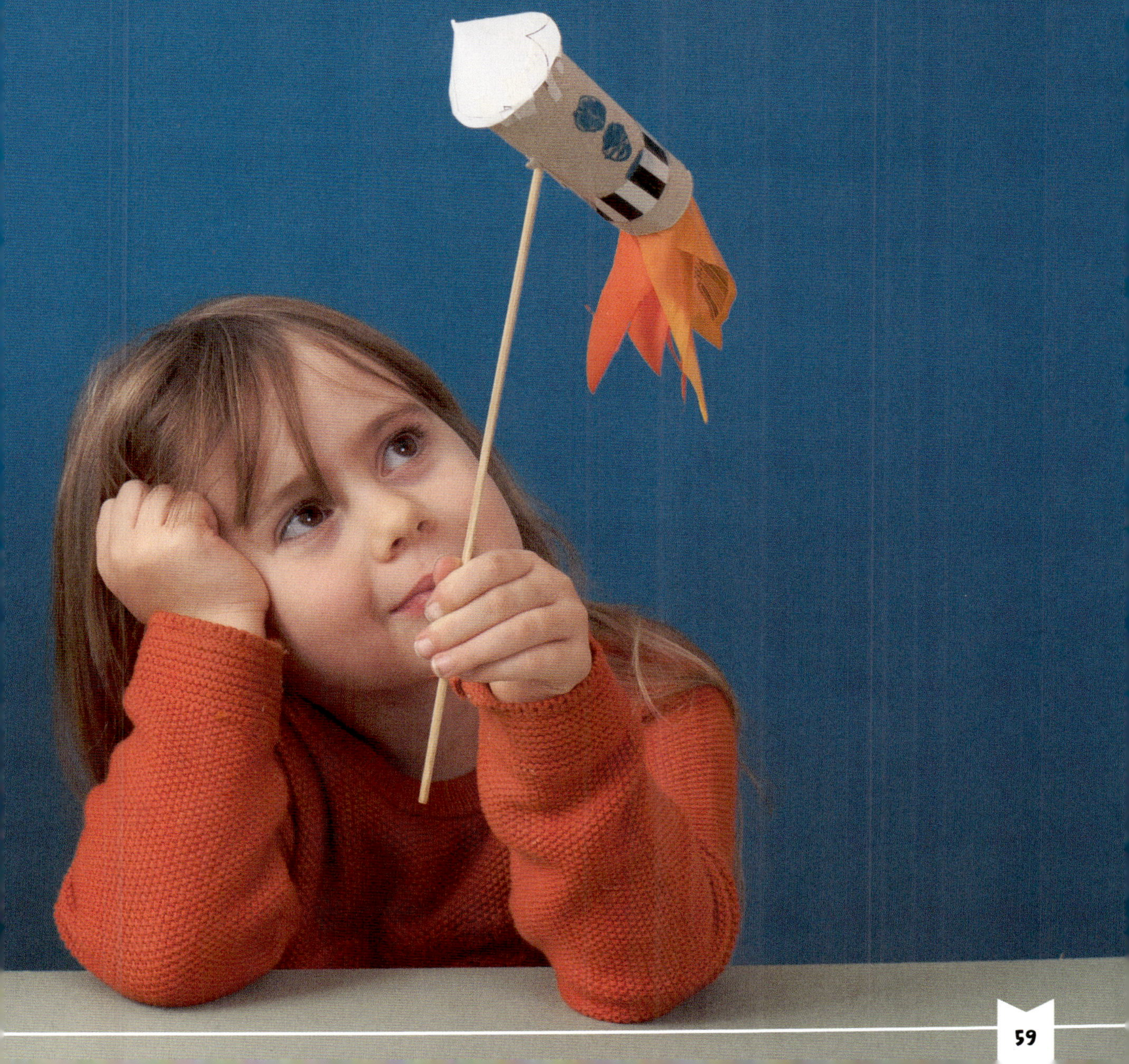

DU BRAUCHST

- Klopapierrolle
- Schaschlikstäbchen
- Papier
- Alufolie
- Plastiktüte oder Seidenpapier
- Malerkrepp
- Schere
- Filzstifte

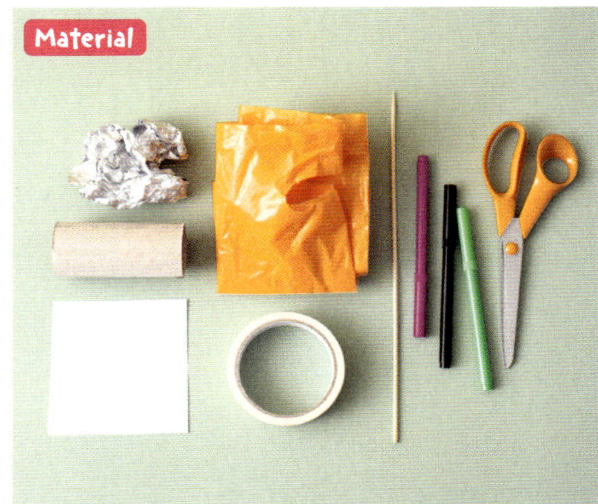

ANLEITUNG

1 Auf das Papier einen Kreis zeichnen, dafür die Rolle des Malerkrepps umranden. Schneide dann den Kreis aus.

2 Den Kreis einmal vom Rand bis zur Mitte einschneiden. Lege dann die Schnittkanten übereinander, um einen Kegel zu formen.

3 Den Kegel in der gewünschten Größe mit etwas Malerkrepp fixieren.

4 Befestige den Kegel mit einigen Streifen Malerkrepp oben auf der Klopapierrolle, sodass die Raketenform entsteht.

5 Die Rakete mit zusammengeknüllter Alufolie ausstopfen. Spieße das Schaschlikstäbchen in der Mitte der Rolle durch die Pappe.

6 Aus der Plastiktüte oder dem Seidenpapier Streifen mit zickzackförmigen Enden ausschneiden. Das werden die Flammen, die aus der Rakete herausschießen.

7 Knülle die Flammen an einem Ende zusammen und klebe sie mit Malerkrepp in der Rolle fest.

8 Zum Schluss Fenster aufmalen und die Rakete nach Belieben verzieren.

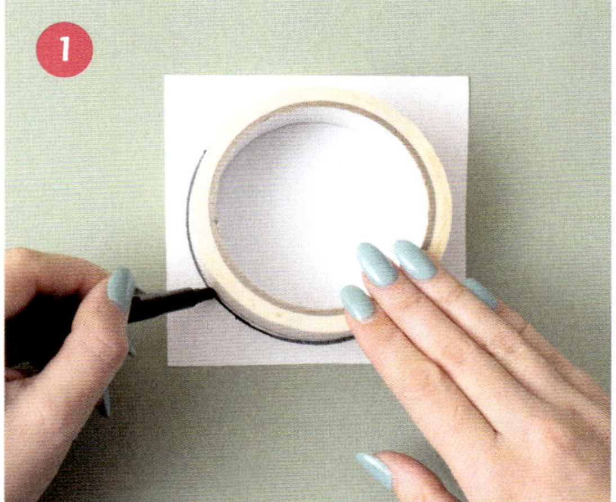

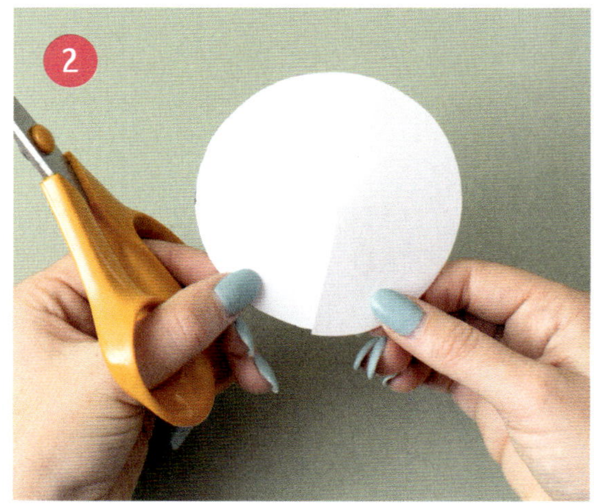

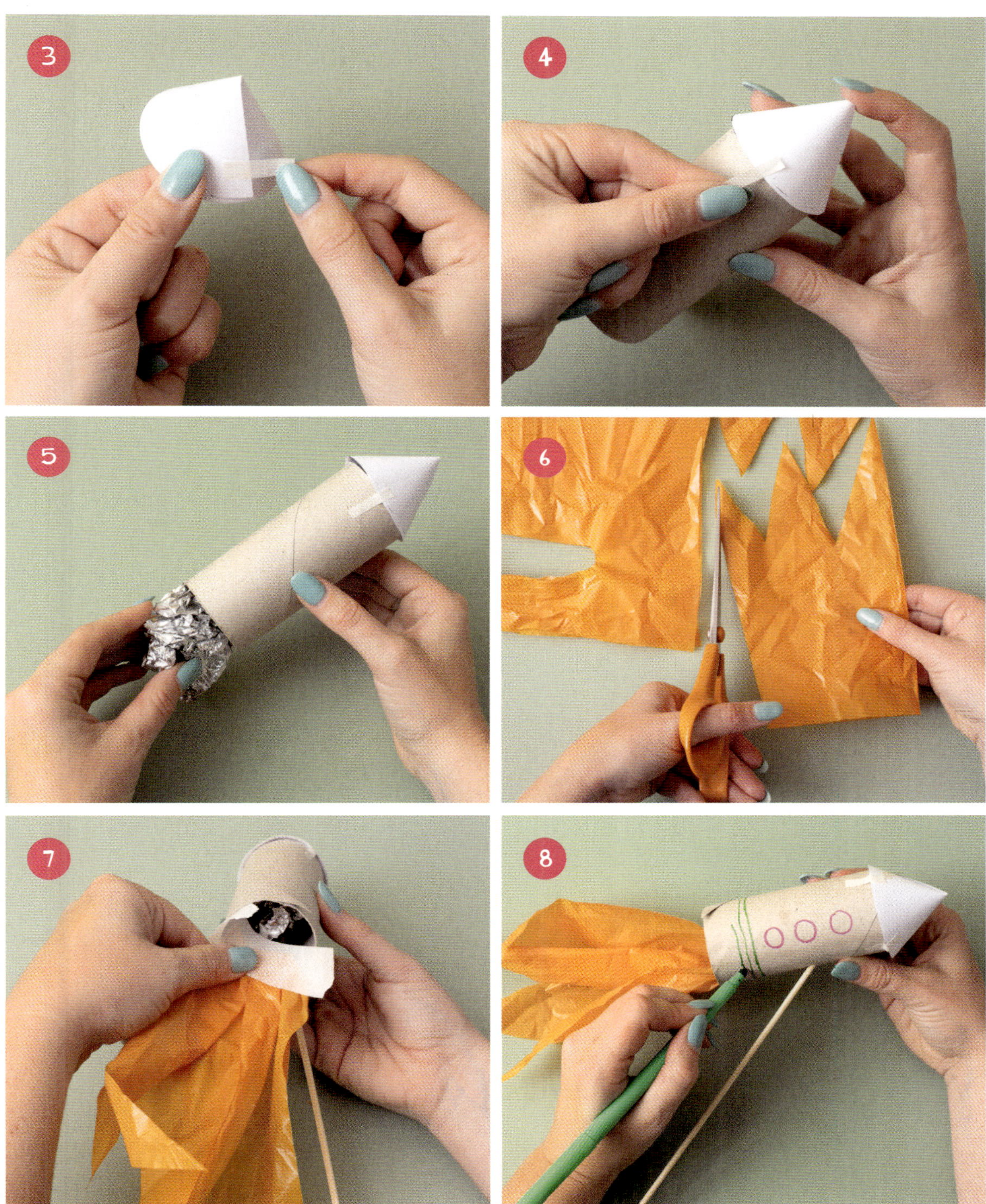
3
4
5
6
7
8

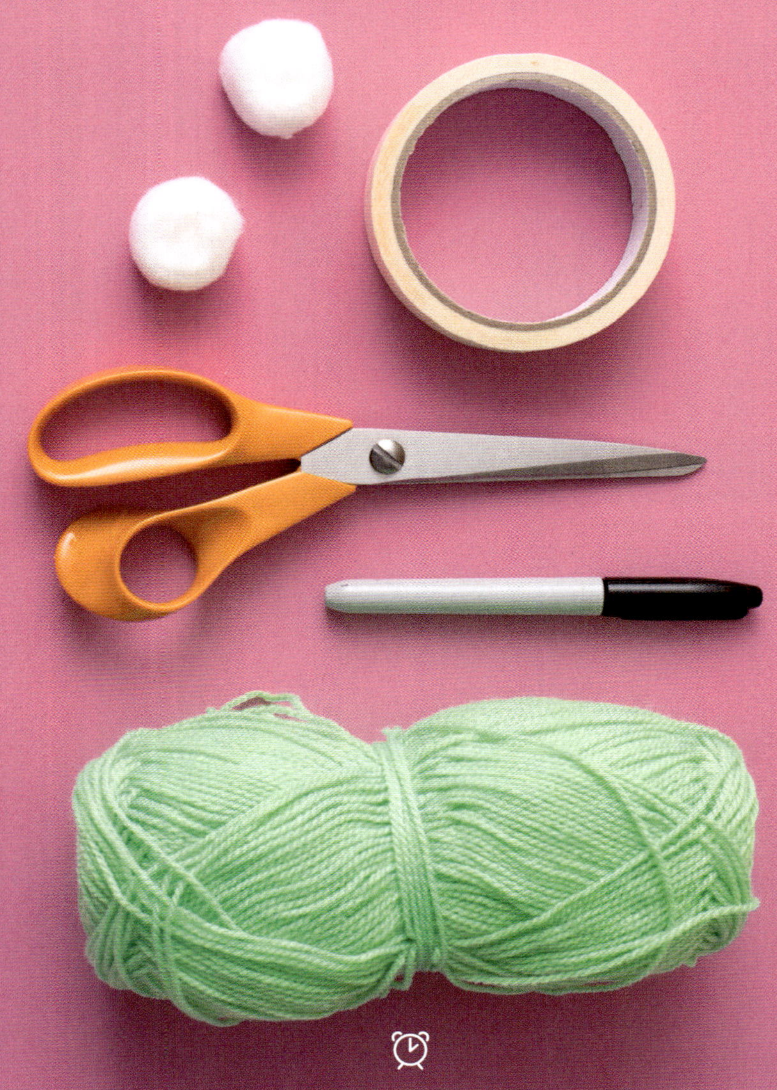

POMPON-MONSTER

Jedes Monster besteht aus einem ganzen Wollknäuel. Du musst die Wolle nicht um eine Pompon-Schablone wickeln, sondern kannst ganz einfach das ganze Knäuel in ein Pompon verwandeln, ohne es abzuwickeln!

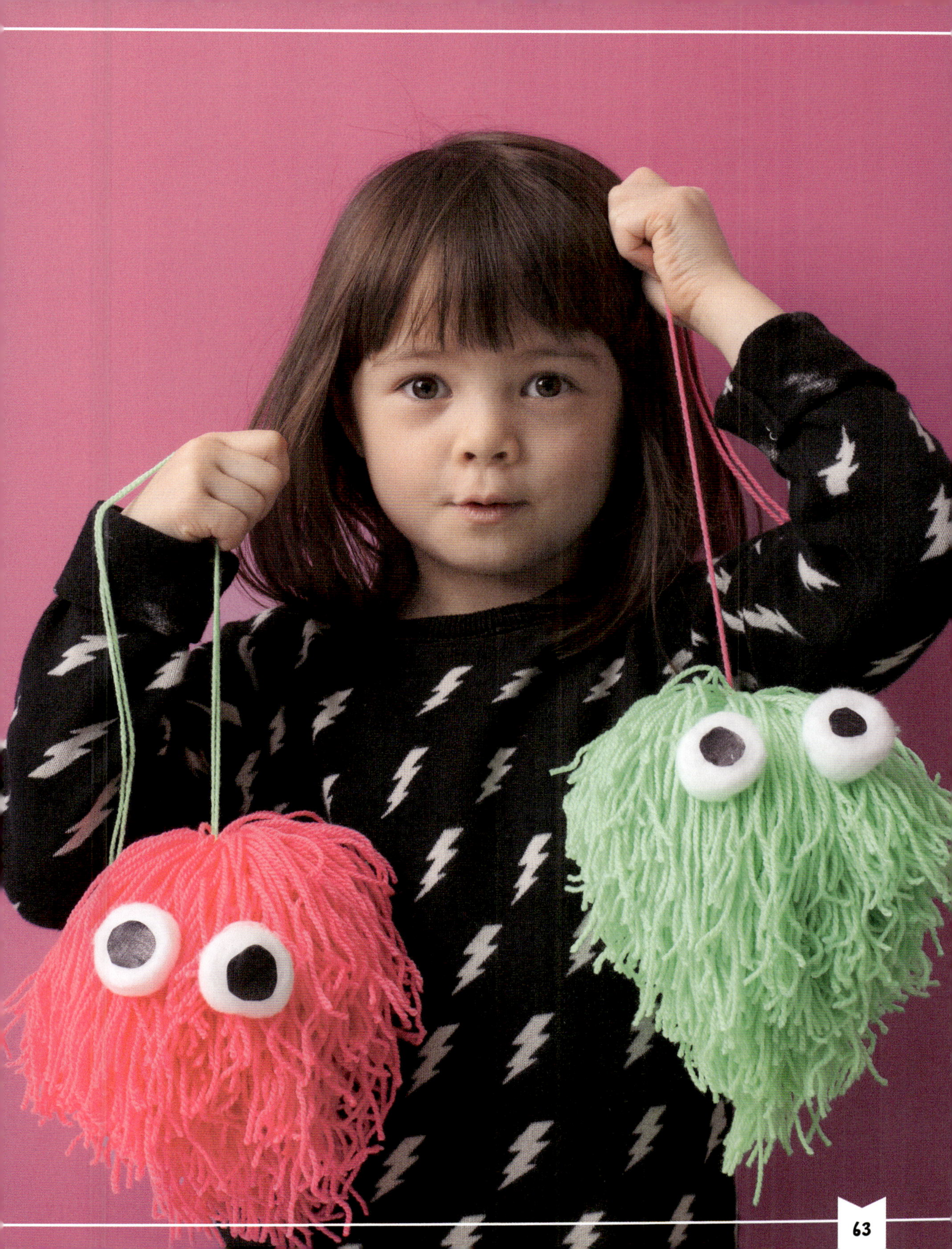

DU BRAUCHST

- Garnknäuel
  am besten dazu etwas Synthetikgarn in anderer Farbe
- 2 Wattebällchen
- Malerkrepp
- Permanentmarker
- Schere

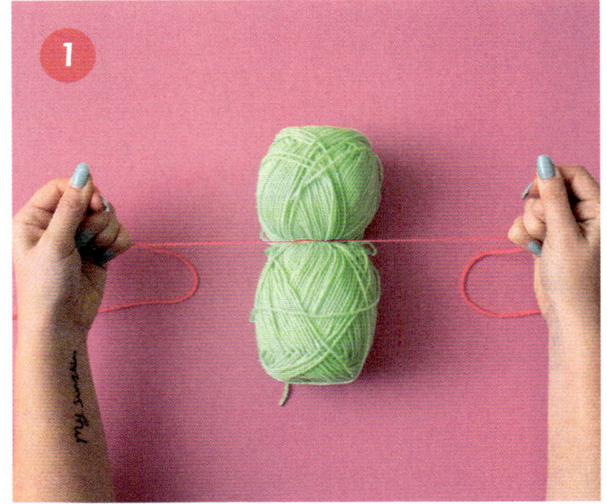

ANLEITUNG

1 ***Mit erwachsener Assistenz*** Knote ein Stück Garn oder Schnur fest um die Mitte des Knäuls. Das braucht viel Kraft! Die Enden sehr lang stehen lassen, daran wird das Monster später aufgehängt. Das Garn hierfür sollte wegen der längeren Fasern aus Synthetik sein. Es ist fester und reißt nicht so leicht.

2 Schneide die Garnschlingen auf einer Seite des Knäuels auf, sodass Fransen entstehen.

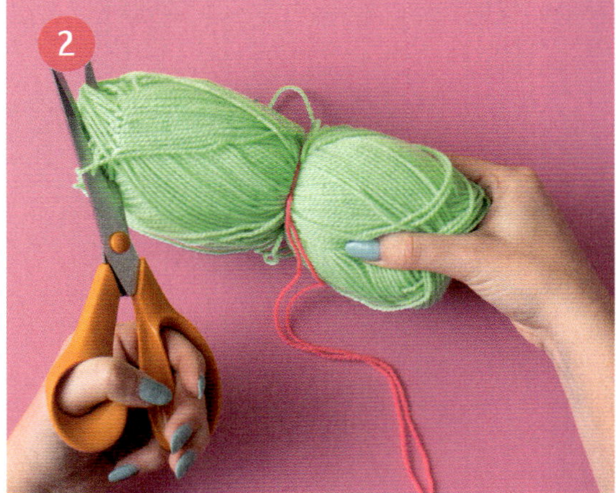

3 Du musst nicht gleichmäßig arbeiten. Schnipple einfach, bis alle Schlingen geöffnet sind.

4 Dasselbe auf der anderen Seite wiederholen.

5 Wenn du es jetzt an dem langen Faden hältst, hast du einen großen, strubbeligen Pompon.

6 Zeichne für die Augen zwei Kreise auf das Malerkrepp und schneide sie aus.

7 Die Augen auf je ein Wattebällchen kleben.

8 Befestige ein Auge mit etwas Malerkrepp an ein paar Garnfäden.

9 Das andere Auge anbringen und fertig ist das Strubbel-Monster!

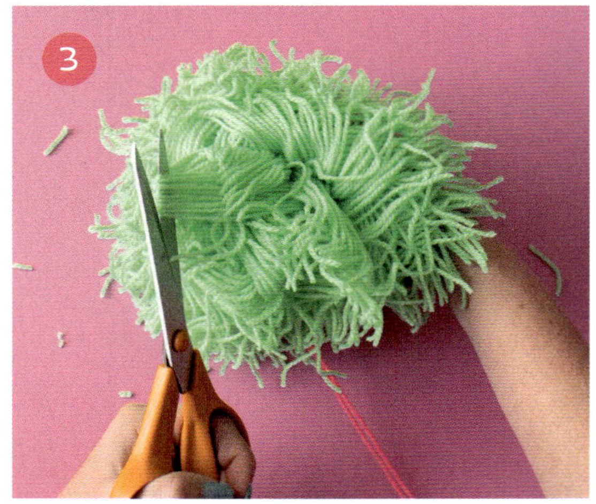

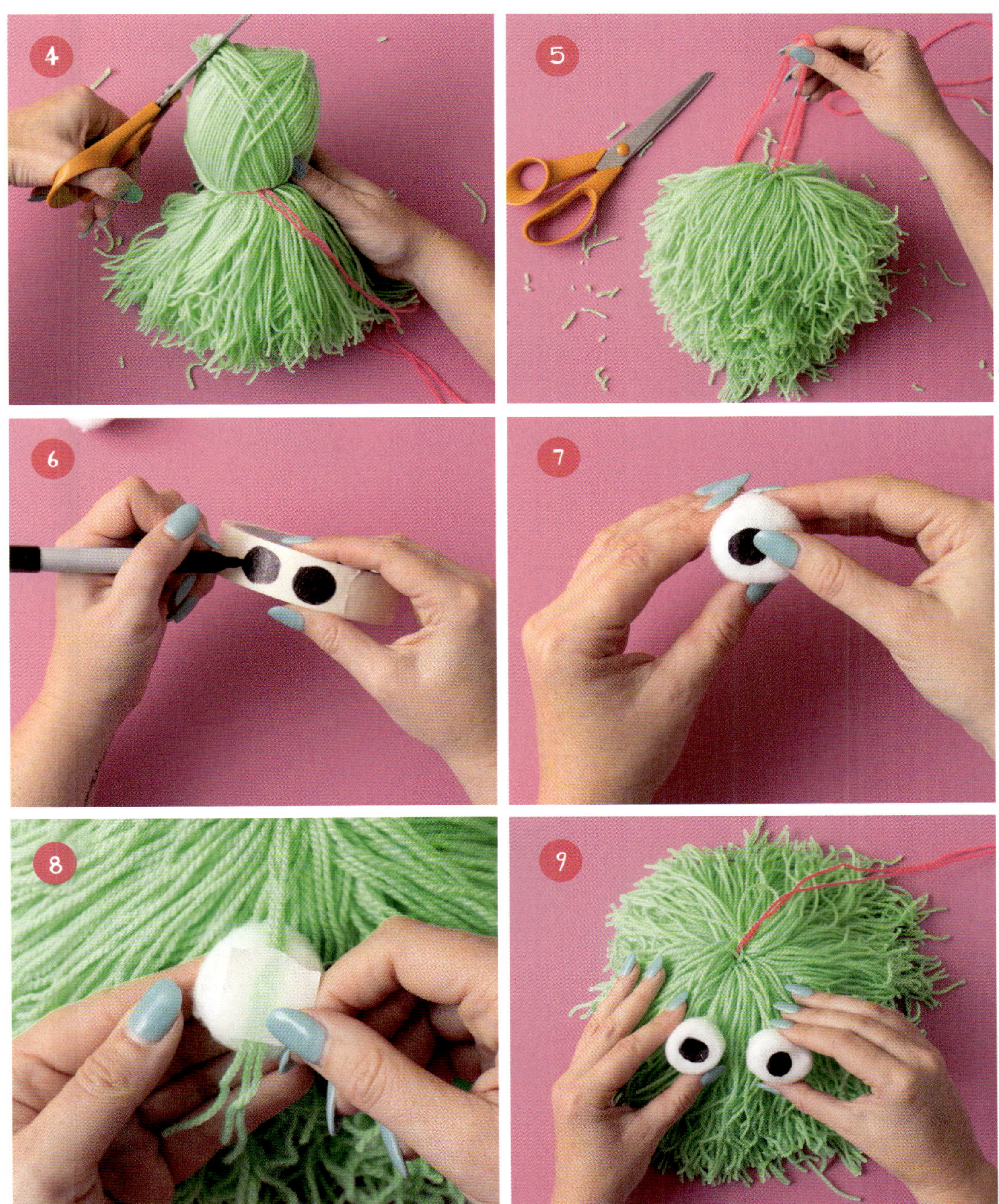
4
5
6
7
8
9

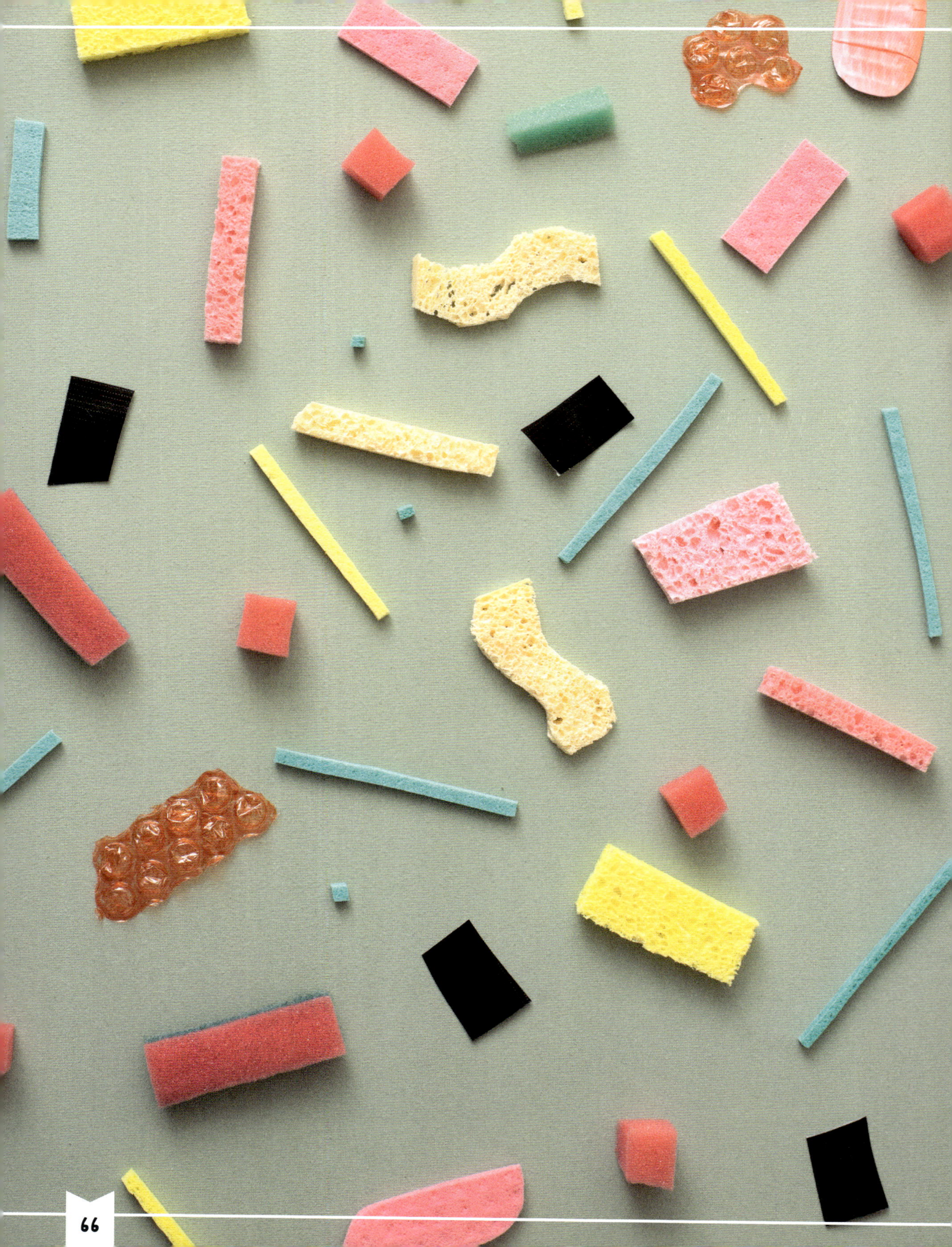

SUSHI AUS GEWEBEBAND

Im Putzschrank findet man alles, was man für dieses witzige, schwammige Sushi braucht.

Experimentiere mit verschiedenen Farben und Materialien und probiere andere Sushi-Sorten aus.

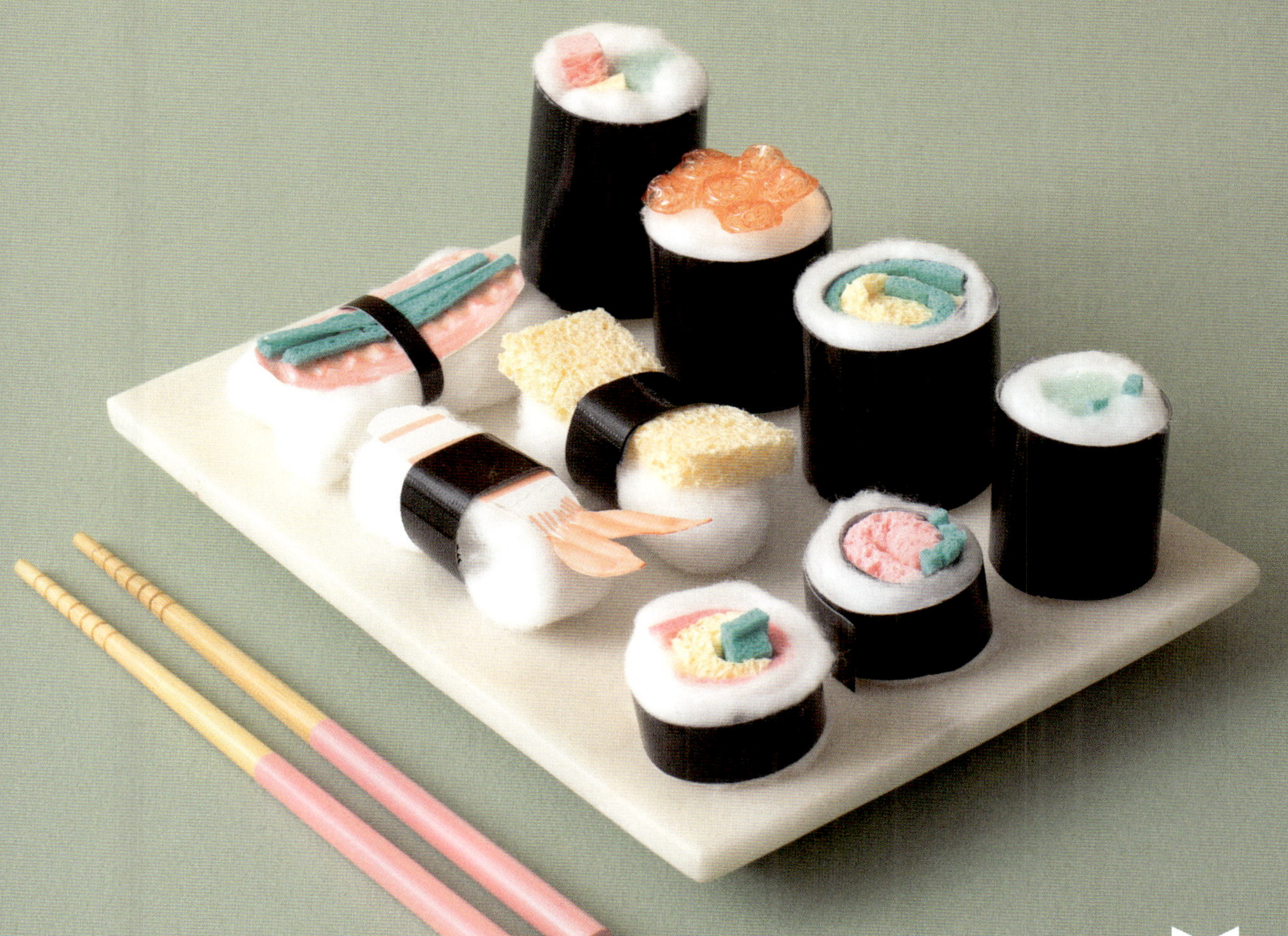

DU BRAUCHST

- Schwämme und Schwammtücher
- Gewebeband
- Wattebällchen
- Pappteller
  für eine Garnele
- Luftpolsterfolie
  in Rot als Kaviar auf der Sushi-Rolle
- Filzstifte
- Schere

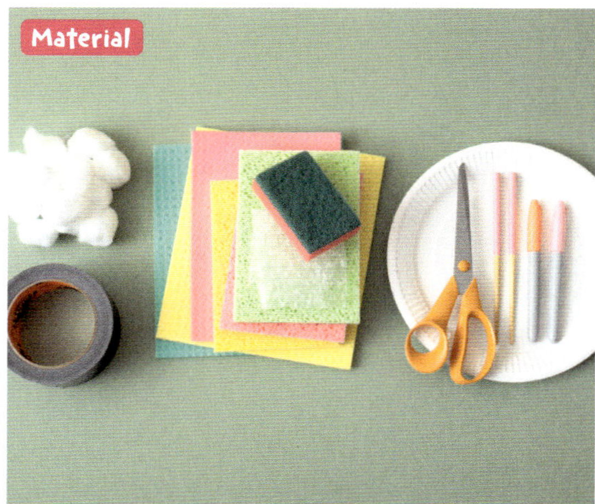

ANLEITUNG

KLASSISCHE SUSHI-ROLLE

1 Zuerst einen Watteball zu einem langen Streifen auseinanderziehen. Oder, wenn du ein großes Sushi-Stück machen möchtest, ziehe mehrere Wattebällchen auseinander. Ich habe drei verwendet.

2 Zwei Schwämme mit unterschiedlichen Farben in dünne Streifen schneiden. Lege sie übereinander, damit sie wie verschiedene Zutaten aussehen, und rolle sie spiralförmig auf.

3 Die Watte um die Schwamm-Rolle wickeln.

4 Umwickle alles mit Gewebeband und schneide es am Ende ab. Die Rolle ist jetzt so breit wie das Gewebeband. Man kann auch kleineres Sushi machen, indem man das Band längs halbiert.

GARNELEN-NIGIRI

1 Aus dem Rand des Papptellers die Garnele ausschneiden. Dabei biegt sich der Rand wie ein Garnelenschwanz hoch. Mit Filzstift anmalen.

2 Ziehe einen Watteball zu einem langen Streifen auseinander und lege ihn in Form.

3 Einen schmalen, langen Streifen vom Gewebeband abschneiden.

4 Um das Nigiri zu machen, wickle das Gewebeband um die Garnele auf der Watte.

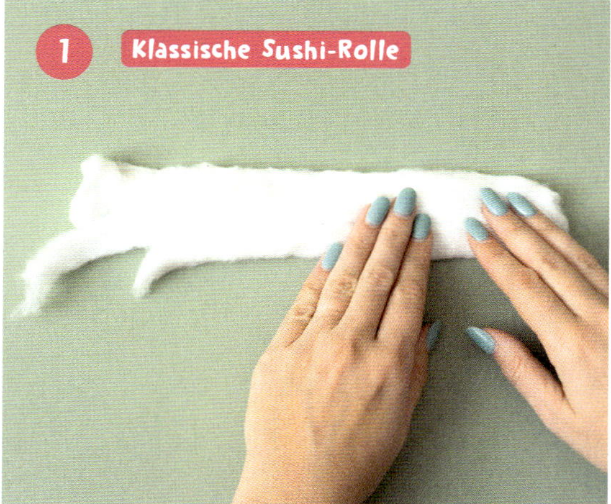

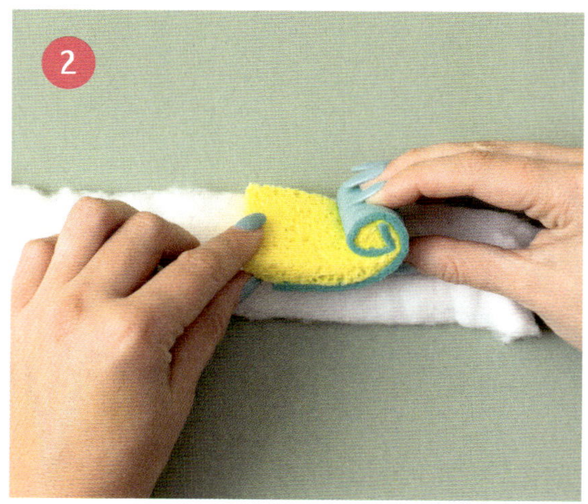

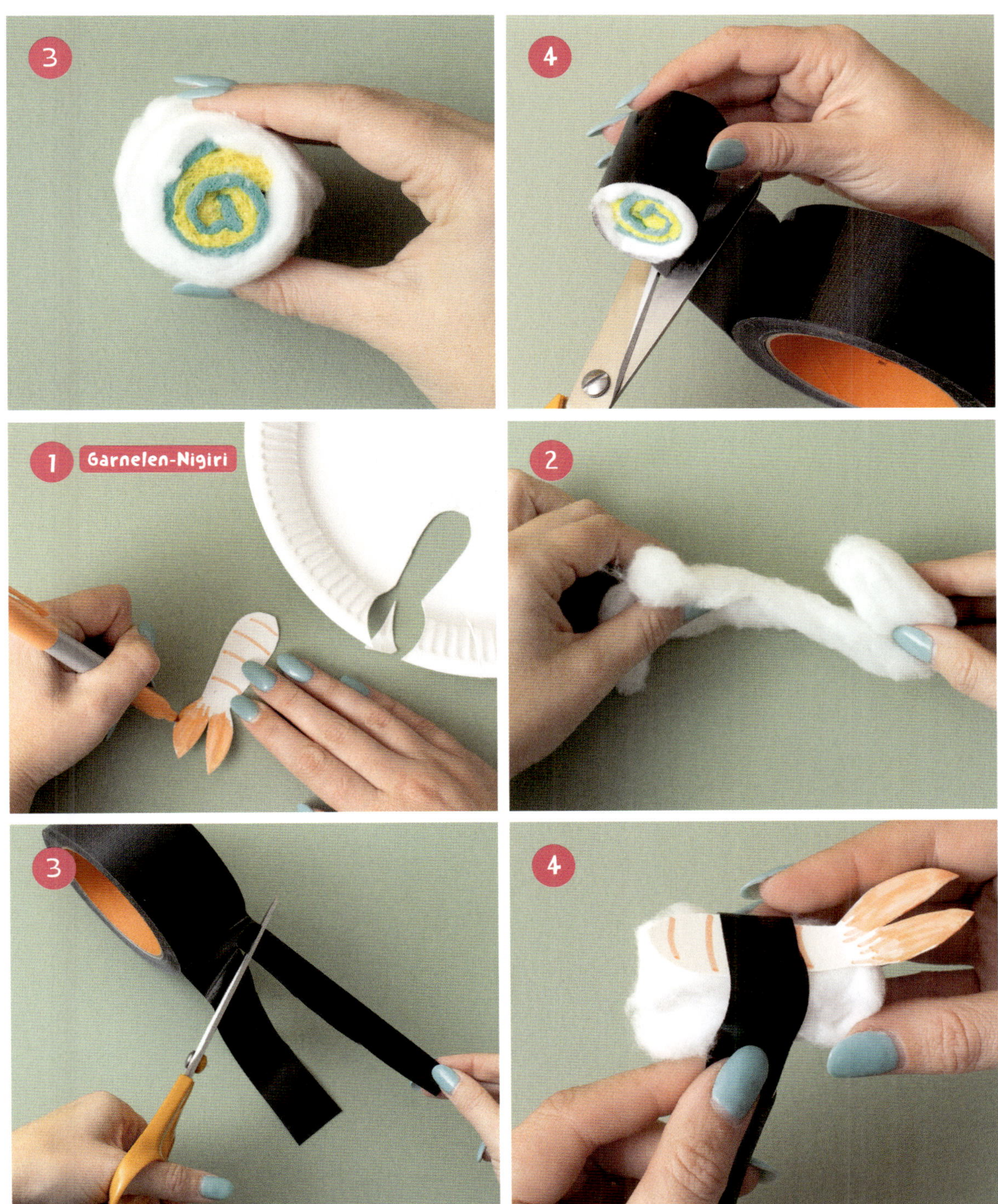
3
4
1
Garnelen-Nigiri
2
3
4

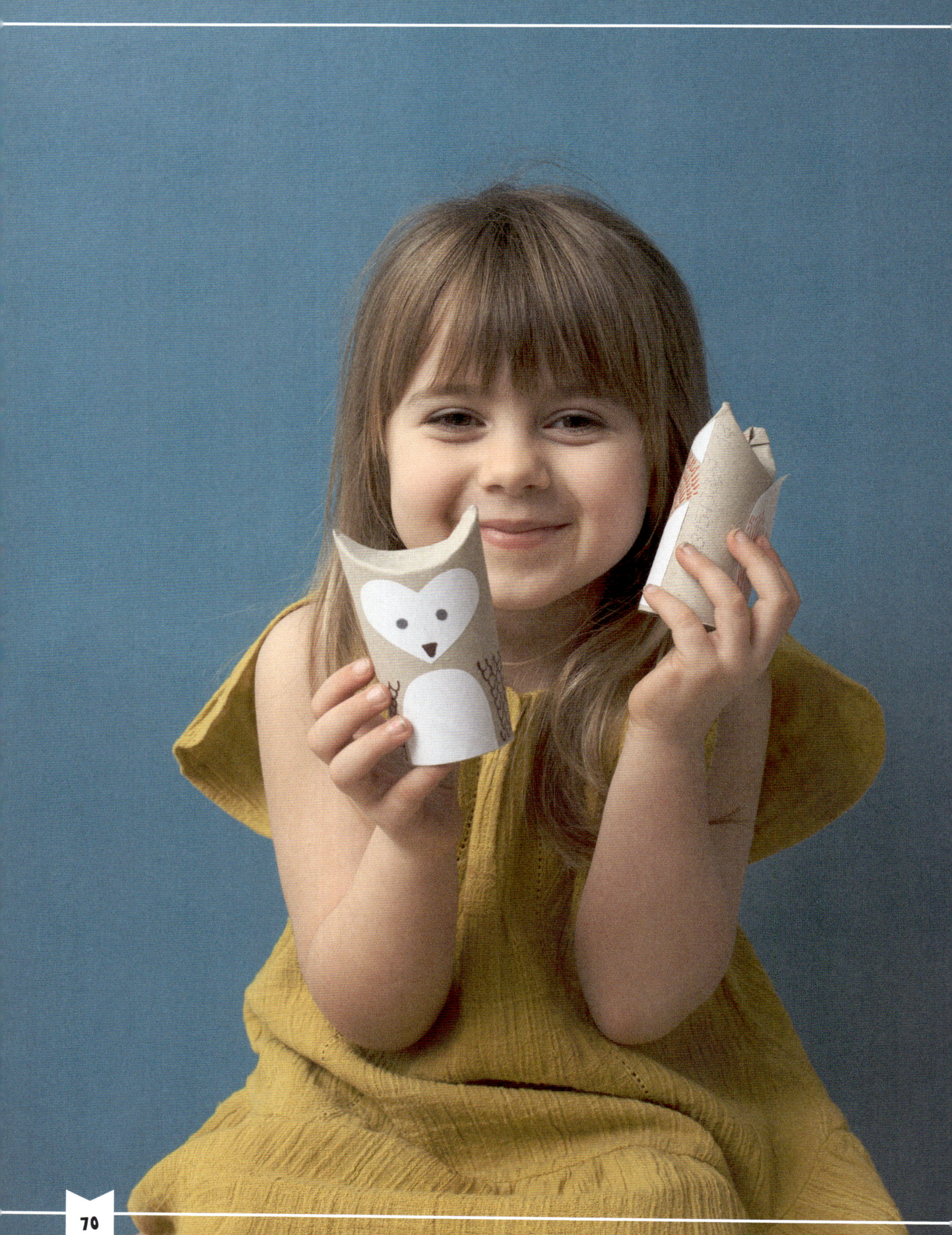

WALDFREUNDE

Was wäre ein Kinder-Bastelbuch ohne Tiere aus Klopapierrollen? Das ist meine Version dieses Klassikers: ein Dachs, eine Eule und ein Fuchs.

Wenn man die Oberkante der Rolle nach unten klappt, entstehen kleine Öhrchen und mit kleinen Papierresten kann jedes Tier individuell gestaltet werden.

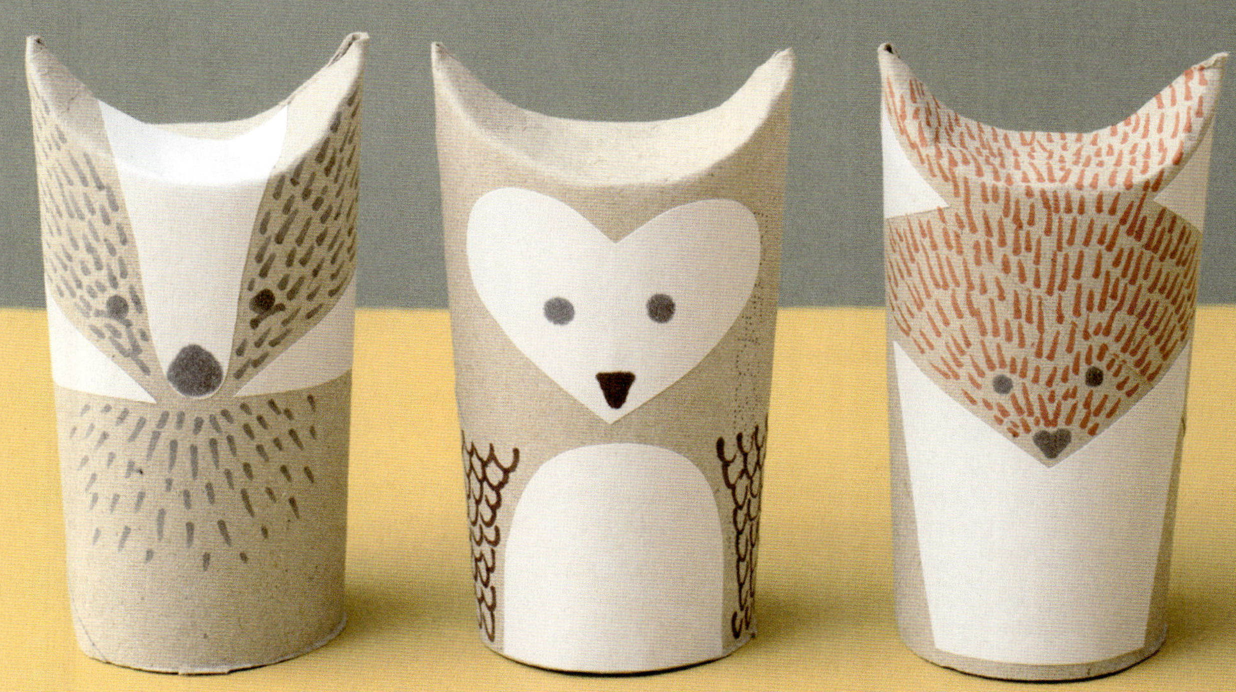

DU BRAUCHST

- Klopapierrollen
- Papier in Weiß, A4
- Filzstifte in Braun, Grau und Orange
- Schere
- Klebestift

ANLEITUNG

1 Die Klopapierrolle oben leicht eindrücken und an einer Seite einklappen.

2 Wiederhole Schritt 1 auf der gegenüberliegenden Seite. So entsteht die Ohren.

DACHS

1 Schneide aus weißem Papier drei Stücke wie auf dem Foto aus. Die Stücke aufkleben.

2 Male die Augen, eine ovale Nase und Striche für das Fell auf.

EULE

1 Aus weißem Papier zwei Stücke ausschneiden: ein Herz für das Gesicht und einen Halbkreis für das Bäuchlein. Diese aufkleben.

2 Male die Augen, ein kleines Dreieck als Schnabel und ein paar Federn auf.

FUCHS

1 Schneide wie auf dem Bild vier Stücke aus weißem Papier für die weißen Flecken und den Schwanz aus. Diese aufkleben.

2 Male die Augen, ein kleines Herz als Nase und orangefarbenes Fell auf.

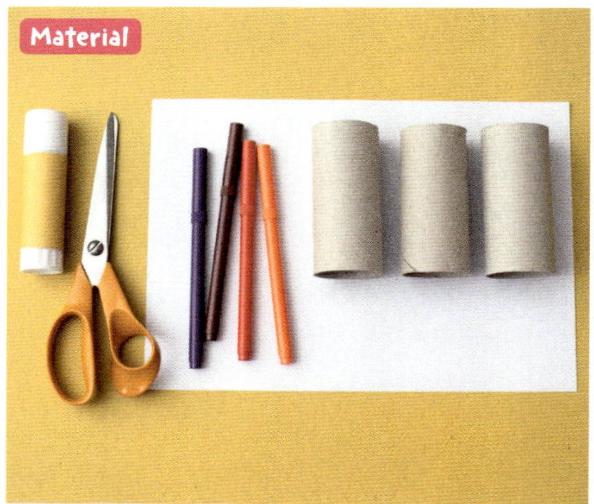

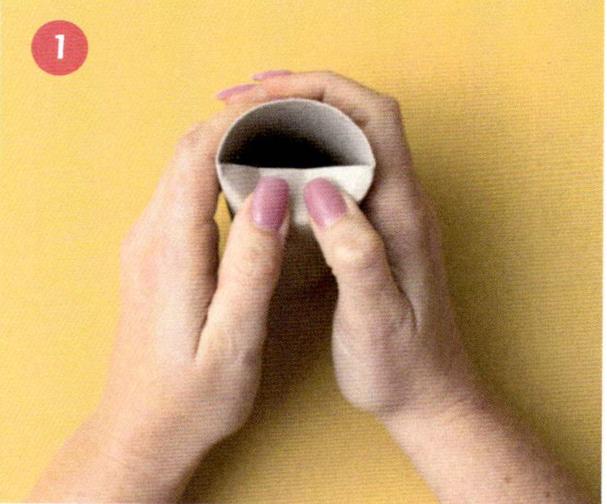

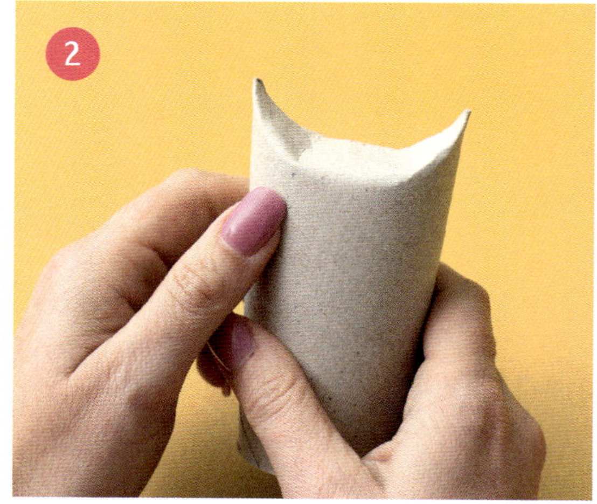

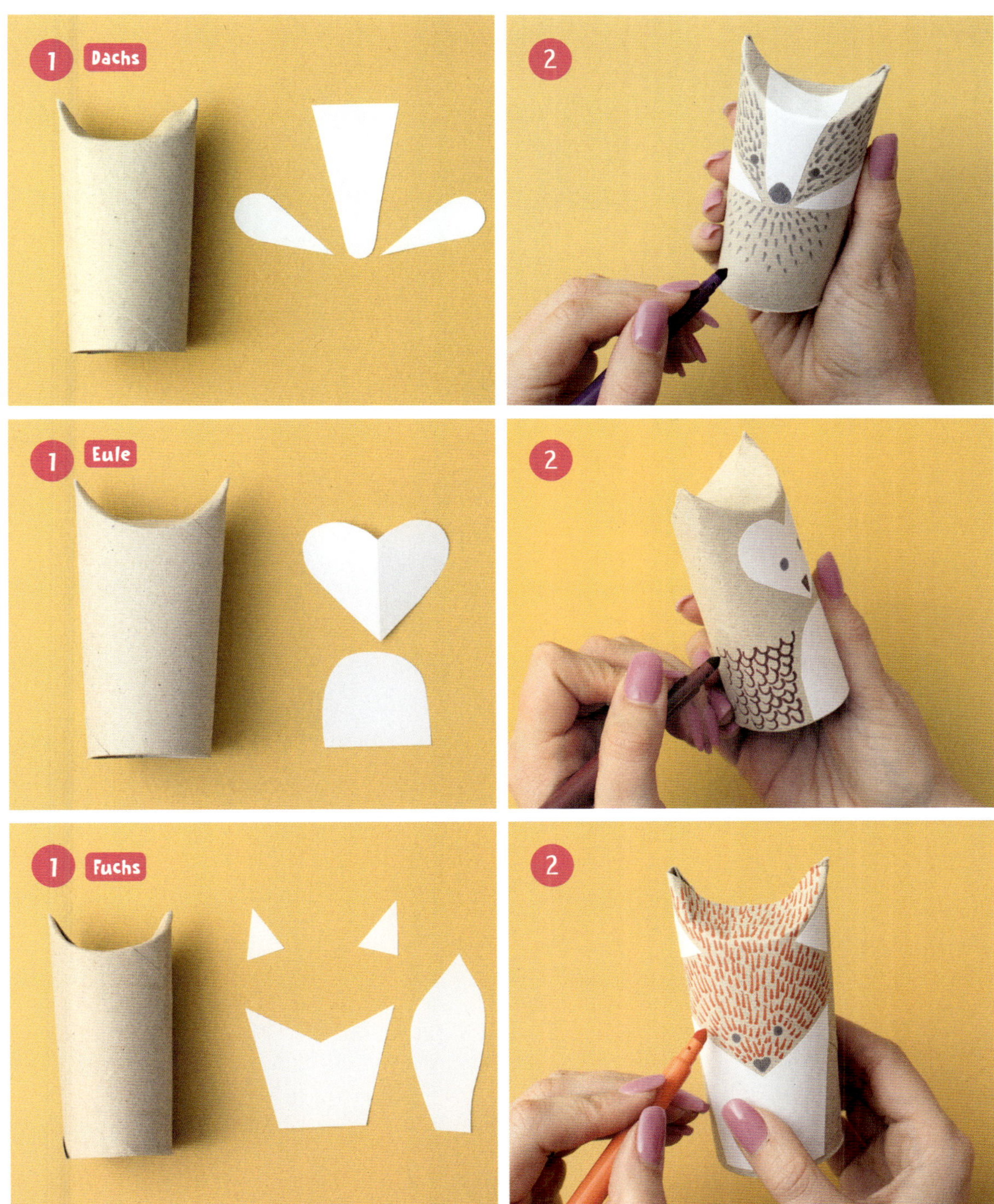
1
Dachs
2
1
Eule
2
1
Fuchs
2

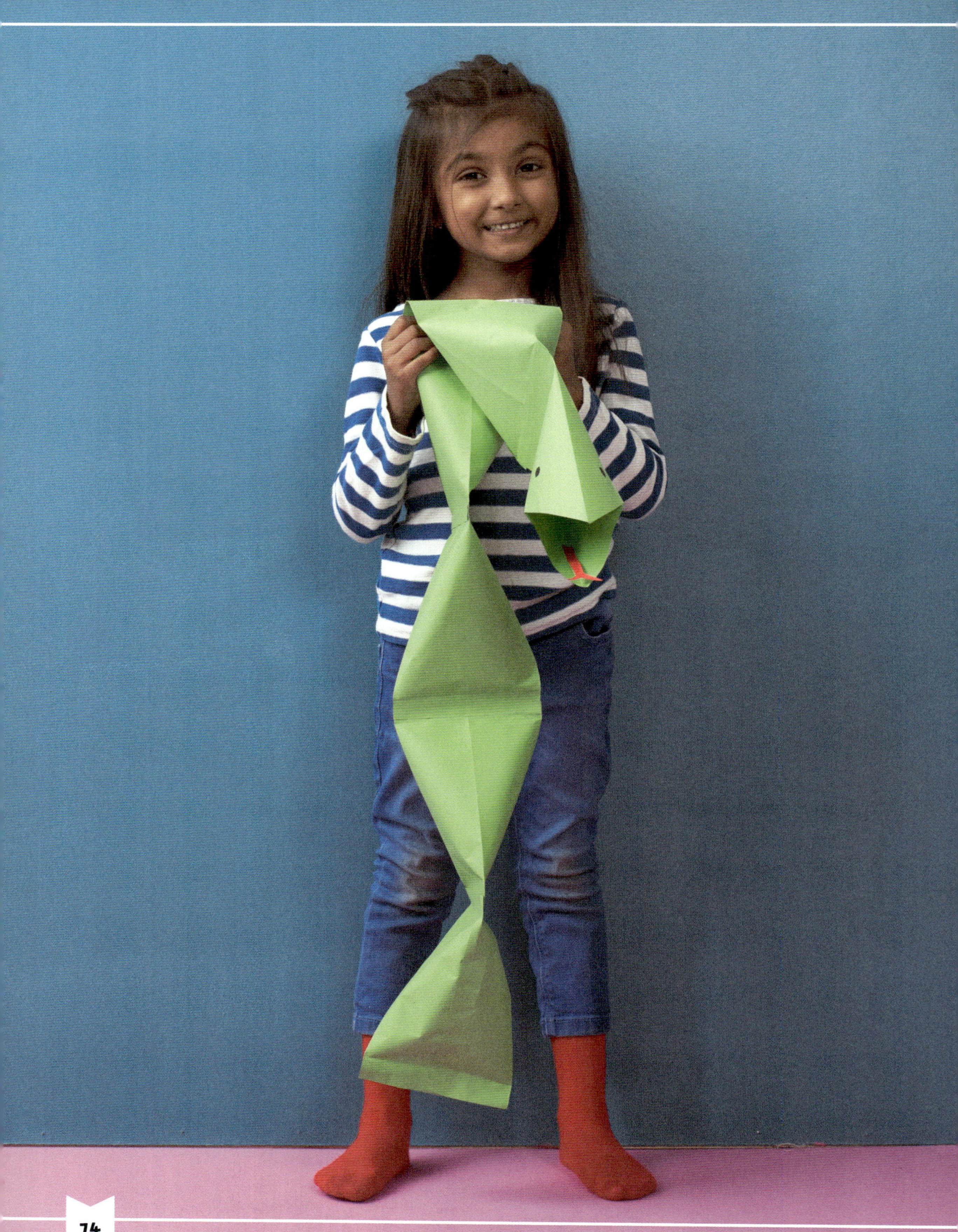

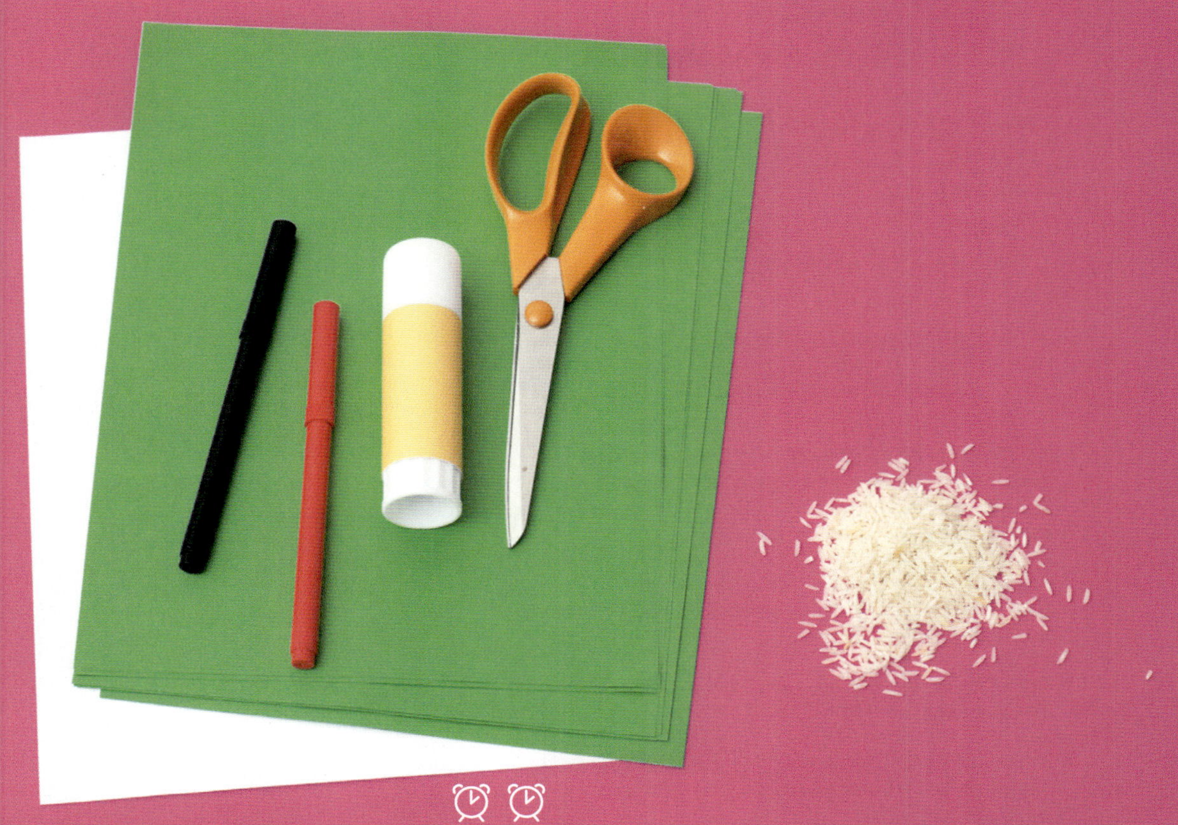

FREUNDLICHE KLAPPERSCHLANGE AUS PAPIER

Diese Schlange ist aus Papier, das zu einer 3-D-Form wird. Den Schwanz füllst du mit Reis, damit sie wie eine echte Klapperschlange klappert.

DU BRAUCHST

- Papier in Grün und Weiß, A4
- Reis
- Klebestift
- Schere
- Filzstifte in Rot und Schwarz

ANLEITUNG

1 Für die einzelnen Abschnitte der Schlange musst du zuerst Papiertaschen anfertigen. Bestreiche dafür zwei Kanten des Papiers mit Kleber, und zwar die obere lange und die kurze linke Seite.

2 Das Papier zuerst von rechts und dann von links über die Mitte falten und andrücken. Du hast nun einen Beutel aus Papier.

3 Fülle Reis in den Beutel – das wird das rasselnde Schwanzende.

4 Innen auf den Papierrand Kleber auftragen und das Papier so zusammenkleben, dass die Faltlinien aufeinandertreffen.

5 Es entsteht eine dreidimensionale Form, ähnlich einer Pyramide.

6 Bastele mindestens fünf Pyramiden und klebe sie an den flachen Enden zusammen.

7 Das vordere Ende als Maul spitz zuschneiden.

8 Schneide für die Zunge ein Stück Papier zurecht und male es in Rot oder in einer anderen Farbe an. Dann die Zunge in das Maul kleben.

9 Male mit einem Stift Augen auf. Jetzt ist die Schlange fertig und kann klappern!

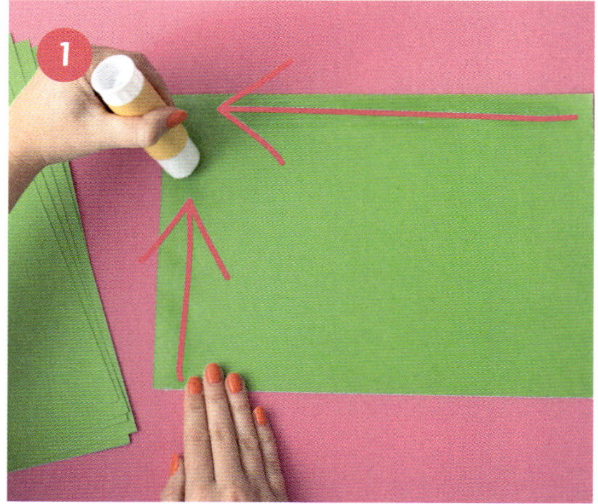

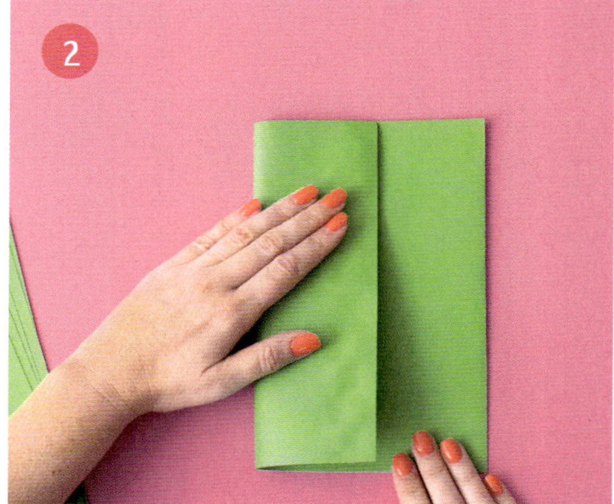

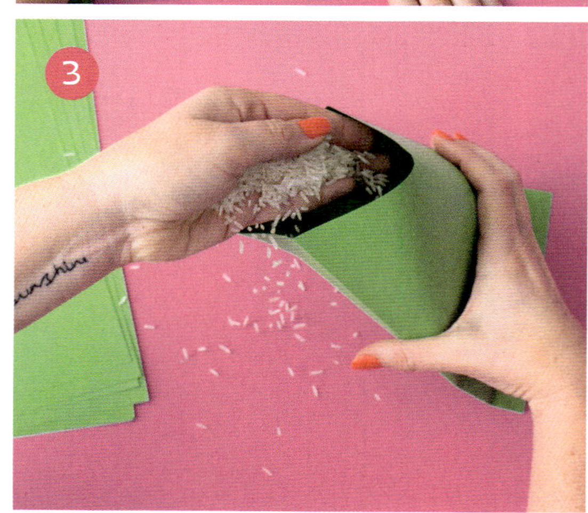

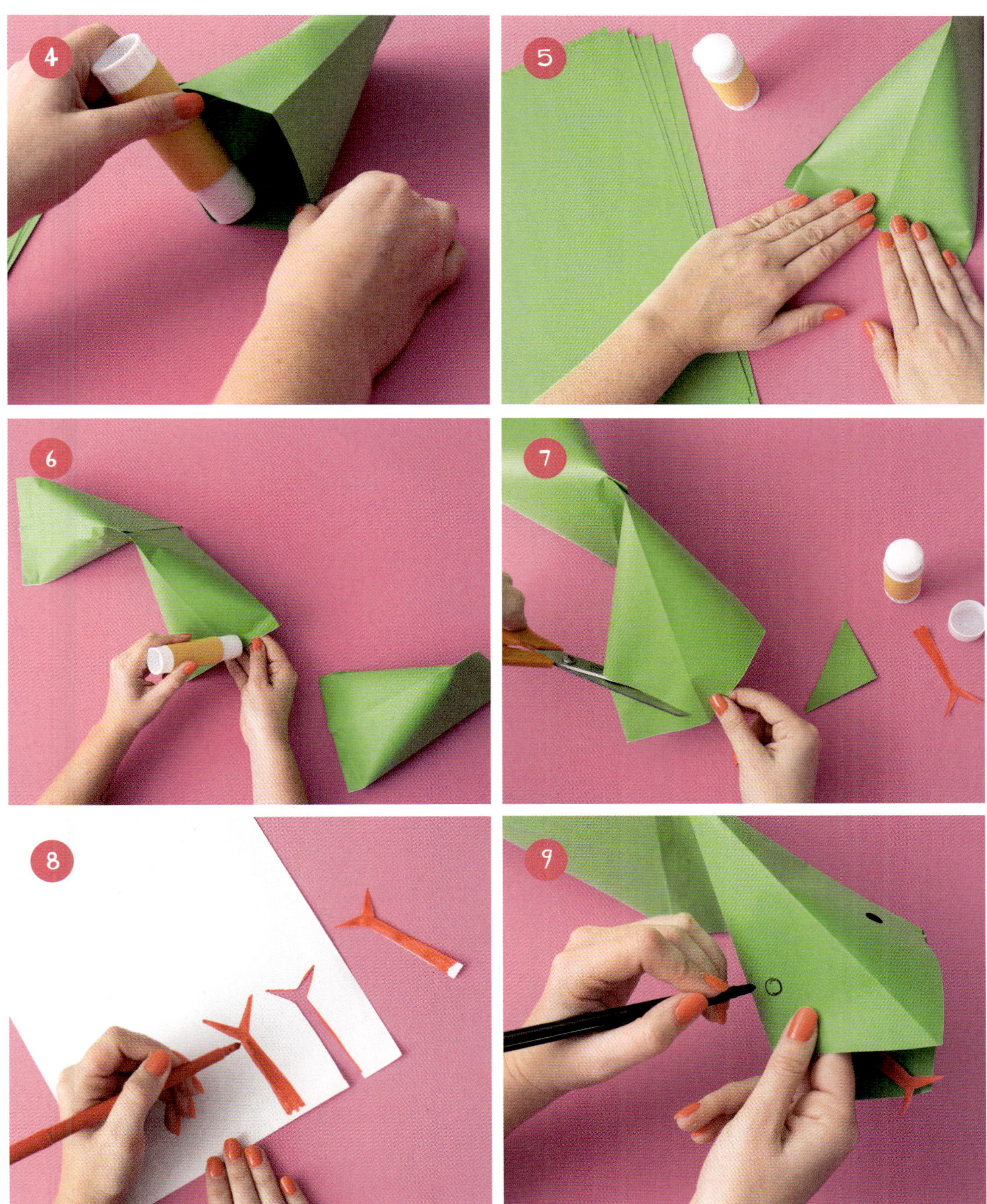
4
5
6
7
8
9

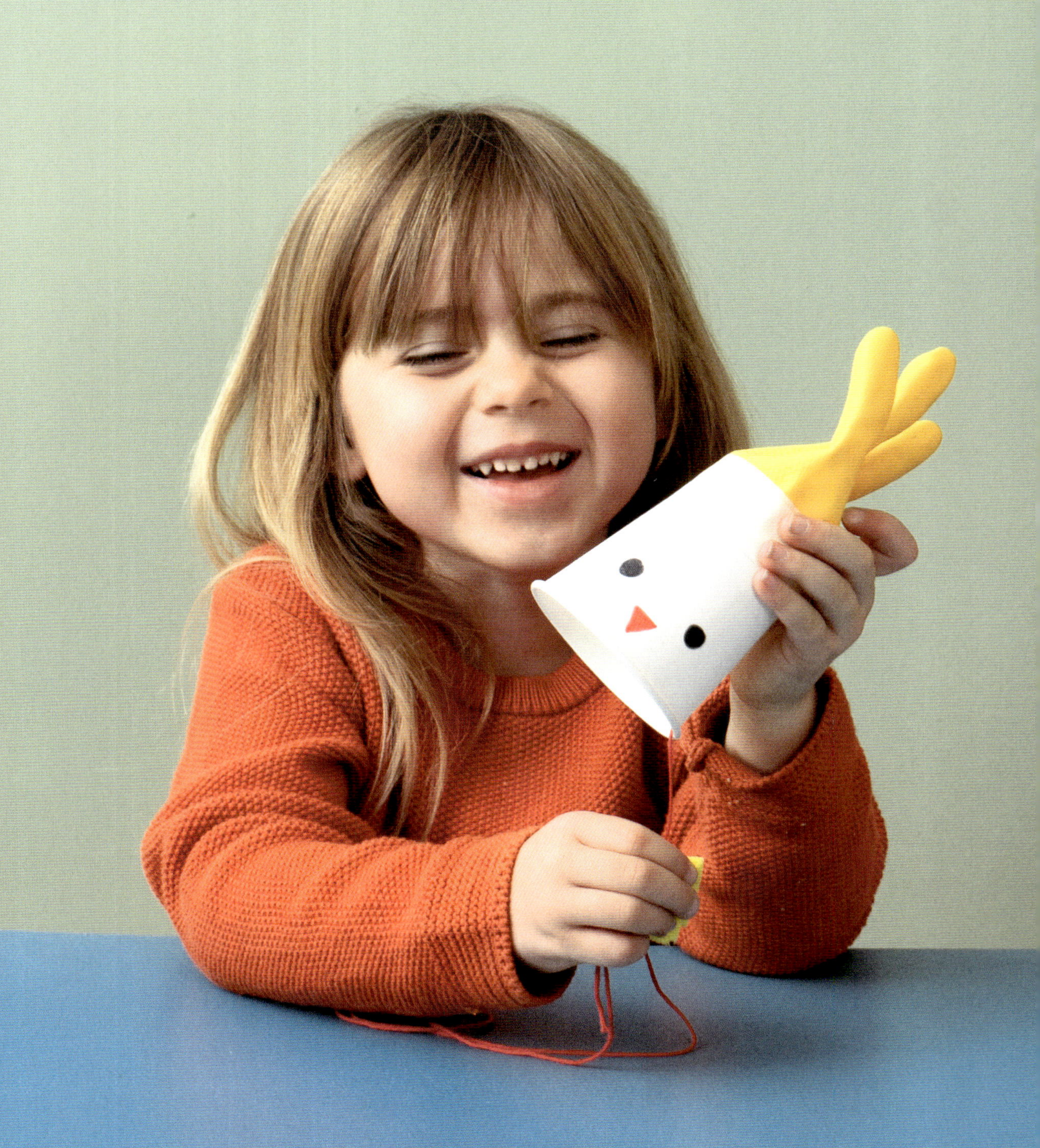

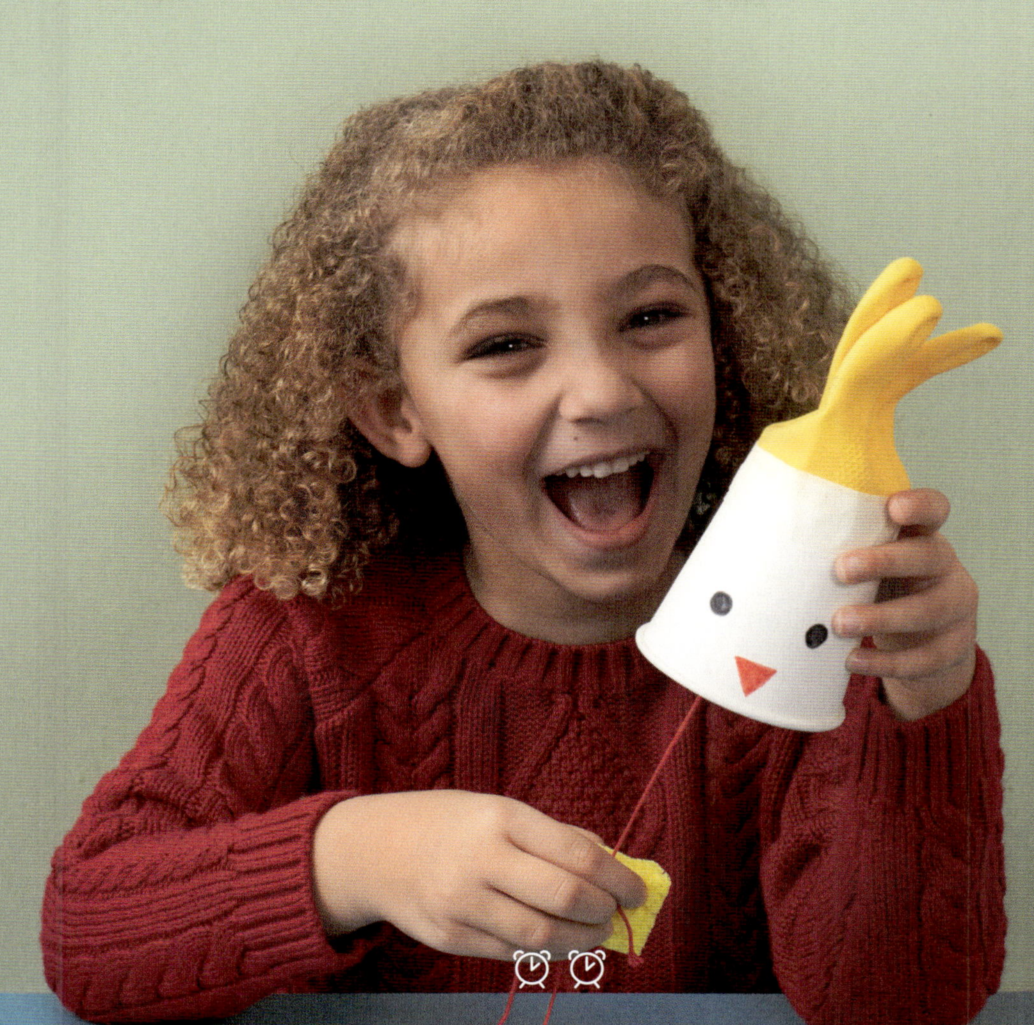

GACKERNDES HUHN

Dieses einfache Huhn sorgt garantiert für Lachanfälle. Wenn du mit dem Schwamm am Faden reibst, verstärkt der Becher das Geräusch, wie ein Lautsprecher.

DU BRAUCHST

- Pappbecher
- Gummihandschuh in Gelb
- Schwamm
- Schnur
  aus Wolle oder Plastik
- Klebeband
  hier Malerkrepp
- Filzstift in Rot und Schwarz
- Schere

ANLEITUNG

1 *Mit erwachsener Assistenz* Mit der Schere vorsichtig ein Loch in den Becherboden piksen.

2 Fädle etwa 40 cm Schnur durch das Loch.

3 Einen dicken Knoten machen und mit Klebeband am Becherboden befestigen, damit die Schnur nicht durchrutscht wenn du daran ziehst.

4 Vom Schwamm schneidest du ein 3 x 5 cm großes Stück ab und bindest es an das andere Ende der langen Schnur.

5 Vom Gummihandschuh die Oberhälfte so abschneiden, dass alle Finger (ohne Daumen) an einem Stück sind.

6 Ziehe den Handschuh als Kamm des Huhns um den Becherboden und befestige ihn mit Klebeband.

7 Zwei dunkle Augen und ein kleines rotes Dreieck als Schnabel aufmalen.

8 Jetzt kannst du es gackern lassen! Feuchte dafür den Schwamm ein wenig an und lege ihn um die Schnur. Ziehe nun an der Schnur, dabei den Schwamm ganz festhalten. So entsteht das Gacker-Geräusch!

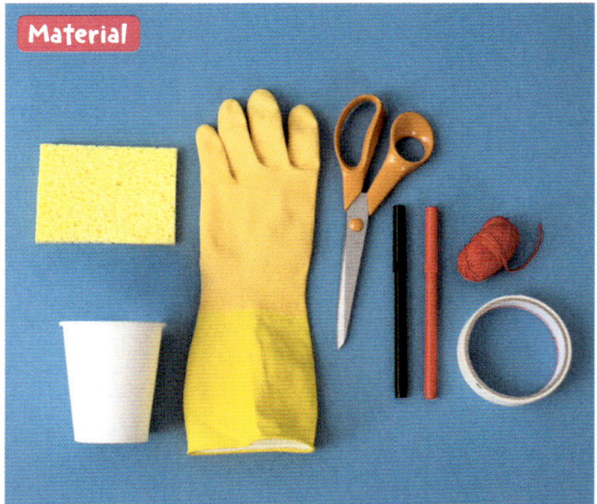
Material

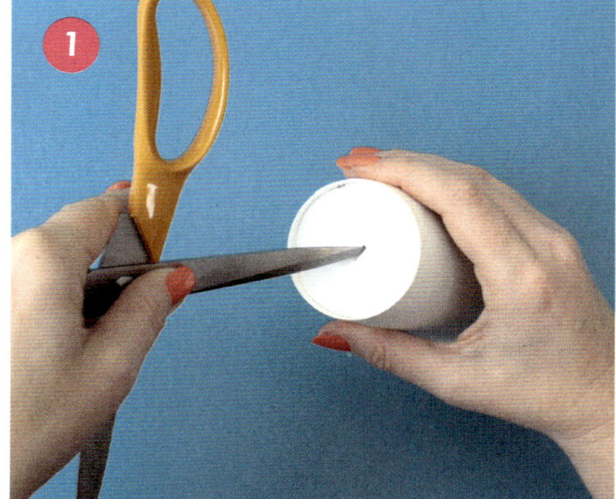
1

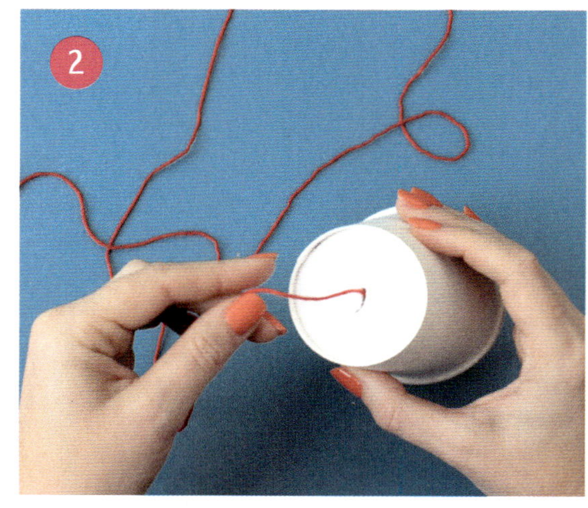
2

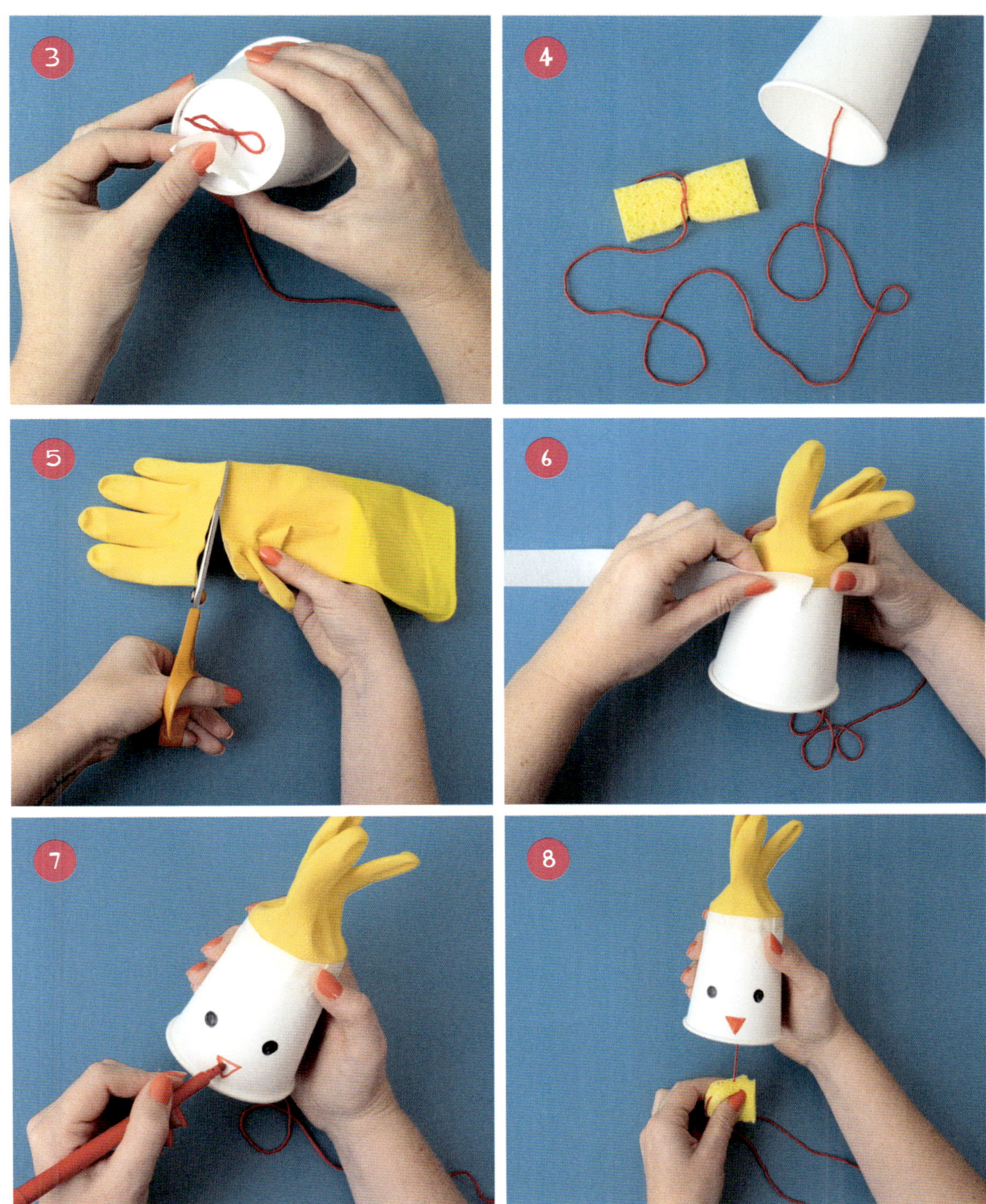
3
4
5
6
7
8

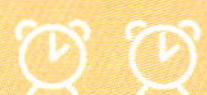

GEWEBTES PAPIER-SCHACHBRETT

Bastele dir ein Schachbrett, indem du weißes und schwarzes Tonpapier verwebst. Du kannst damit auch Dame spielen, wenn dir Schach zu kompliziert ist.

Wir haben uns Figuren aus Lego™ gebaut. Es ist interessant zu sehen, wie die Formen in Kombination unterschiedliche Bedeutungen annehmen können.

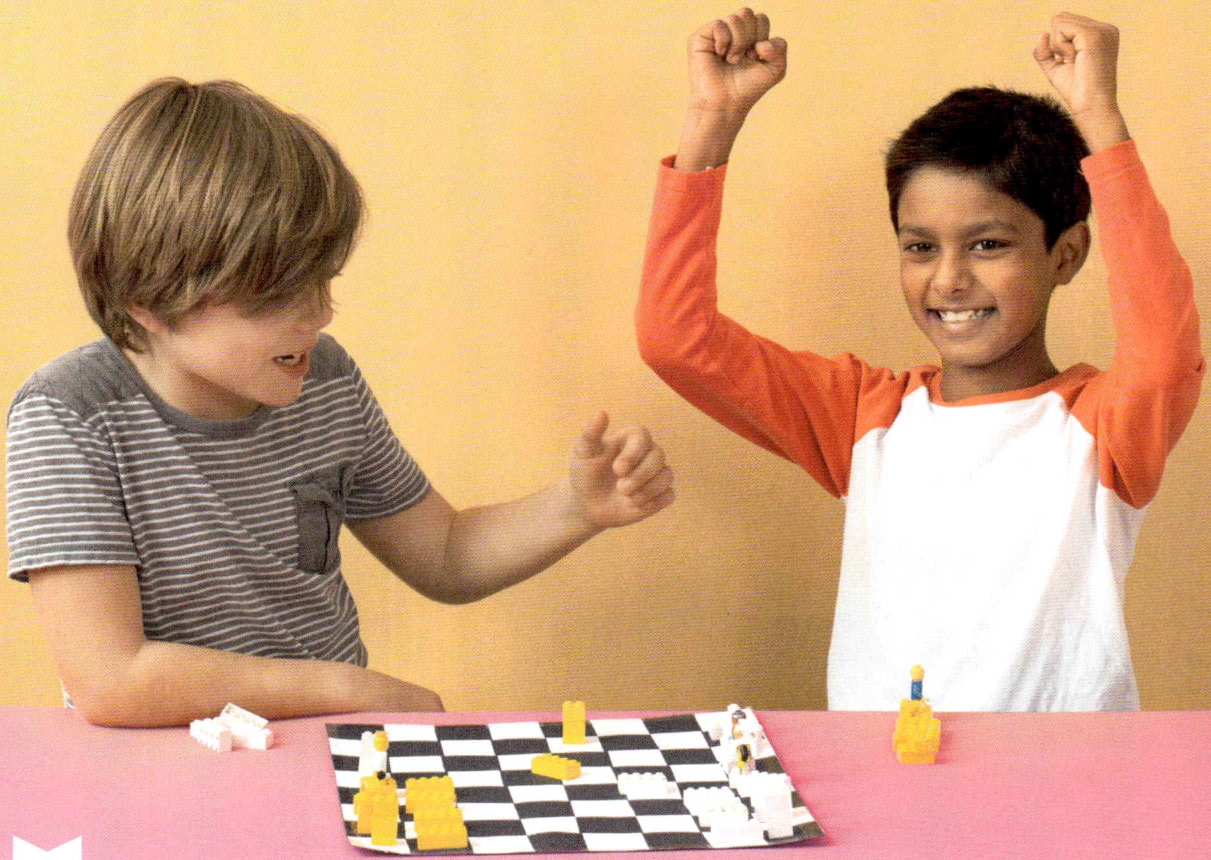

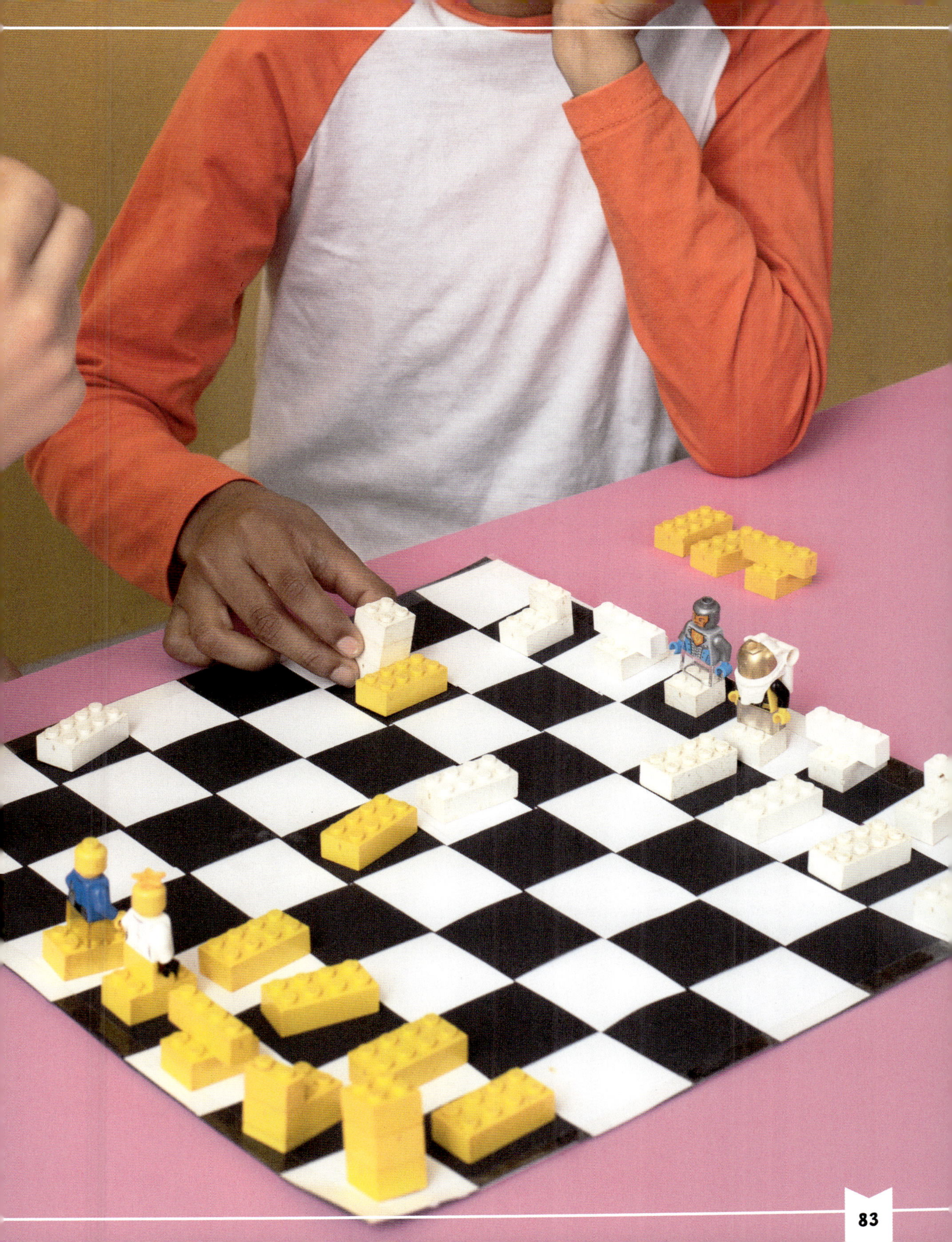

DU BRAUCHST

- **Tonpapier in Weiß und Schwarz**
  wenn du magst andere Farben, z.B. ein Schachbrett in Rosa und Grün
- **Lineal**
- **Schere**
- **Bleistift**
- **Klebeband**

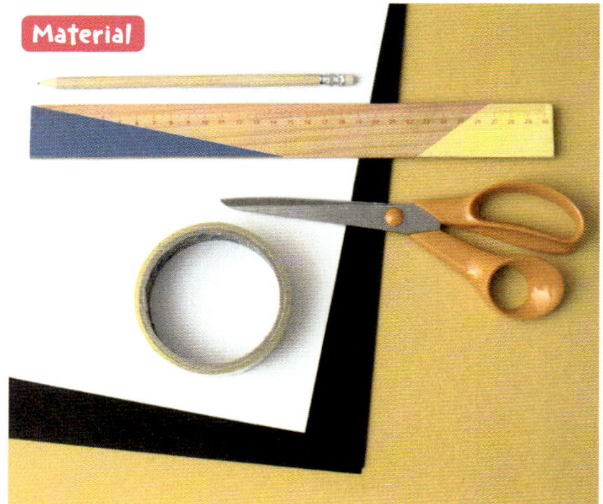

ANLEITUNG

1 Auf das weiße Tonpapier ein Quadrat zeichnen, dessen Seitenlänge der Lineallänge entspricht. Schneide die Form aus, und *WICHTIG* lass dabei an einer Seite einen zusätzlichen Randstreifen stehen.

2 Auf das Quadrat acht gleich große Streifen zeichnen. Mein Lineal hatte genau die Breite der Streifen – das ist bei vielen Linealen so.

3 Verfahre ebenso mit dem schwarzen Tonpapier, aber schneide diesmal alle Streifen ganz aus.

4 Nach und nach die schwarzen Tonpapierstreifen mit dem weißen Tonpapier verweben.

5 Schiebe jeden Streifen nach dem Weben nach oben, sodass keine Lücken entstehen.

6 Jetzt hast du ein richtiges Schachbrett mit 8 x 8 Feldern.

7 Überstehende Ränder abschneiden.

8 Klebe Klebeband entlang der Ränder, damit die Streifen nicht verrutschen. Das Klebeband um die Kante auf die andere Seite knicken und an den Ecken überstehende Reste abschneiden.

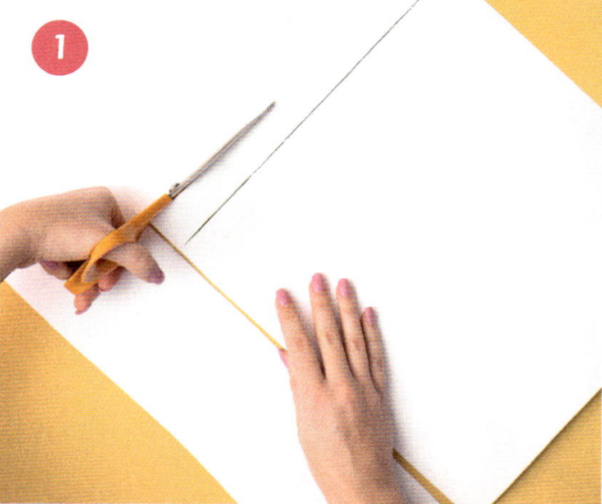

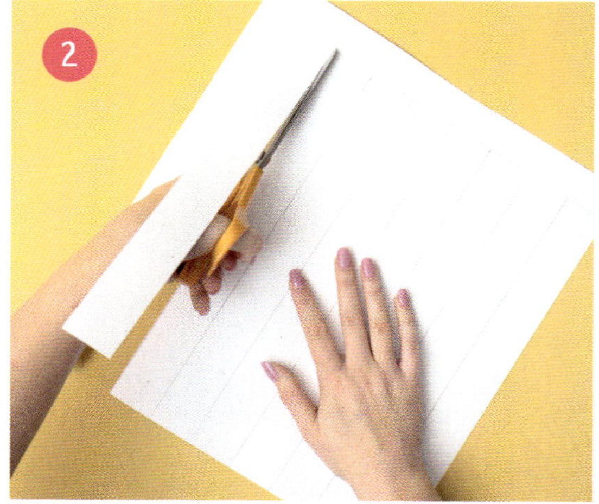

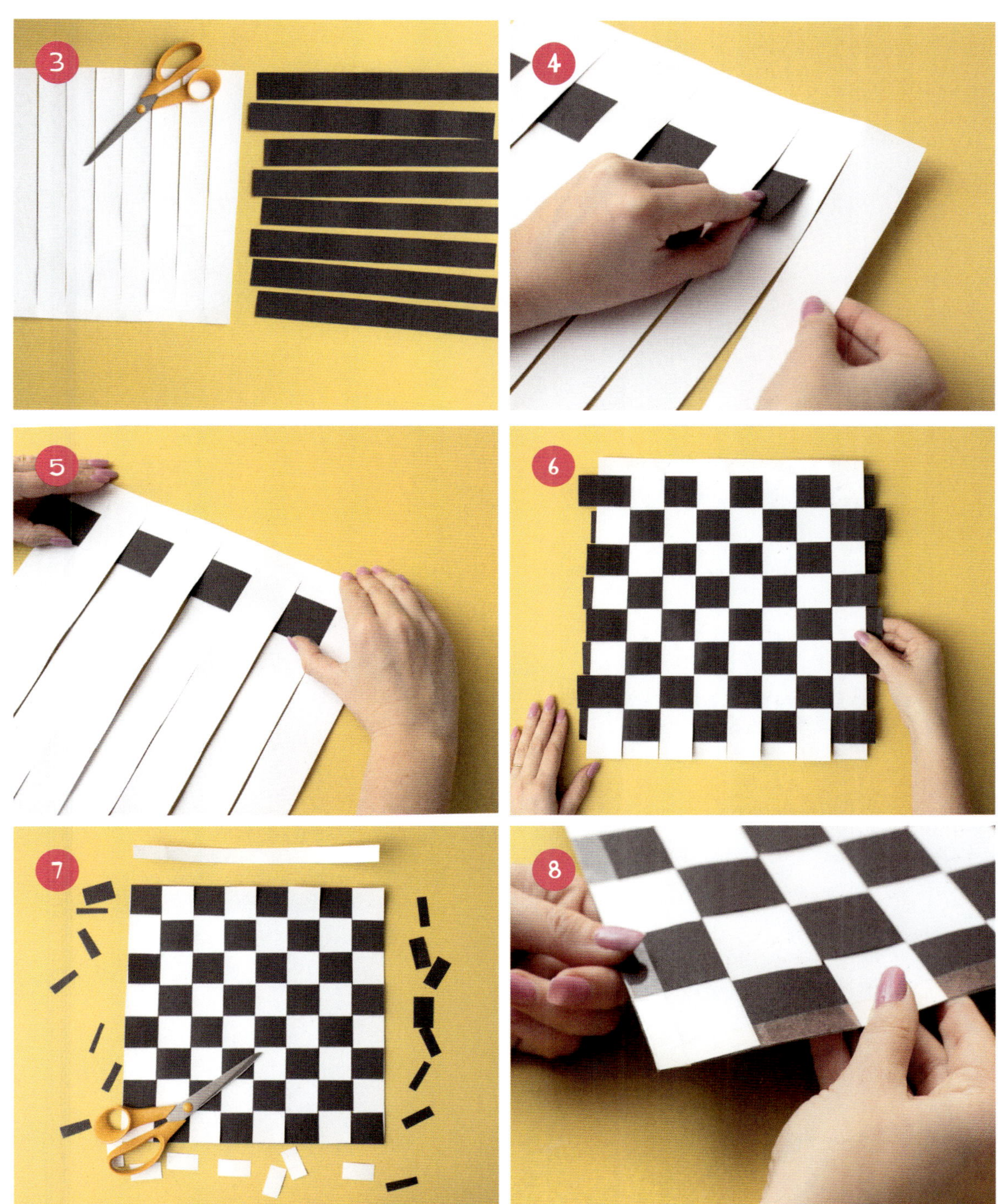
3
4
5
6
7
8

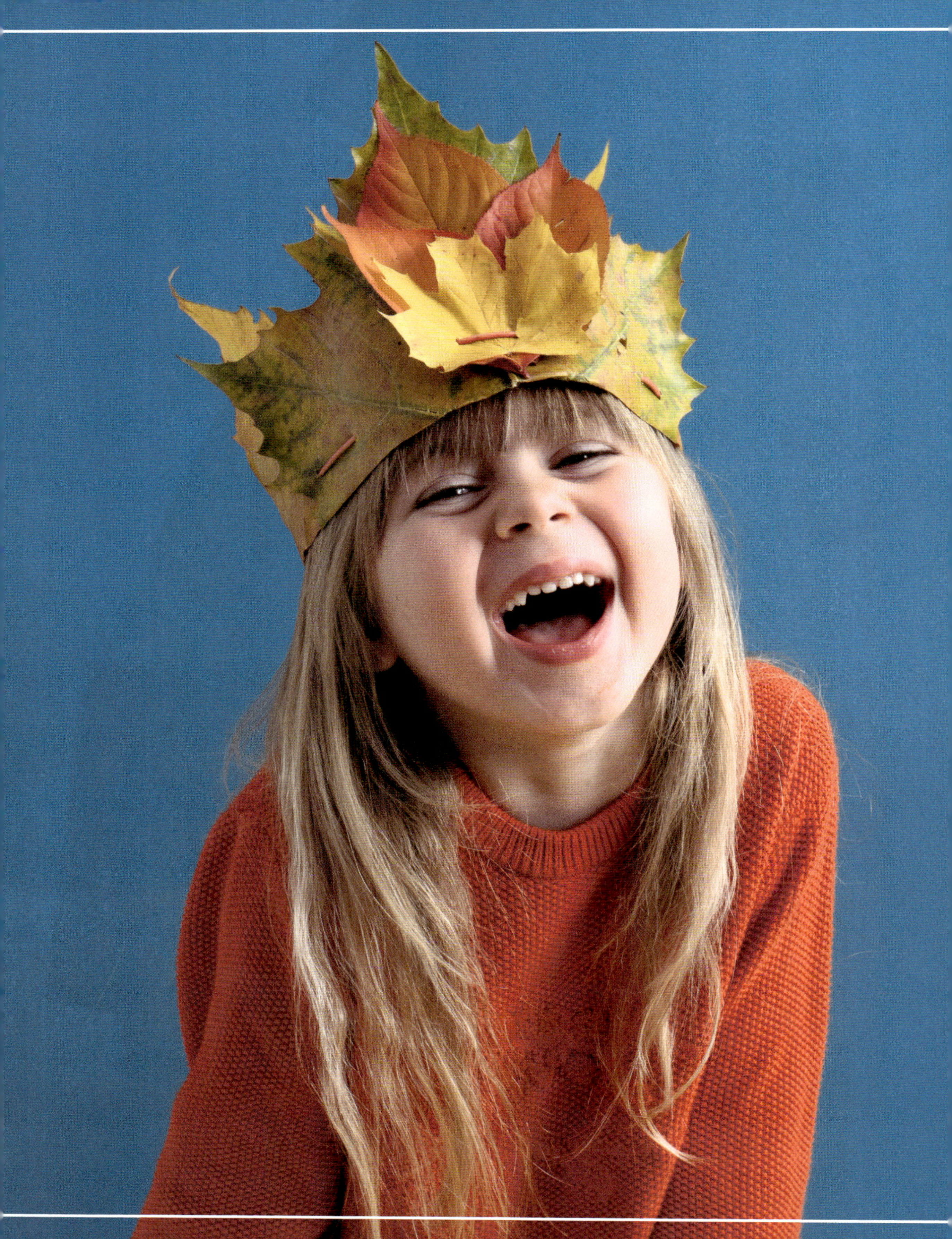

KAPITEL 2

ZUM ANZIEHEN

PROJEKTE, MIT DENEN DU DICH VERKLEIDEN KANNST

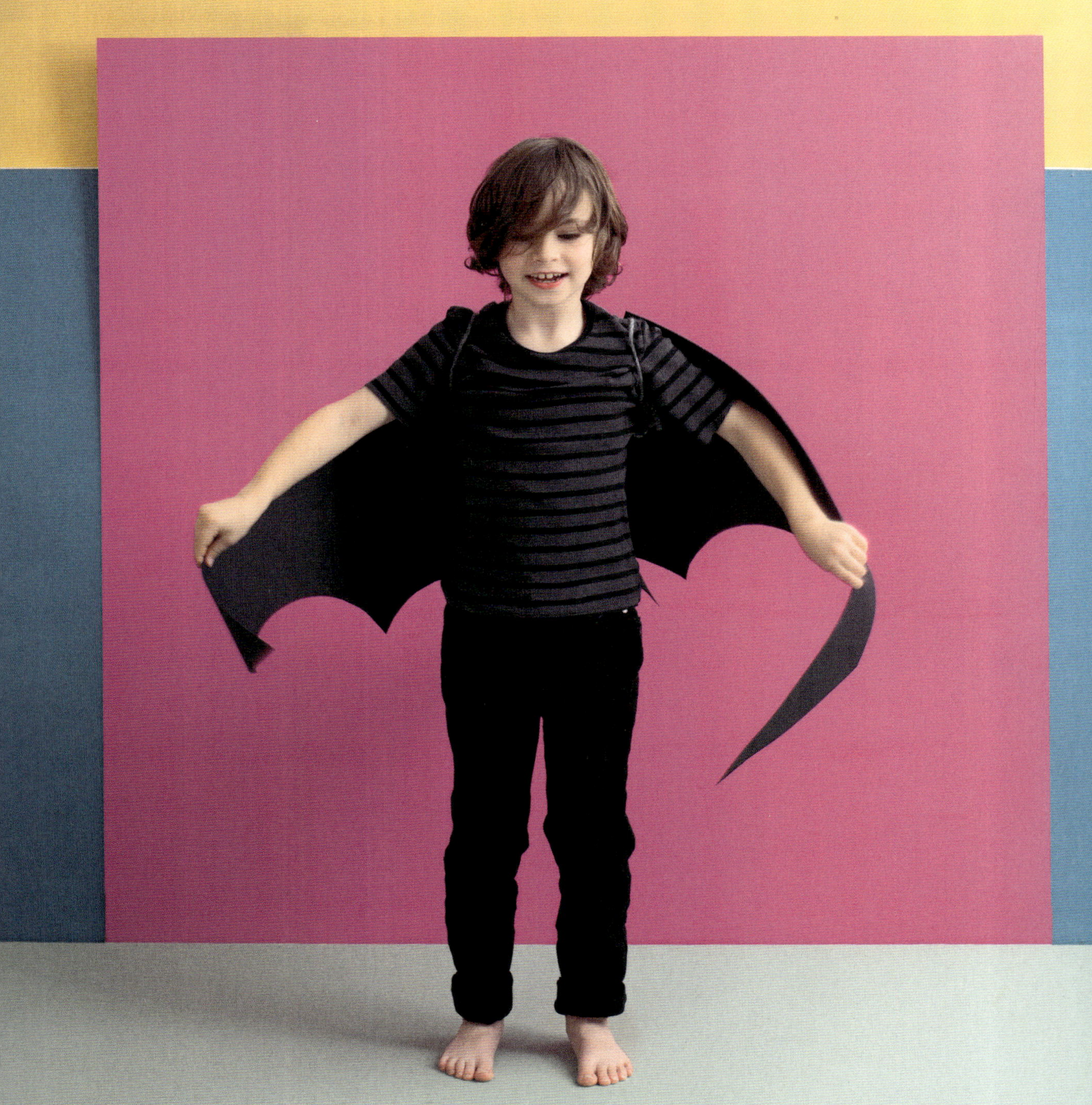

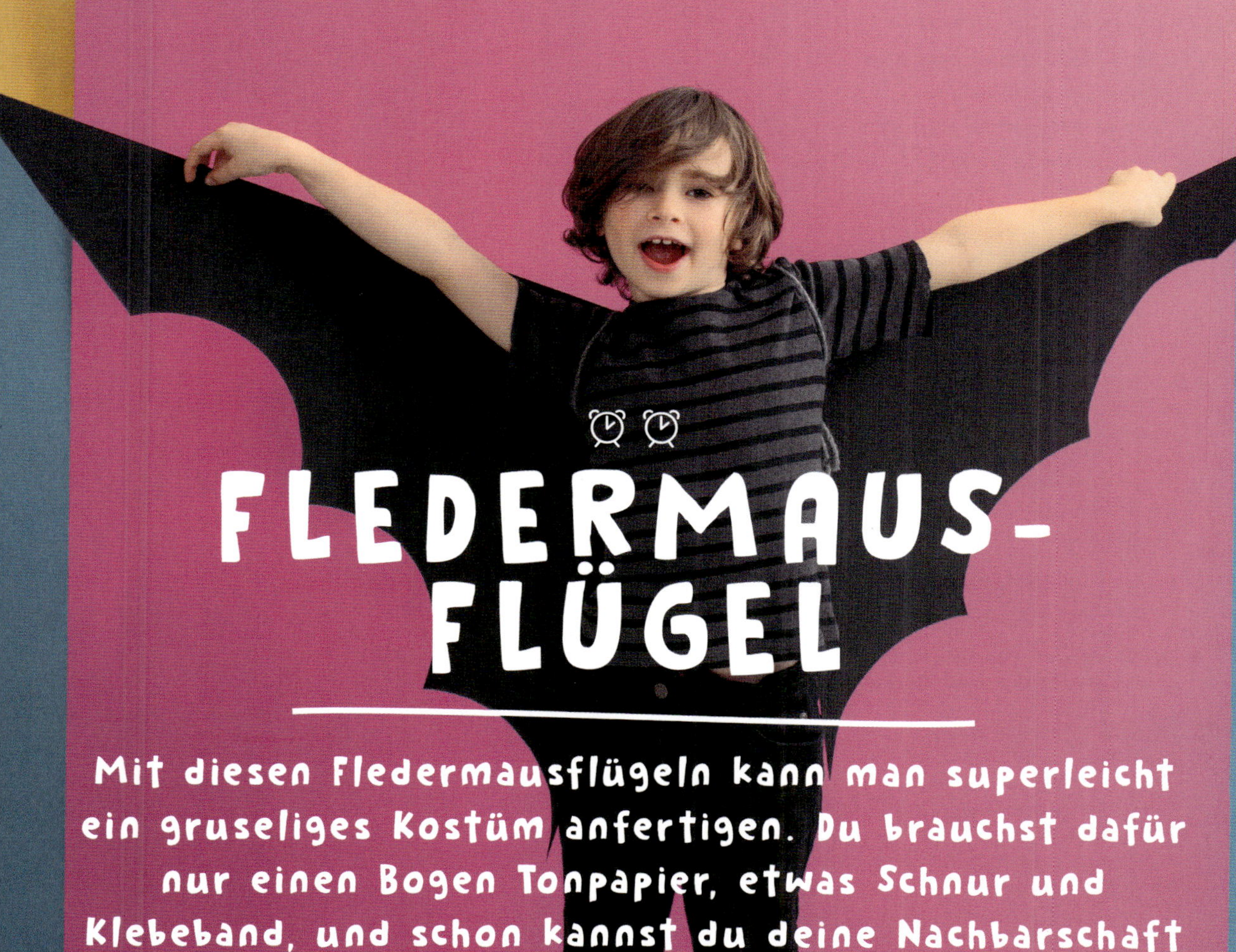

FLEDERMAUS-FLÜGEL

Mit diesen Fledermausflügeln kann man superleicht ein gruseliges Kostüm anfertigen. Du brauchst dafür nur einen Bogen Tonpapier, etwas Schnur und Klebeband, und schon kannst du deine Nachbarschaft in Angst und Schrecken versetzen.

DU BRAUCHST

- Tonpapier in Schwarz, A1
- Dicke Wolle, Schnur oder Band
- Teller nur als Schablone
- Kreide oder spitzer Bleistift
- Gewebeband in Schwarz
- Schere

ANLEITUNG

1 Das Tonpapier diagonal von Ecke zu Ecke falten und am Falz entlang in zwei gleich große Dreiecke schneiden.

2 Nimm eines der Dreiecke. An der langen Kante mithilfe des Tellers von unten nach oben Bögen aufzeichnen. Das obere Ende gerade lassen.

3 Schneide die Bögen aus, um den Fledermausflügel zu formen.

4 Das Dreieck mit den ausgeschnittenen Bögen auf das andere Dreieck legen und die Bögen dort nachzeichnen.

5 Schneide jetzt den zweiten Flügel zu, so entstehen zwei identische Flügel.

6 Klebe zwei kleine Quadrate aus Gewebeband auf jeden Flügel, um die Löcher für die Schnur zu verstärken: jeweils in die rechtwinklige Ecke und etwa 12 cm darunter.

7 ***Mit erwachsener Assistenz*** Mit der Schere je ein Loch durch das Klebeband und das Papier stechen.

8 Fädele für die Armhalterungen deine Schnur in großen Schlingen durch die Löcher. Die Flügel anprobieren und die Wolle auf die passende Länge kürzen, sodass die Flügel deiner kleinen Fledermaus richtig passen.

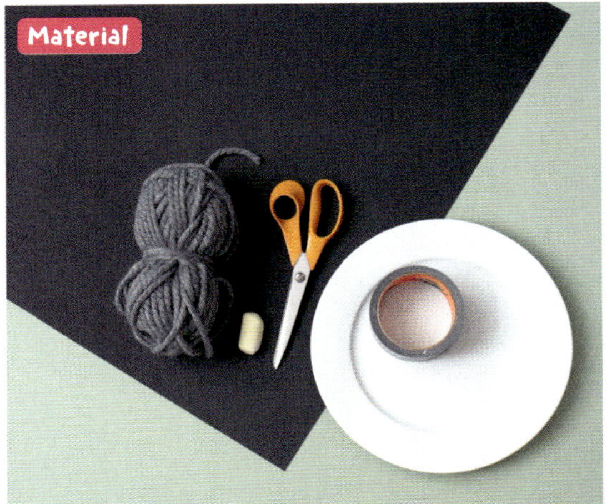

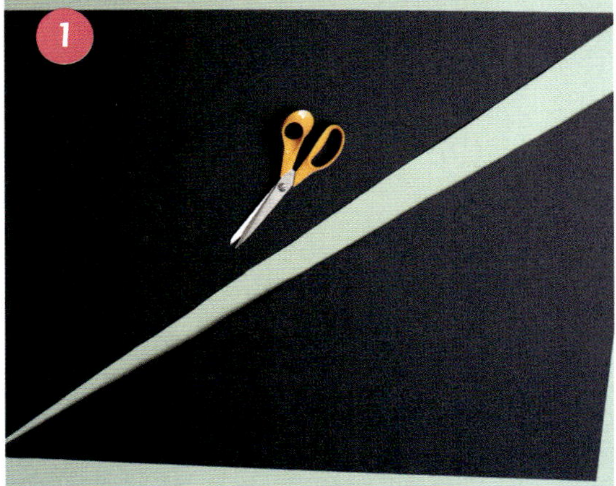

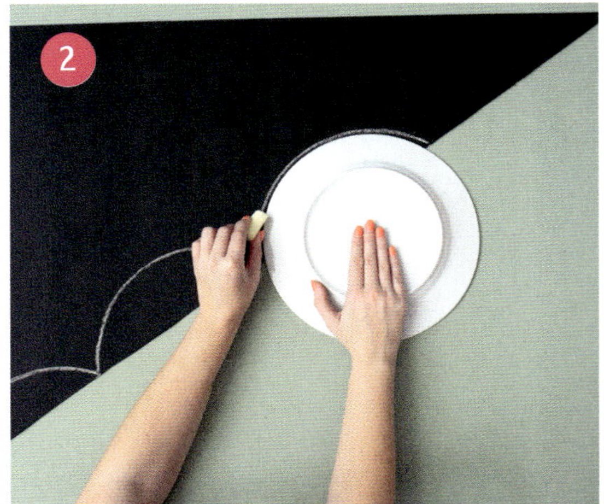

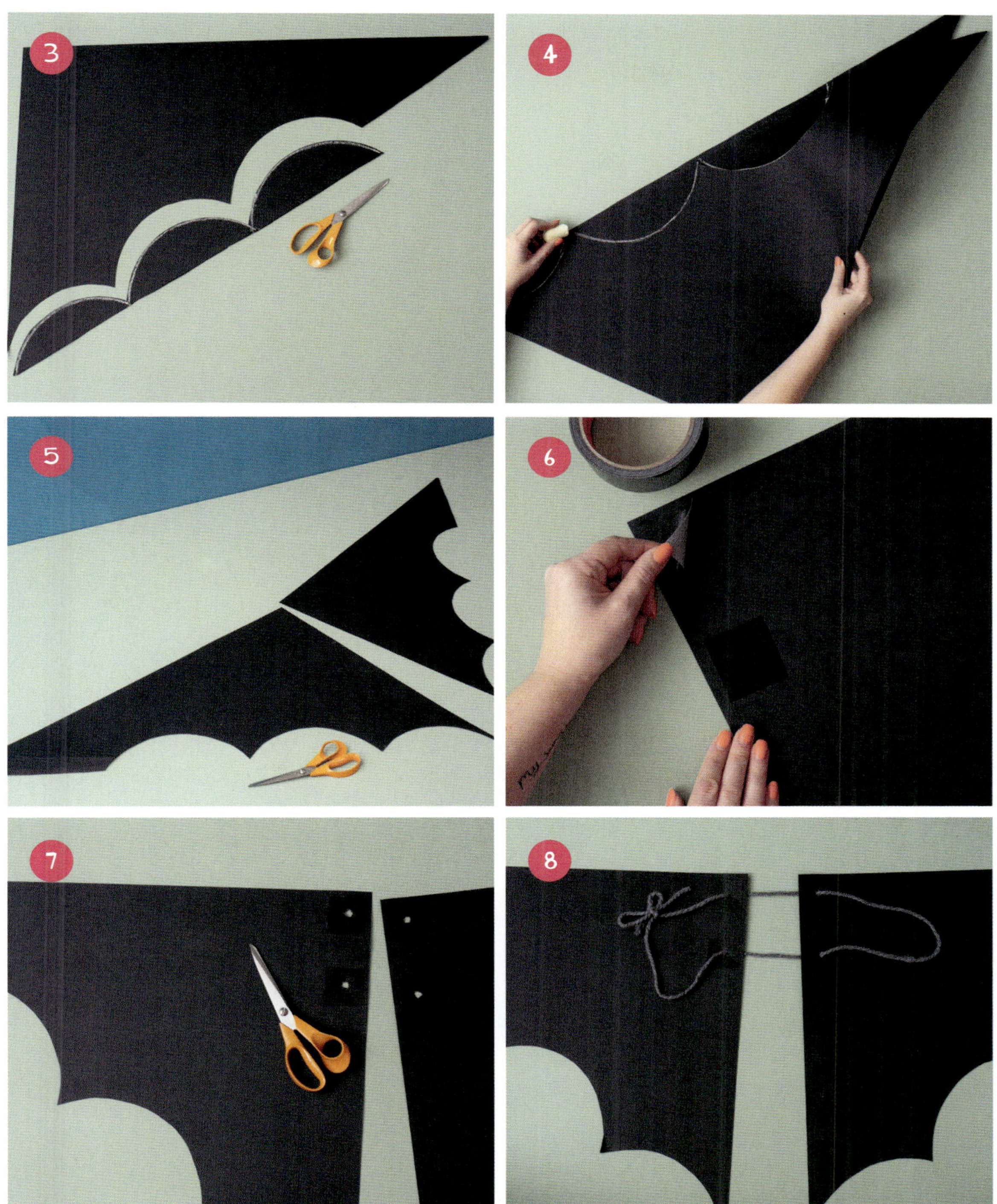
3
4
5
6
7
8

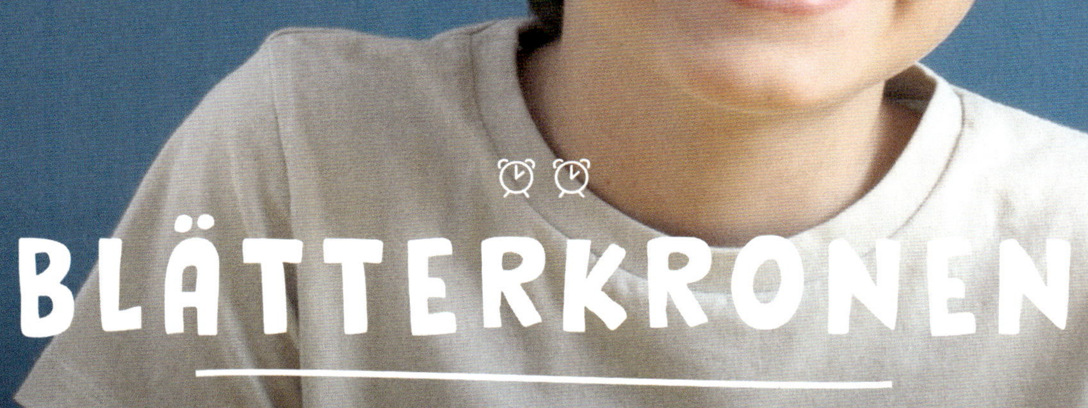

BLÄTTERKRONEN

Diese Blätterkronen werden ganz einfach aus echten Blättern gemacht. Das wars schon! Du brauchst dafür keine Schnur oder Schere oder sonst irgendetwas. Nur Blätter. Das geht so einfach, dass du sie draußen im Park anfertigen kannst.

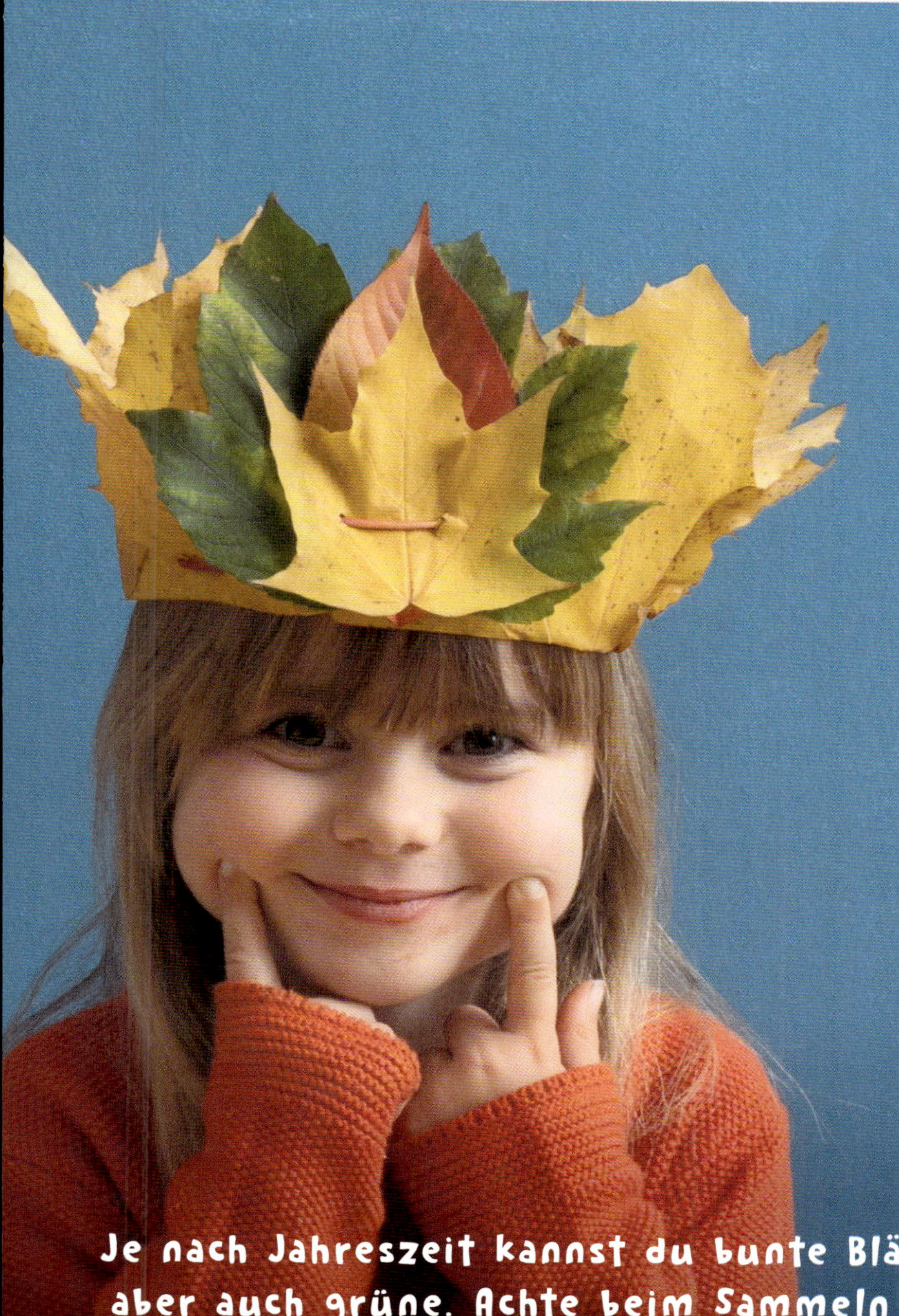

Je nach Jahreszeit kannst du bunte Blätter nehmen, aber auch grüne. Achte beim Sammeln darauf, dass sie groß genug sind, nicht zu trocken, um sie zu falten, und nicht zu weich, um aufrecht zu stehen.

DU BRAUCHST

- Blätter – mehr nicht!

ANLEITUNG

1 Zuerst alle Stiele von den Blättern trennen und zur Seite legen. Die Stiele halten die Krone später zusammen.

2 Lege die ersten beiden Blätter mit der Vorderseite nach unten hin und lasse sie etwas überlappen. Den unteren Rand nach oben knicken, sodass eine gerade Kante entsteht, die später den unteren Rand der Krone bildet.

3 Bohre einen Blattstiel an der Stelle durch beide Blätter, an der sie sich überlappen. Dann ein zweites Loch von unten nach oben durchpiksen und den Stiel durchschieben.
Wichtig ist, dass der Stiel jedes Mal durch beide Blätter gebohrt wird. Wenn die Krone auseinanderfällt, hast du wahrscheinlich nicht immer beide Blätter erwischt.

4 Das nächste Blatt hinzufügen und auf dieselbe Weise befestigen. Mache immer so weiter, bis du eine lange Blätterreihe hast, die du dir um den Kopf legen kannst und deren Anfang und Ende sich etwas überlappen.

5 Wenn die Krone passt, die Enden mit dem letzten Stiel verbinden.

6 Du kannst die Krone vorne noch zusätzlich mit Blättern dekorieren, wenn du Lust hast. Ich habe dafür Blätter in verschiedenen Farben übereinandergelegt.

7 Diese Dekoration wieder mit einem Stiel befestigen und ihn dafür durch alle Blattschichten der Krone bohren.

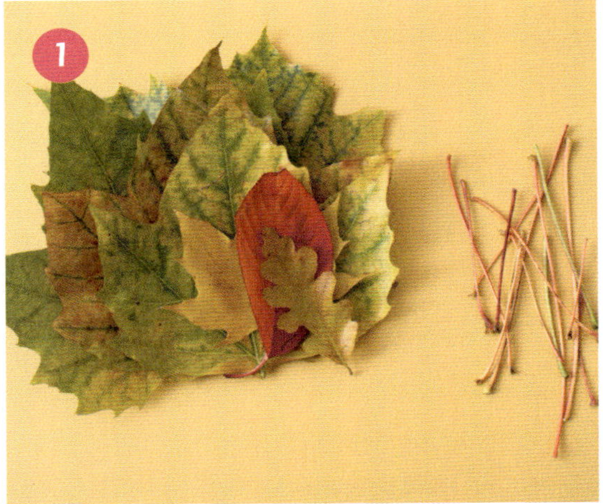

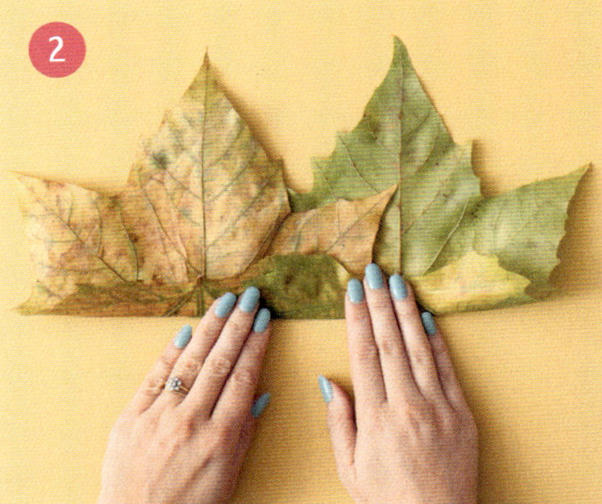

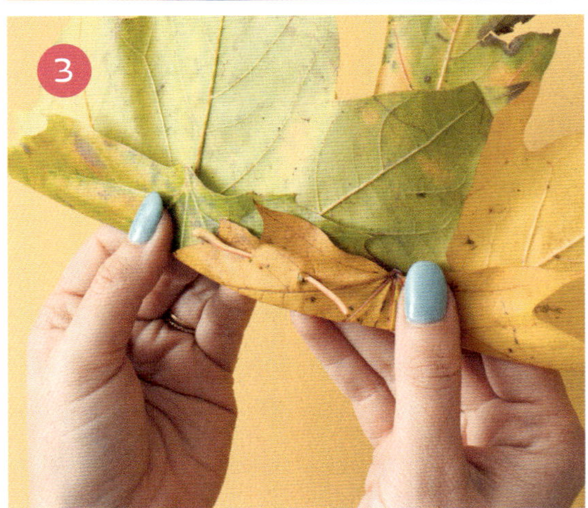

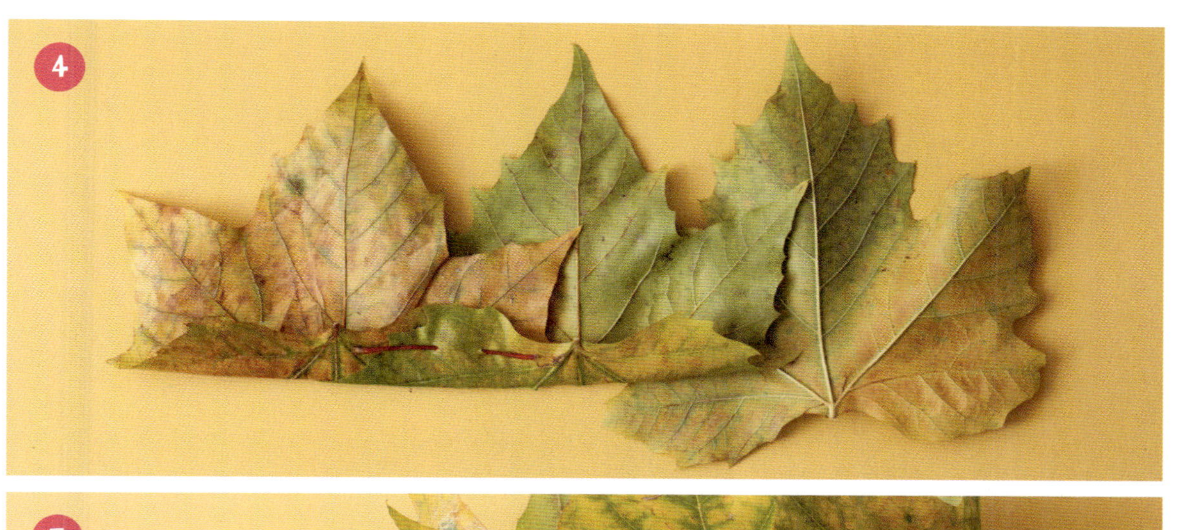
4

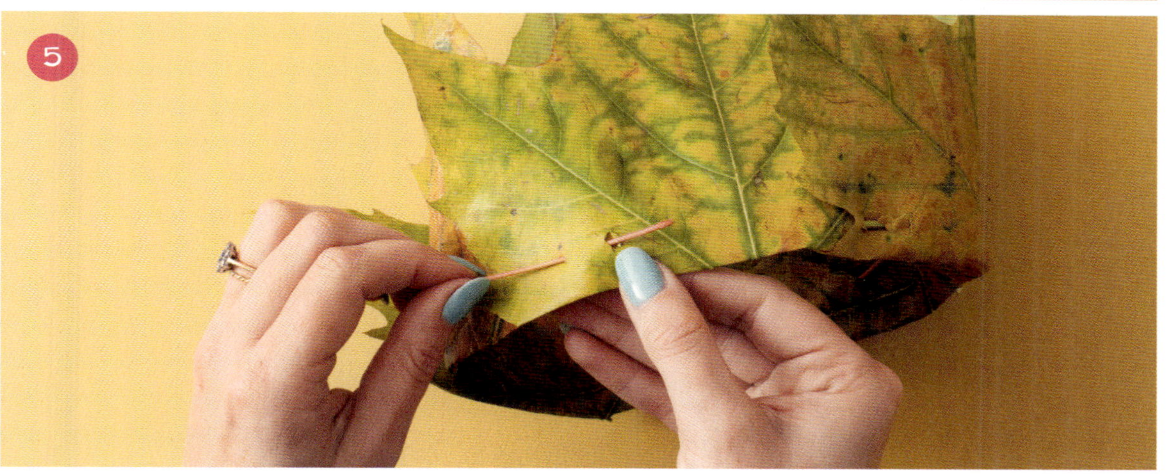
5

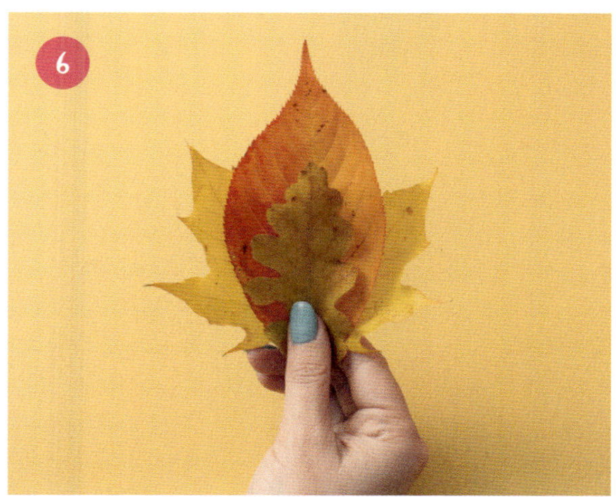
6

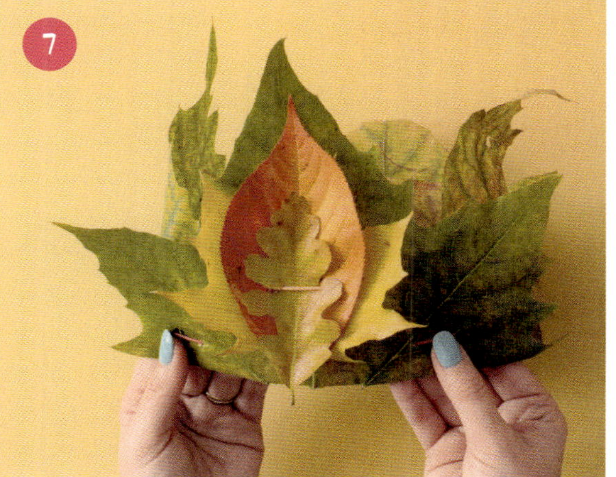
7

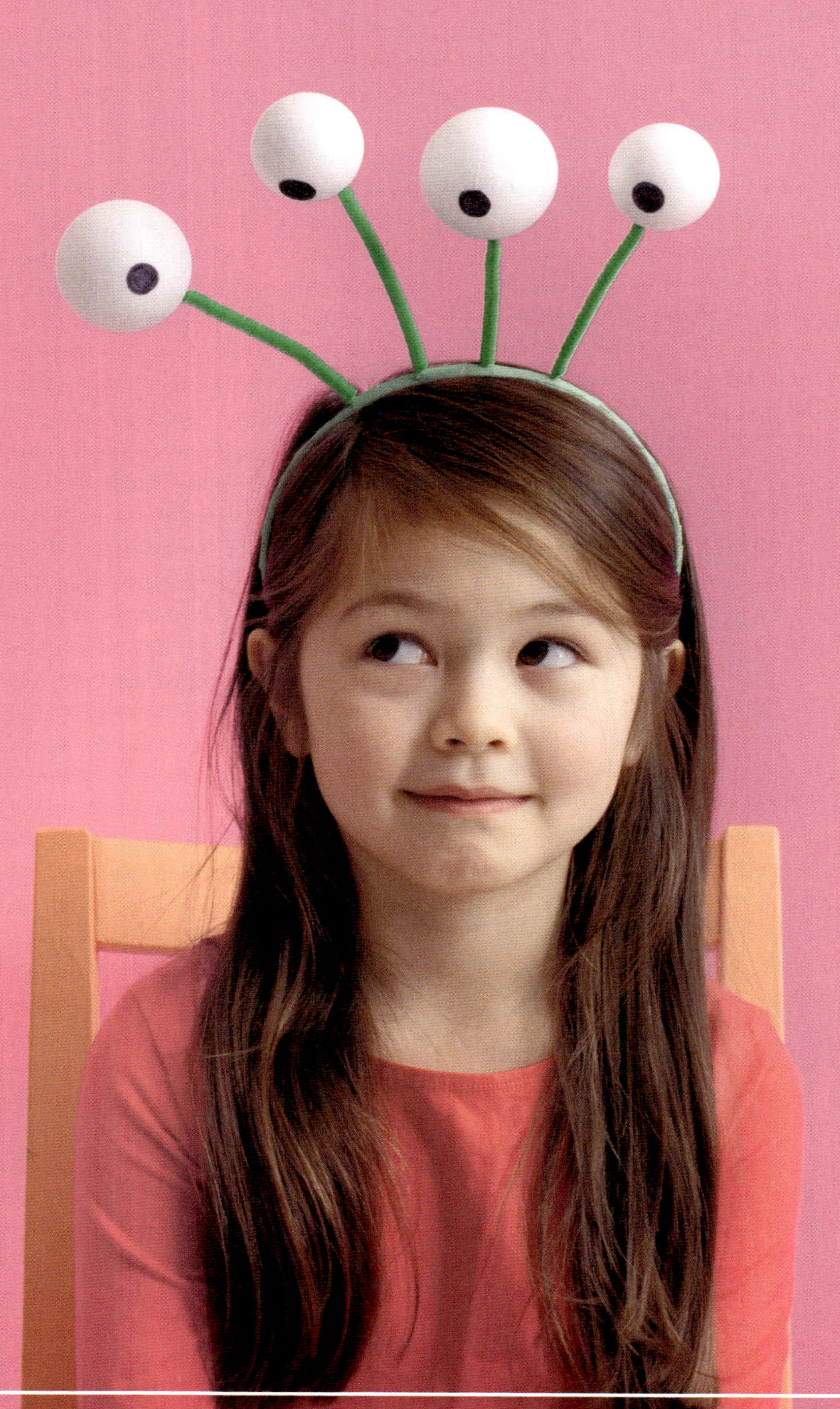

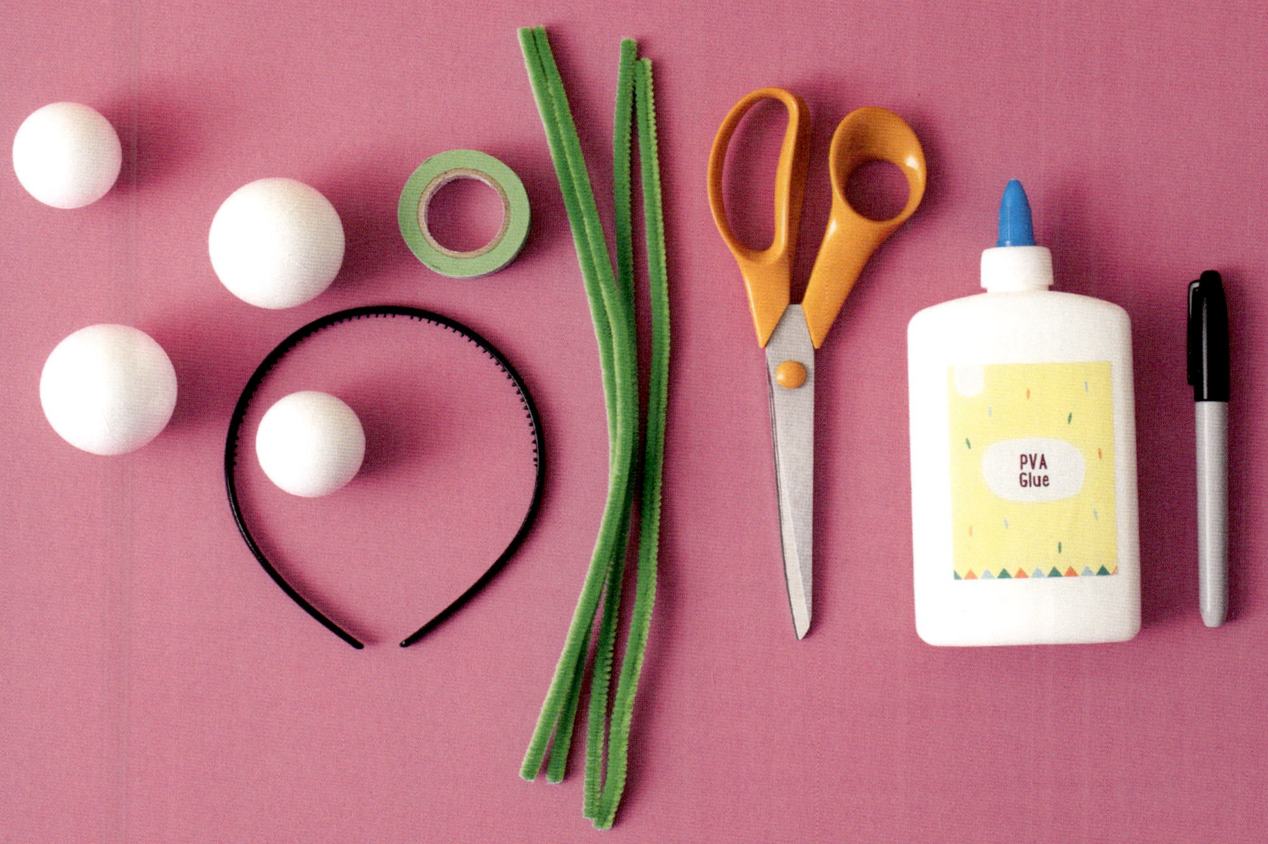

HAARREIFEN FÜR AUSSERIRDISCHE

Das ist eine lustige Art, aus einem einfachen Haarreifen etwas Außerirdisches zu machen. Du kannst ihn aufsetzen, wenn dein Teddy mit seinem Helm in den Weltraum abhebt (siehe Seite 26).

DU BRAUCHST

- Haarreifen
- 4 Styropor®-Kugeln
- 4 Chenilledrähte in Grün
- Klebeband
  hier Washi Tape, Malerkrepp oder Isolierband geht auch
- Schere
- Bastelkleber
- Permanentmarker in Schwarz

ANLEITUNG

1 Male mit dem Permanentmarker je eine schwarze Pupillen auf die Styropor®-Kugeln.

2 Auf das Ende eines Chenilledrahtes etwas Kleber auftragen.

3 Stecke das klebrige Ende vorsichtig in eine Styropor®-Kugel.

4 Den Vorgang mit den anderen Kugeln und Chenilledrähten wiederholen. Die Chenilledrähte mit der Schere kürzen. Wenn sie zu lang sind, können nicht aufrecht stehen.

5 Umwickle den Haarreifen mit Klebeband, dabei an einem Ende beginnen.

6 Lege nach etwa einem Drittel einen Chenilledraht mit Auge auf den Haarreifen und wickle das Klebeband dann weiter herum.

7 Befestige so nach und nach alle Augen.

8 Die Chenilledrähte biegen, sodass sie aufrecht stehen. Jetzt bist du bereit für ein intergalaktisches Abenteuer!

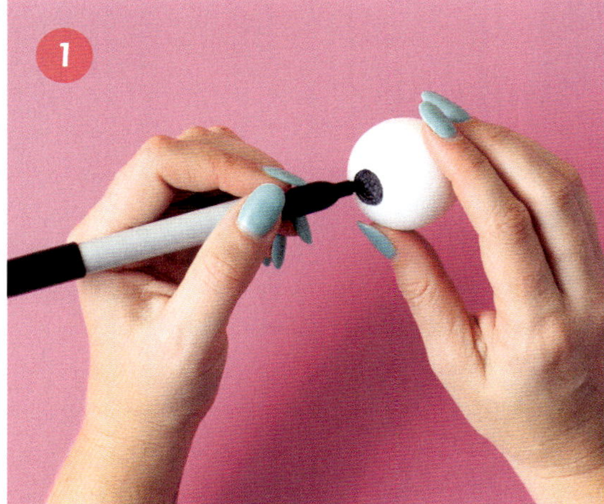

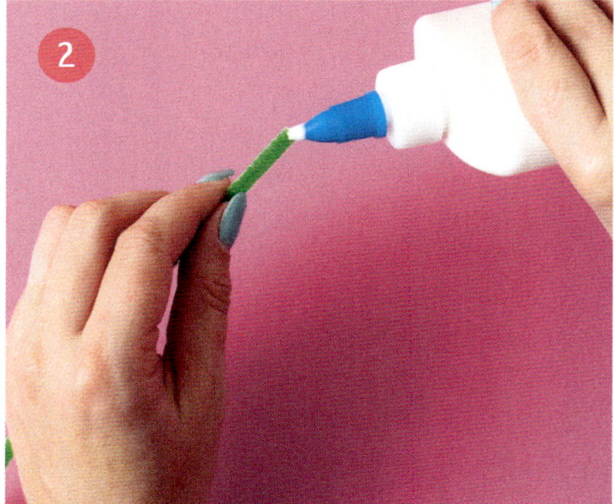

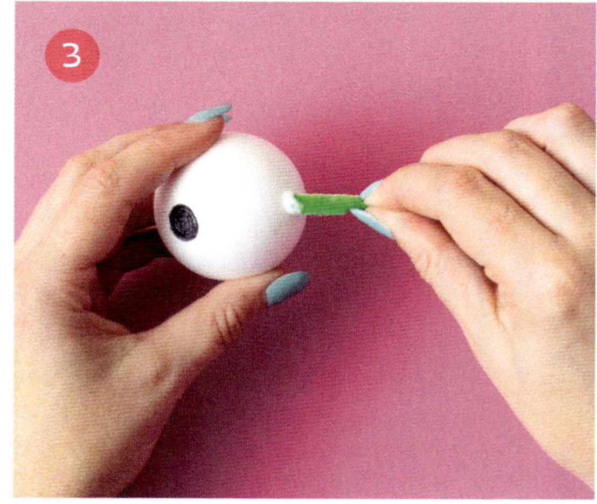

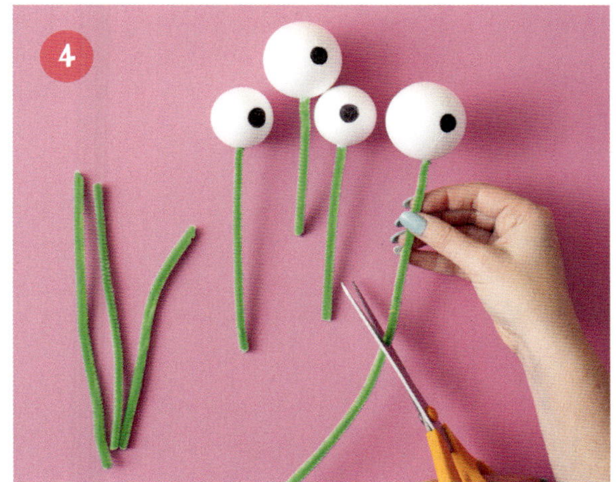
4

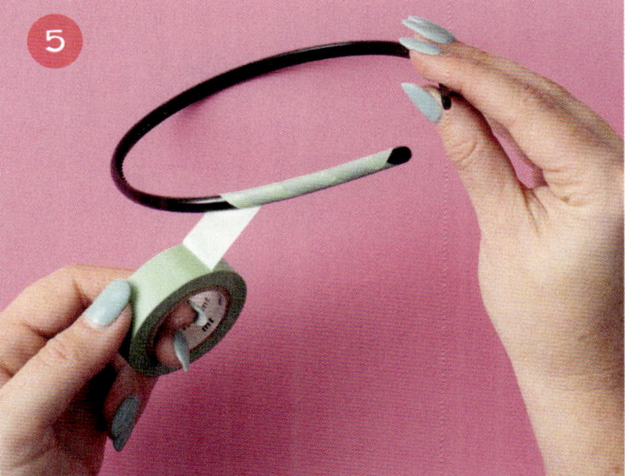
5

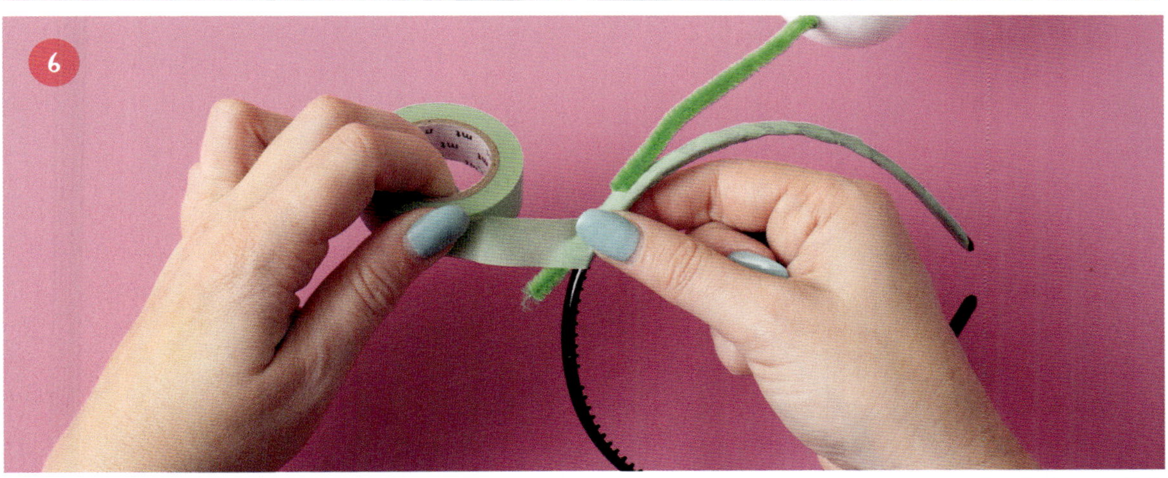
6

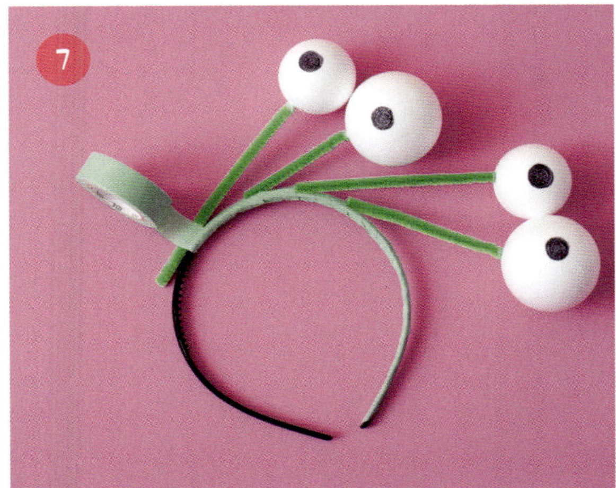
7

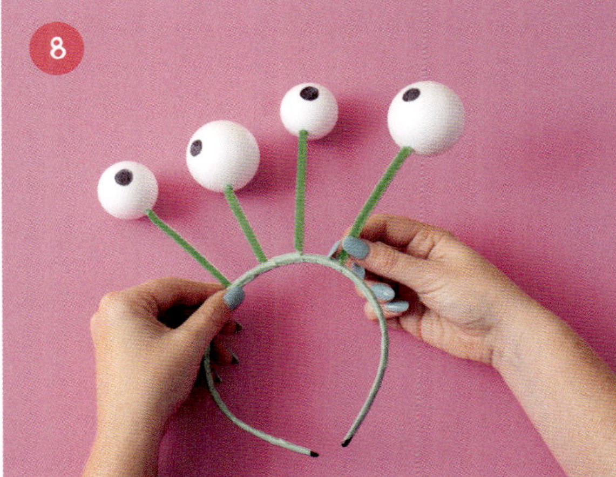
8

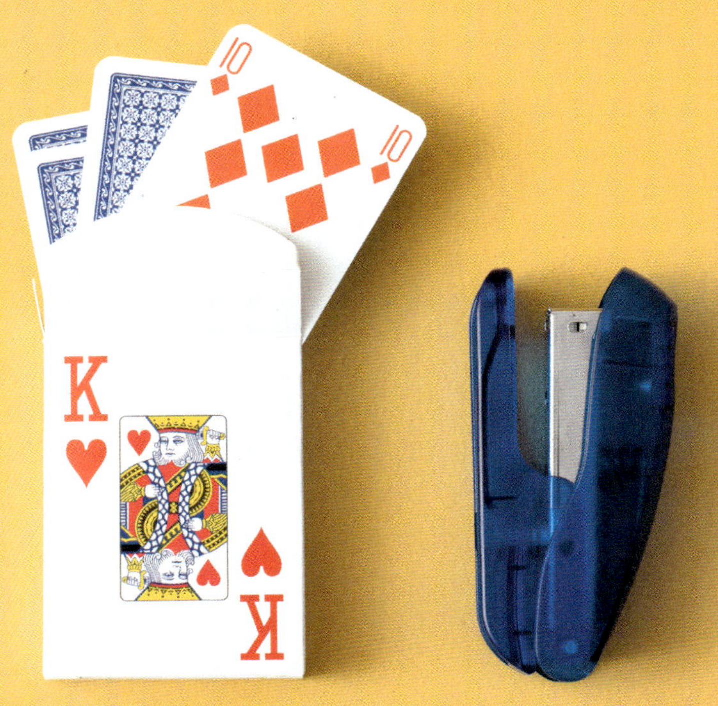

SPIELKARTEN-KRONEN

Immer wieder verschwinden Karten aus unseren Kartenspielen, daher habe ich mir etwas Witziges ausgedacht, was man aus den übrigen Karten machen kann. Es macht Spaß, diese einfachen Kronen zu basteln! Und du kannst dir zahllose Varianten ausdenken, indem du die Karten immer wieder anders aneinanderfügst.

Wie groß wird deine Krone wohl?
Was wäre dein königlicher Name?
Lass deiner Fantasie freien Lauf!

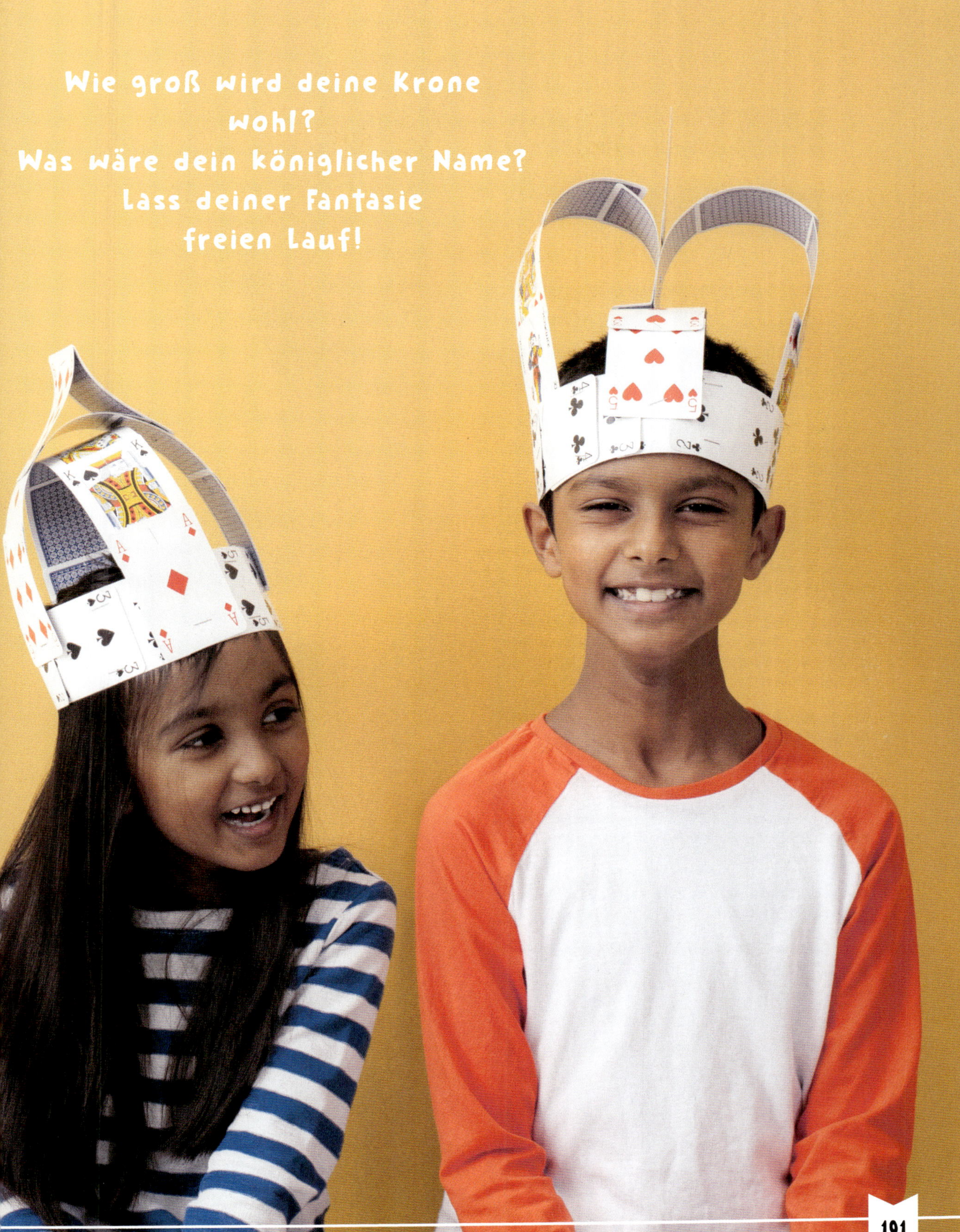

DU BRAUCHST

- **Spielkarten**
  alternativ alte Visitenkarten
- **Bürohefter**

ANLEITUNG

1 Zuerst etwa acht Spielkarten zu einem langen Streifen aneinandertackern.

2 Lege den Streifen um deinen Kopf, um die Größe zu überprüfen. Dann die beiden Enden zu einem Ring zusammenheften.

SPITZKRONE

1 Mache einen zweiten langen Streifen und befestige ihn vorne und hinten, sodass er einen Bogen über dem Ring bildet.

2 Für eine Spitze zwei Karten mit den Rückseiten aneinander tackern, dann unten auseinanderziehen und die Unterkanten an einem weiteren langen Streifen befestigen.

3 Bringe diesen Streifen so auf der Krone an, dass ein Kreuz mit einer Spitze entsteht.

KÖNIGSKRONE

1 Für die gerundete Königskrone zwei Kartenstreifen mittig nach innen biegen und ein paar Karten dazwischen stecken.

2 Knicke zur Stabilisierung eine Karte unten an der Verbindungsstelle um.

3 Diese Karte an den Streifen, der über dem Kopf verläuft, tackern.

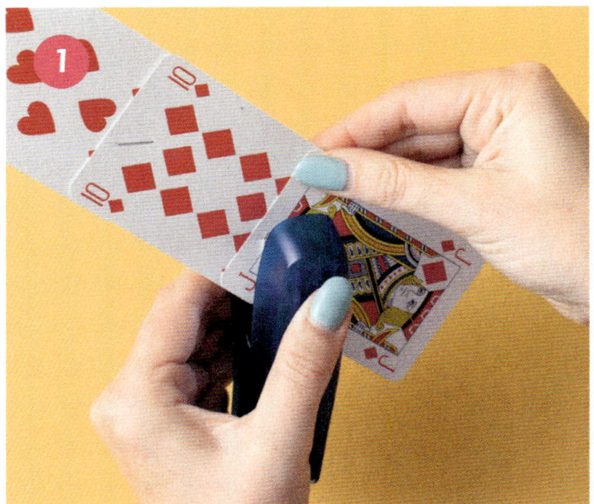

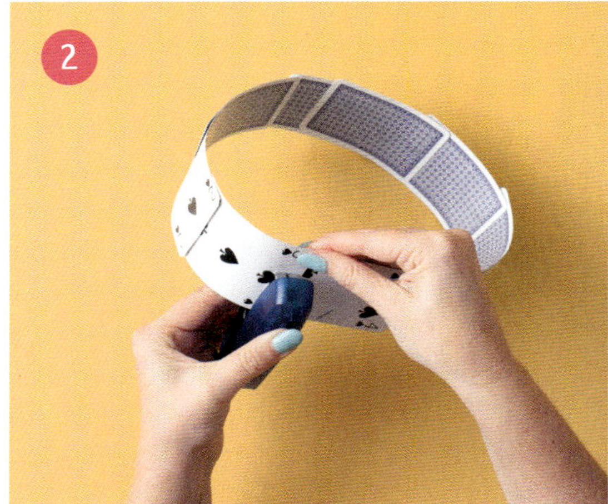

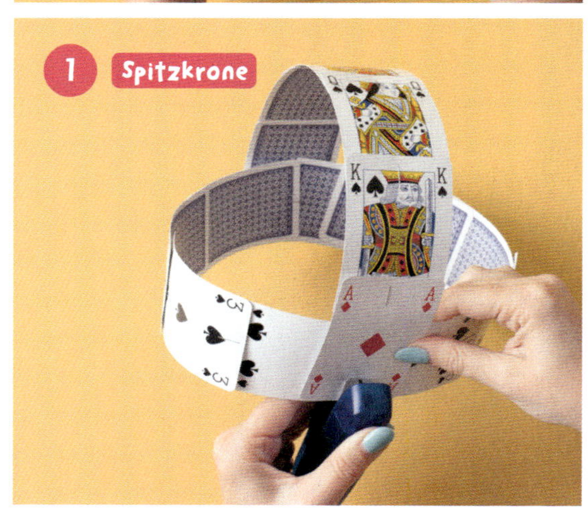

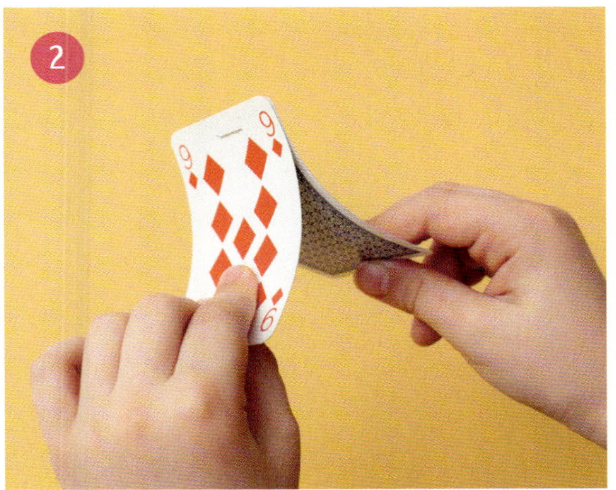
2

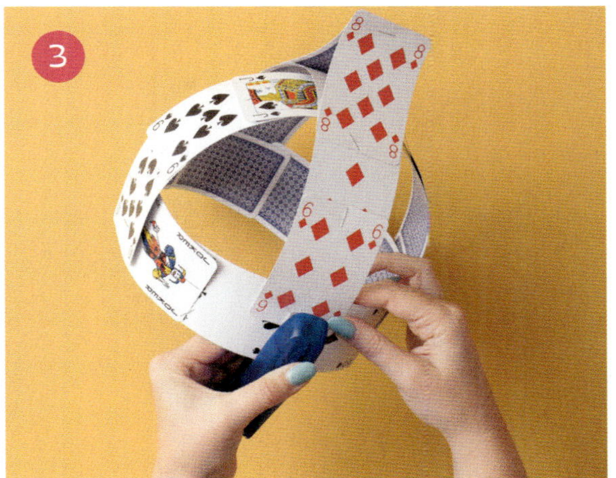
3

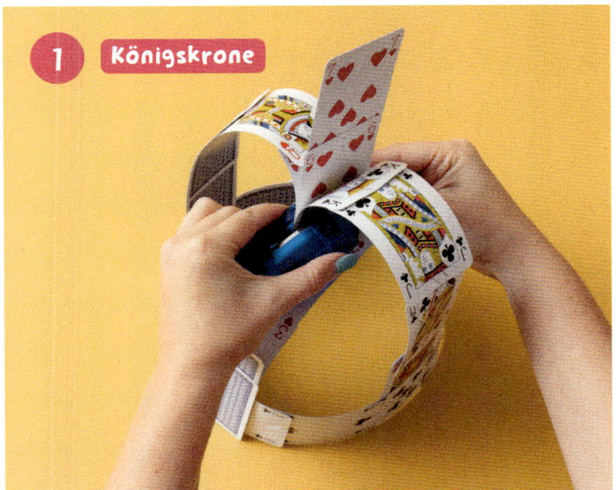
1
Königskrone

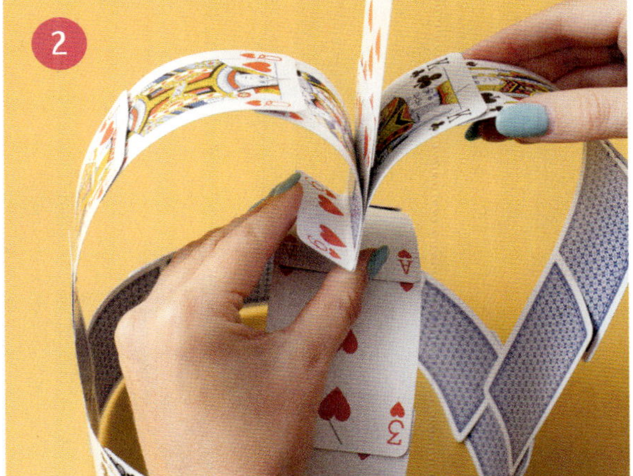
2

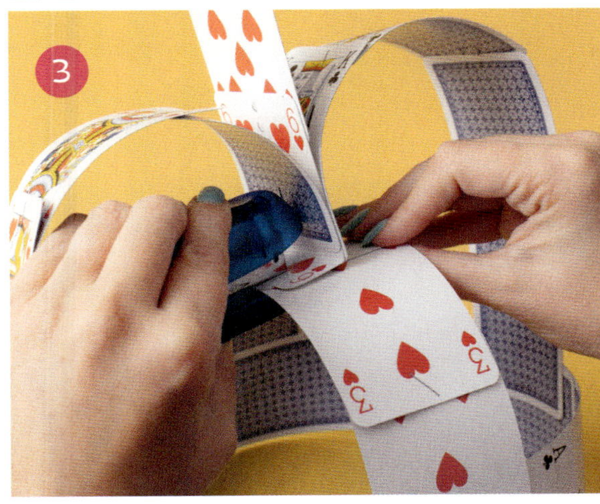
3

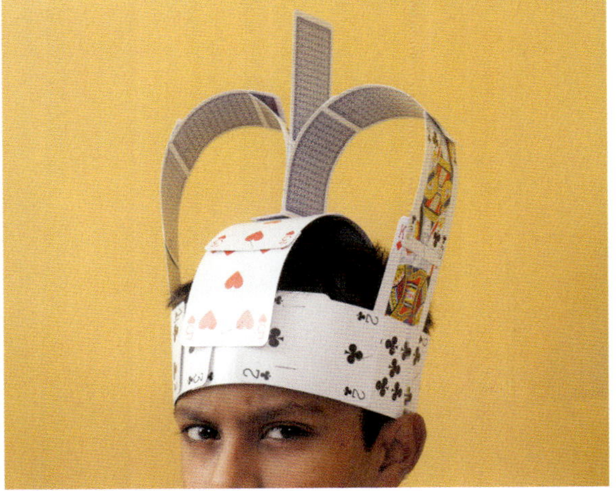

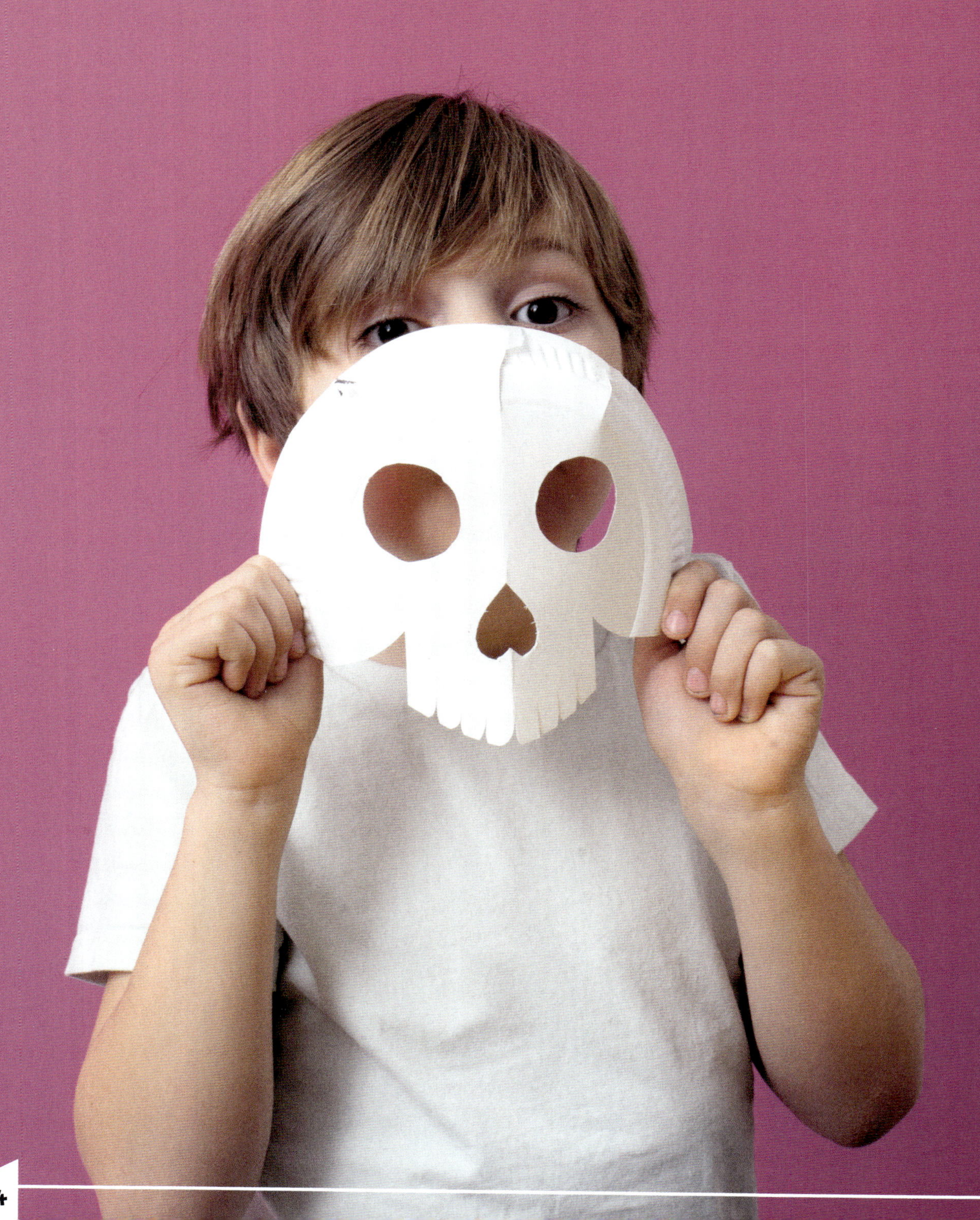

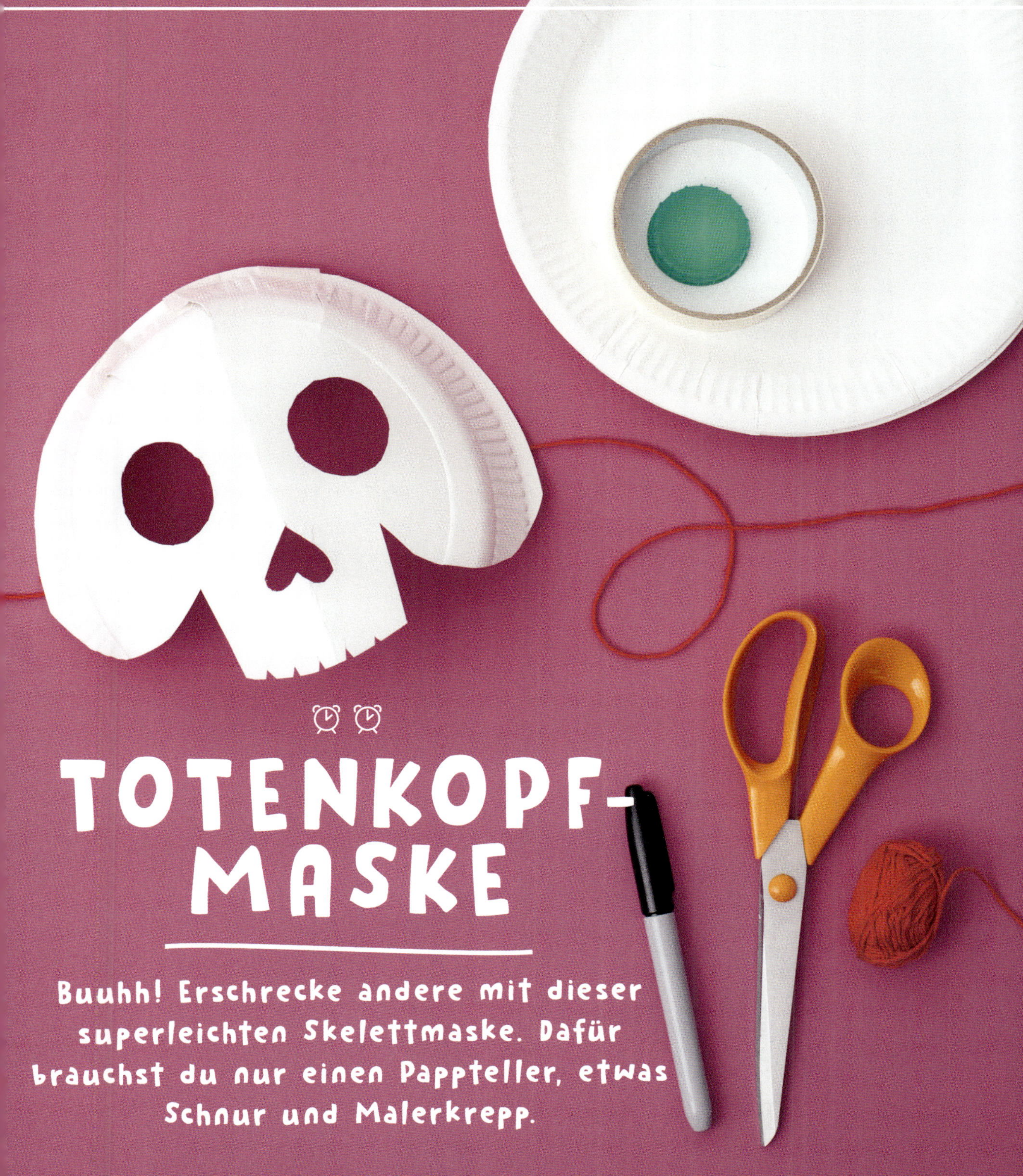

TOTENKOPF-MASKE

Buuhh! Erschrecke andere mit dieser superleichten Skelettmaske. Dafür brauchst du nur einen Pappteller, etwas Schnur und Malerkrepp.

DU BRAUCHST

- Pappteller
- Malerkrepp
  als Zeichenschablone und zum Kleben
- kleine runde Zeichenschablone
  z.B. eine kleine Rolle Klebefilm oder ein Flaschendeckel
- Schnur oder Wolle
- Schere
- Kuli oder Bleistift

ANLEITUNG

1 Stell dir vor, der Teller ist eine Uhr. Etwa 4 cm lange Linien bei 1, 3, 9, 11 und 12 Uhr markieren.

2 Ziehe an den Markierungen bei 9 und 3 Uhr jeweils einen Kreis um die Rolle des Malerkrepps.

3 Für die Augen einen Kreis um den Flaschenverschluss ziehen wie auf dem Foto.

4 Male zwei gerade Linien vom inneren Rand der Malerkrepp-Kreise nach unten zum Rand des Tellers. Das sind die Seiten des Kiefers.

5 Den unteren Teil des Tellers wie gezeigt abschneiden. So entsteht die Maskenform.

6 Schneide für die Nase ein Herz heraus.

7 Mit kleinen Schnitten die Zähne formen. Schneide dann die oberen drei Linien (bei 11, 12 und 1 Uhr) ein.

8 Die Kanten dieser Schlitze etwas übereinanderlegen, damit das Gesicht dreidimensional wird, und mit Malerkrepp befestigen.

9 Klebe deine Schnur an den Seiten fest, damit du dir die Maske am Kopf festbinden kannst.

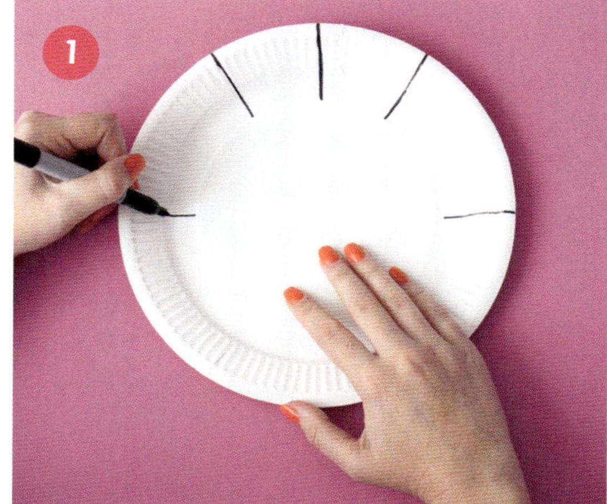

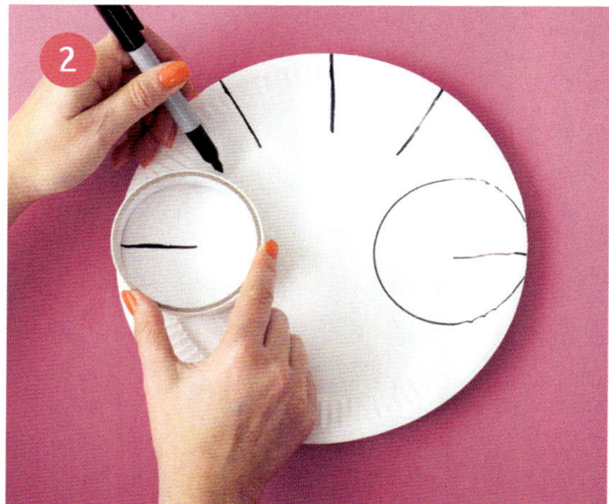

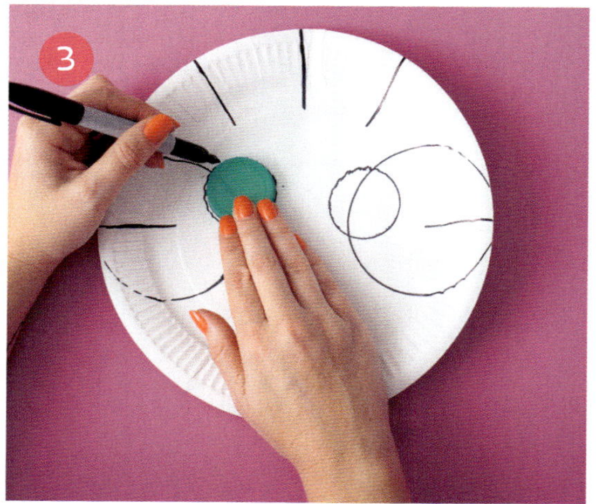

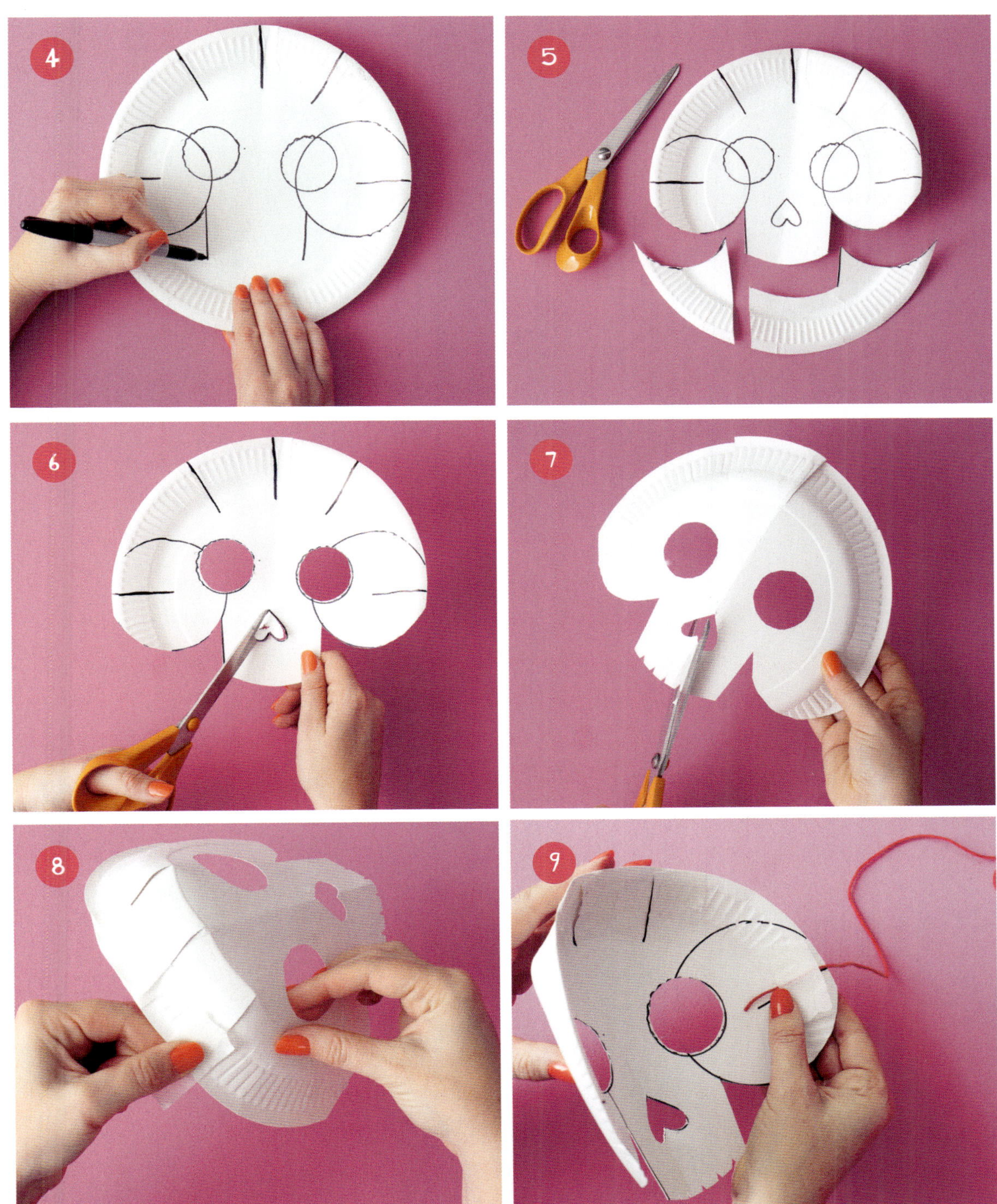
4
5
6
7
8
9

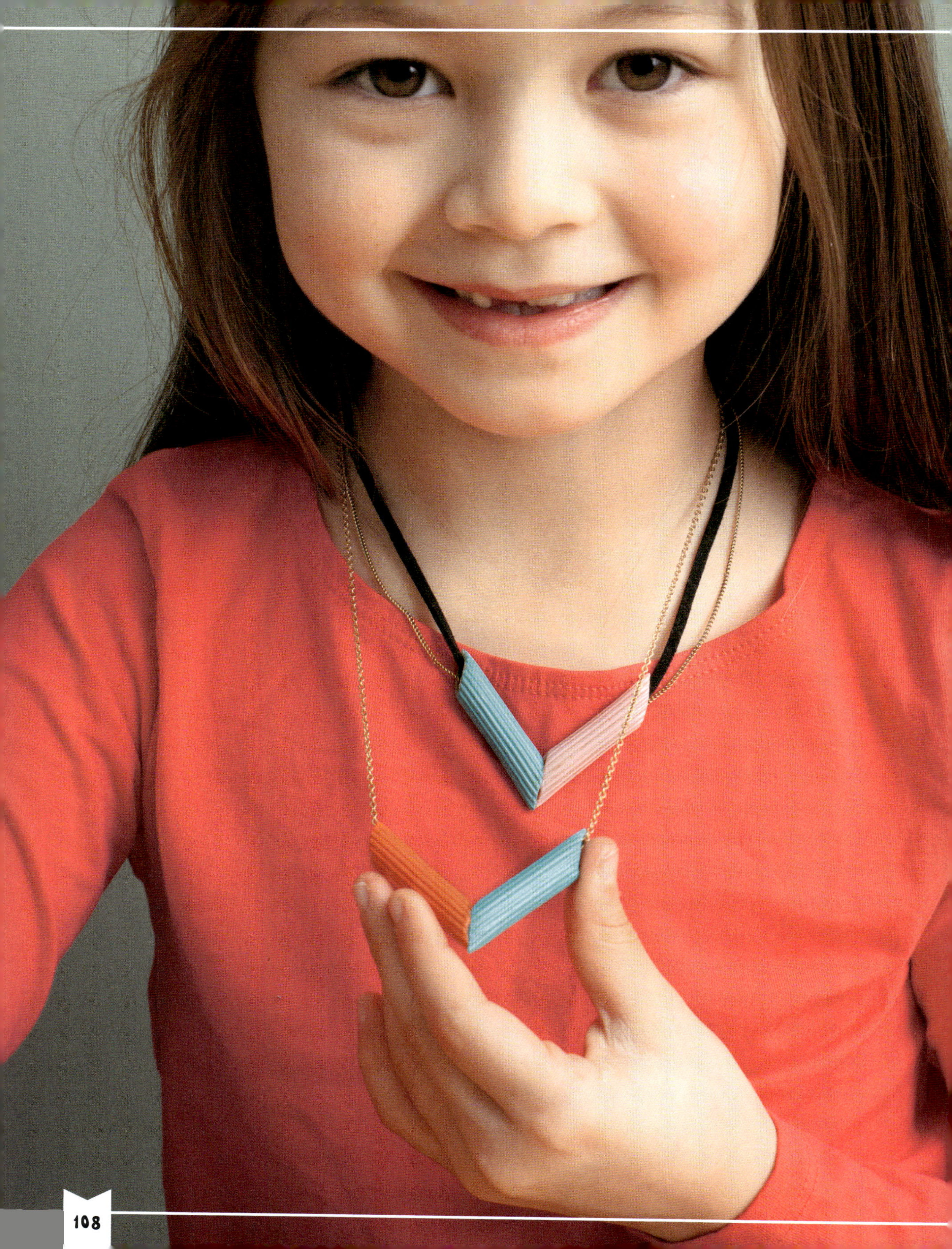

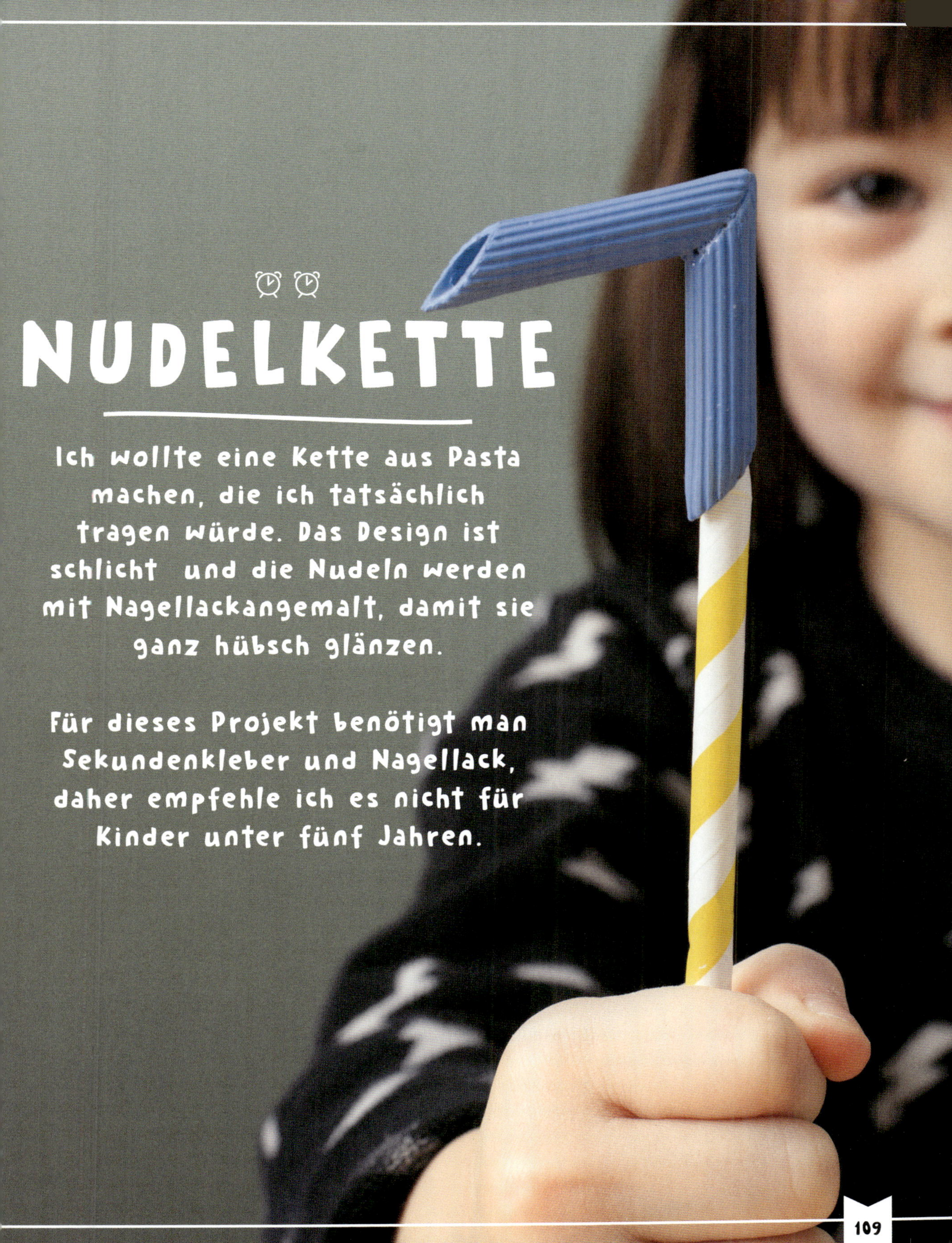

NUDELKETTE

Ich wollte eine Kette aus Pasta machen, die ich tatsächlich tragen würde. Das Design ist schlicht und die Nudeln werden mit Nagellackangemalt, damit sie ganz hübsch glänzen.

Für dieses Projekt benötigt man Sekundenkleber und Nagellack, daher empfehle ich es nicht für Kinder unter fünf Jahren.

DU BRAUCHST

- Kette oder Lederband
- 2 trockene Penne-Nudeln
- Strohhalm
  alternativ fest aufgerolltes Papier
- Sekundenkleber
- Nagellack
- Wasserglas

ANLEITUNG

1 Zuerst eine Nudel auf ein Ende des Strohhalms stecken. So kannst du sie mit Nagellack anmalen, ohne dir die Finger schmutzig zu machen.

2 Trage eine Schicht Nagellack auf die erste Nudel auf. Zum Trocknen in ein Glas stellen. Wenn die Farbe trocken ist, trage eine weitere Schicht auf. Mit der anderen Nudel wiederholen.

3 ***Mit erwachsener Assistenz*** Bestreiche eine Nudel an einem Ende mit Sekundenkleber.

4 Die andere Nudel vorsichtig mit einem Ende andrücken und die Nudeln eine Minute halten, bis sie aneinanderkleben.

5 Lass den Kleber etwa 10 Minuten trocknen.

6 Die Kette durch die Nudeln fädeln. Schiebe die Nudeln bis zur Mitte. Jetzt kannst du dir die Kette umhängen.

Wenn du doch einmal an einer Nudel festklebst, verwende am besten Nagellackentferner mit Aceton. Wasche dir anschließend die Hände gründlich mit Seife.

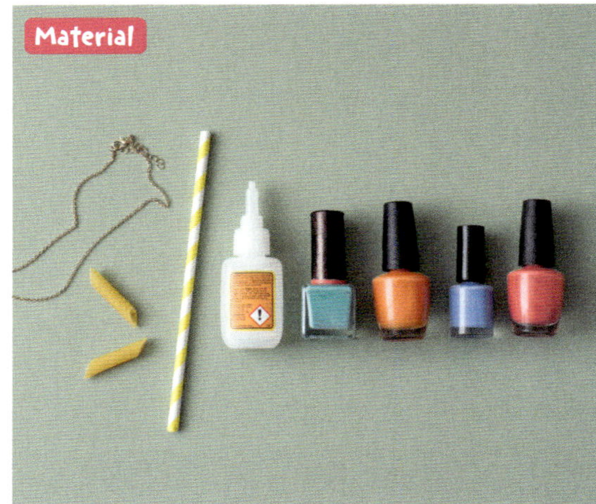

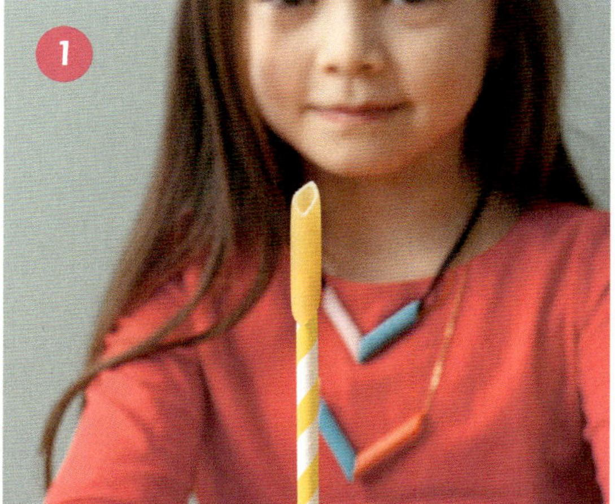

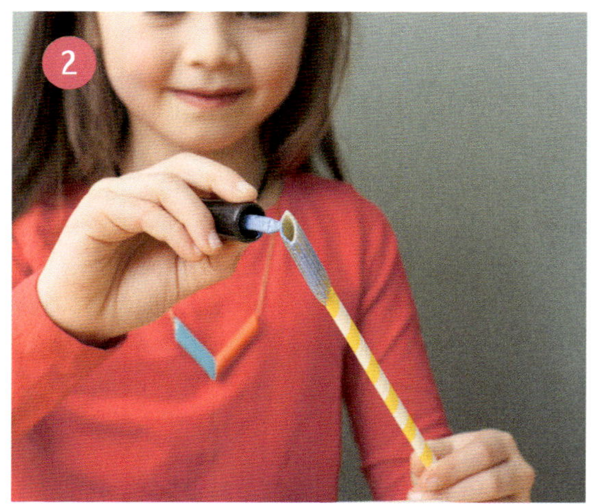

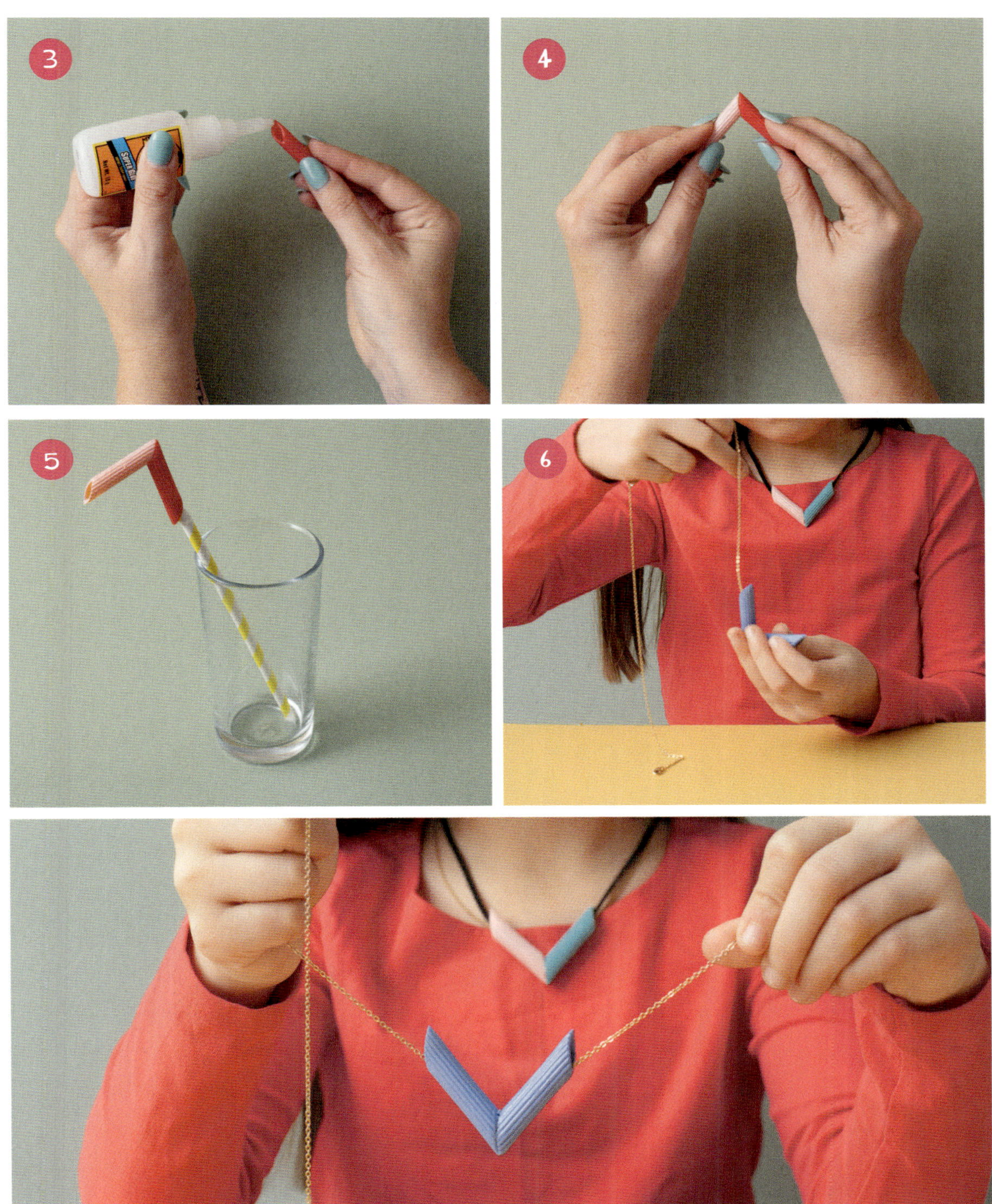
3
4
5
6

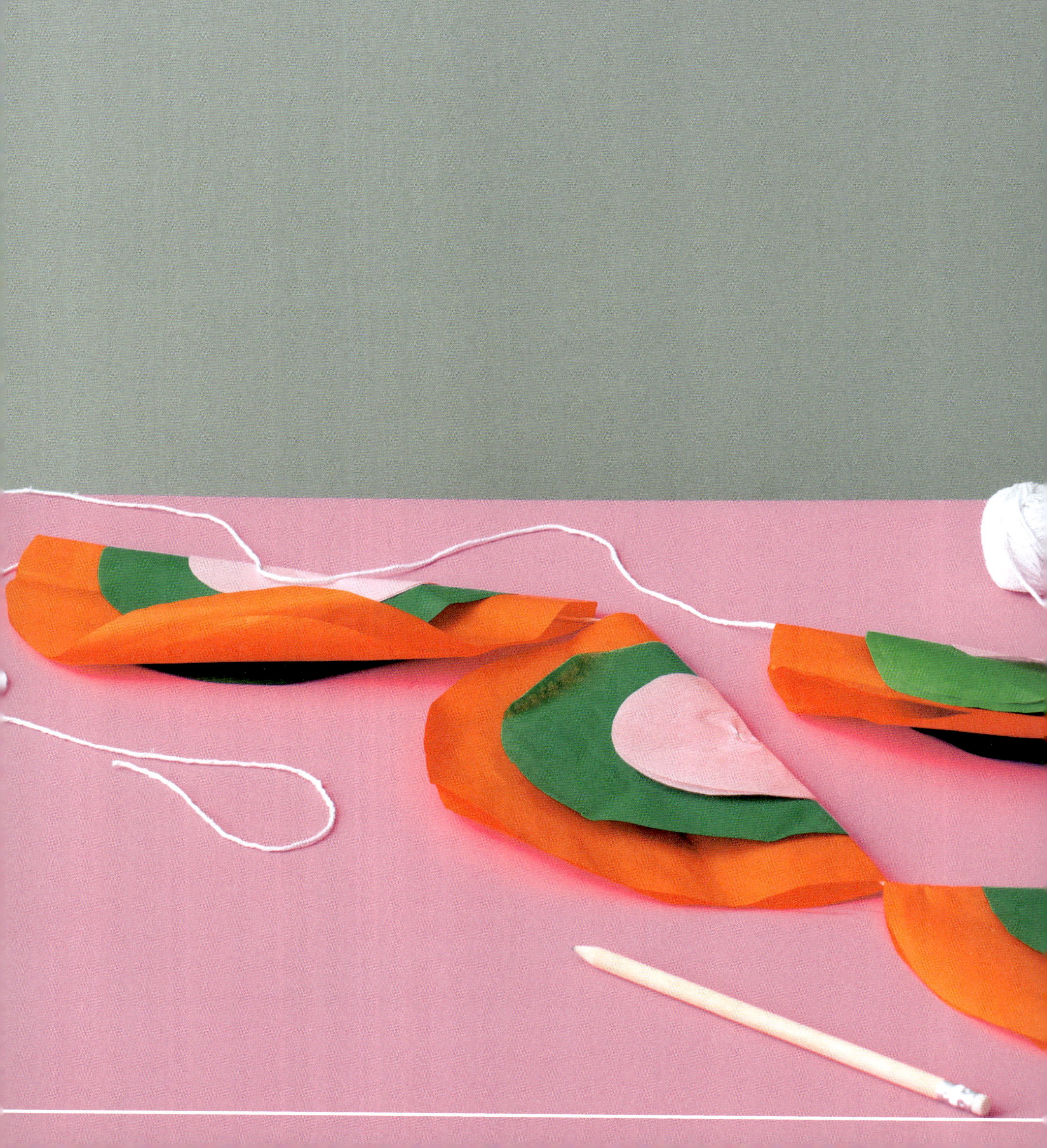

KAPITEL 3

ZUM VERSCHÖNERN

PROJEKTE, MIT DENEN DU DEIN ZIMMER DEKORIEREN KANNST

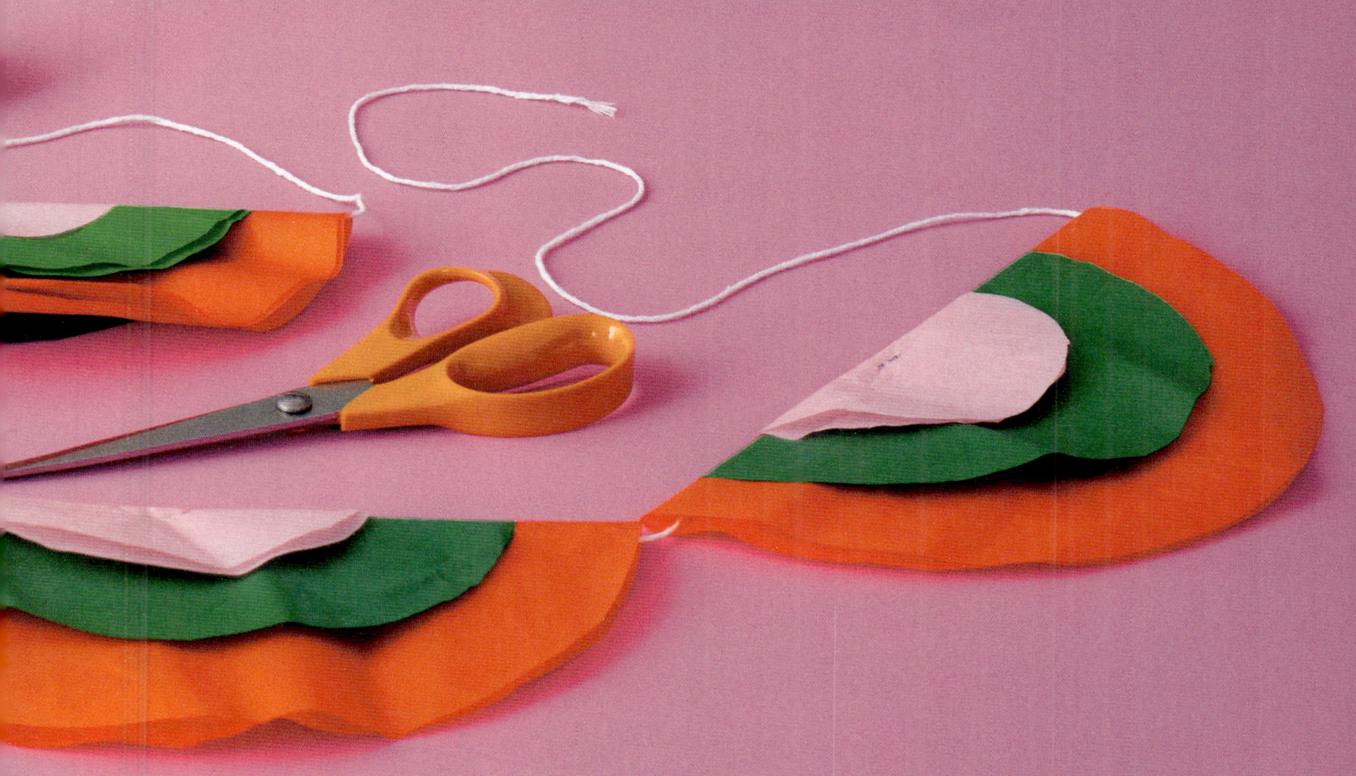

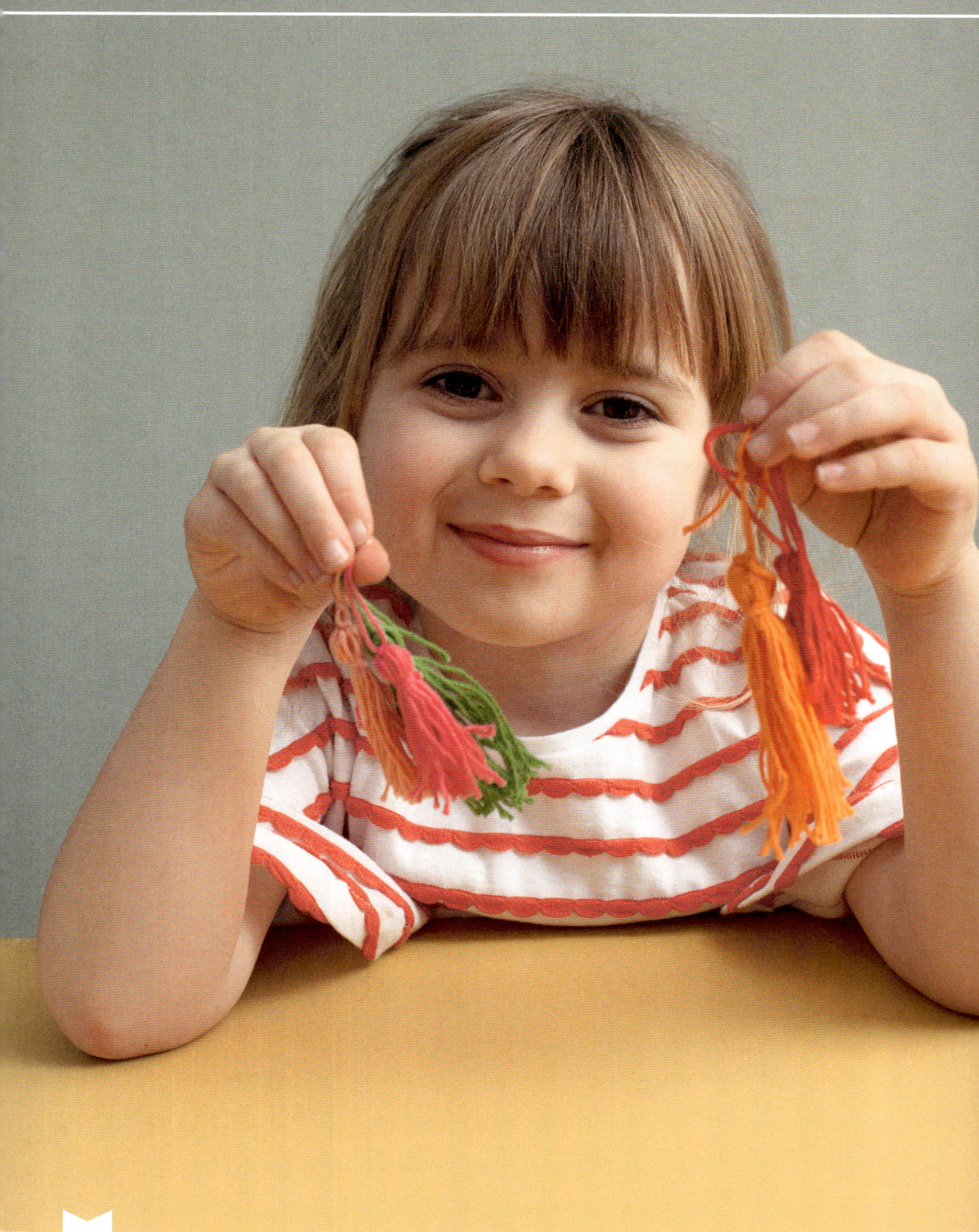

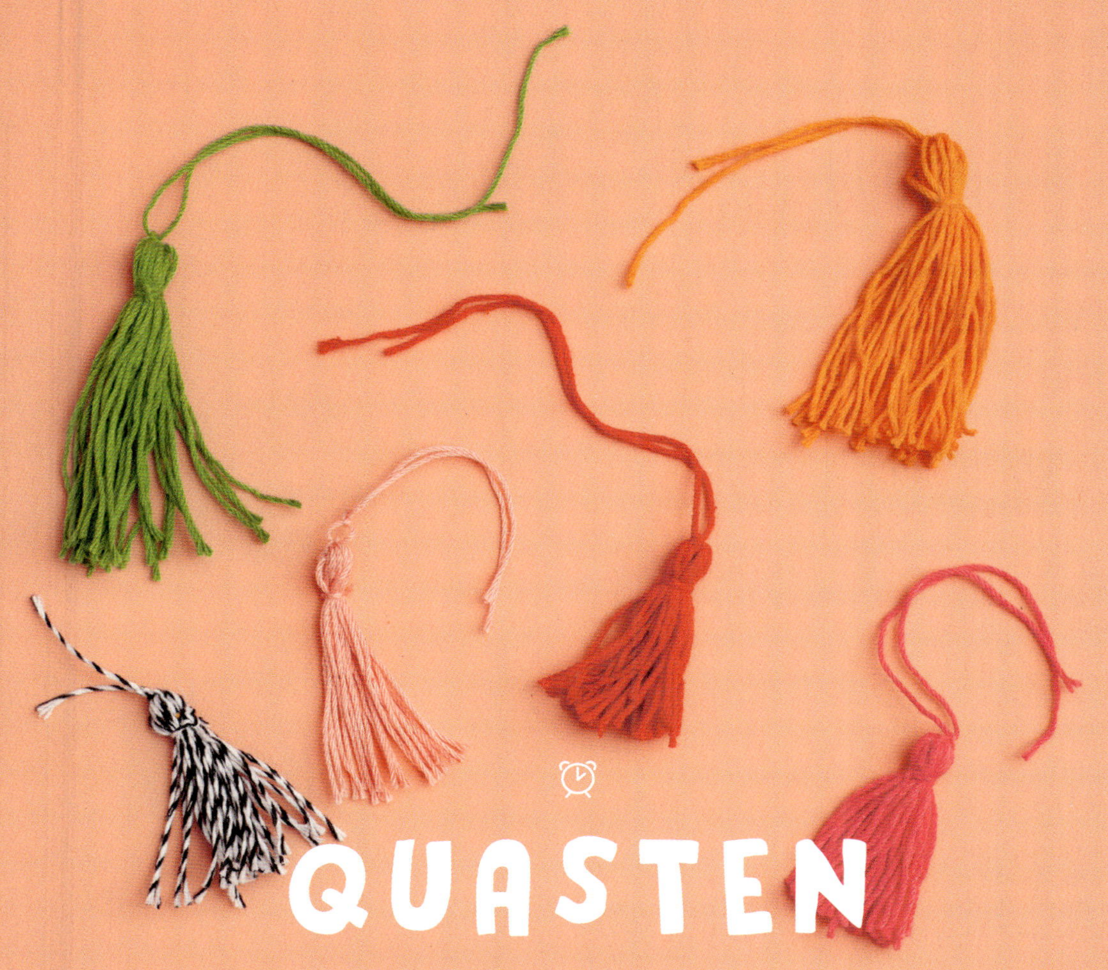

QUASTEN

Mit Quasten kannst du ganz leicht prima dekorieren. Das funktioniert mit allen Arten von Schnüren. Im Buch benutze ich Quasten zum Beispiel bei der Mondphasen-Girlande (siehe Seite 155).

Bei dieser Anleitung wird eine Bankkarte als Schablone verwendet, aber du kannst auch eine längere Quaste machen, wenn du dafür etwas Größeres nimmst, etwa ein Frühstücksbrettchen.

DU BRAUCHST

- Schnur, Wolle oder Garn
- Plastikkarte
  Kreditkarte oder Büchereiausweis – eine Karte aus Pappe ist wahrscheinlich nicht fest genug
- Schere

ANLEITUNG

1 Etwas Schnur, Wolle oder Garn um die Karte wickeln. Je mehr du darum wickelst, desto dichter wird die Quaste.

2 Schneide den Faden so ab, dass Fadenanfang und -ende am selben Kartenrand liegen. Das wird das untere Ende der Quaste

3 Einen Stück Faden zwischen die Karte und den gewickelten Faden schieben.

4 Ziehe diesen Faden zum oberen Kartenrand und sichere ihn mit einem Doppelknoten, sodass alle Fäden festgehalten werden. Diesen Faden lang lassen – daran wird die Quaste später aufgehängt.

5 Schiebe die Fäden von der Karte herunter.

6 Mit einem neuen Faden etwas unterhalb dem oberen Ende der Quaste einen festen Doppelknoten machen. Schneide den Faden knapp über dem Knoten ab.

7 Schneide nun die unteren Schlaufen der Quaste auf, sodass du Fransen erhältst. Jetzt ist die Quaste fertig!

8 Wenn du eine längere Quaste machen möchtest, wickele die Fäden längs um die Plastikkarte und befolge dieselbe Anleitung.

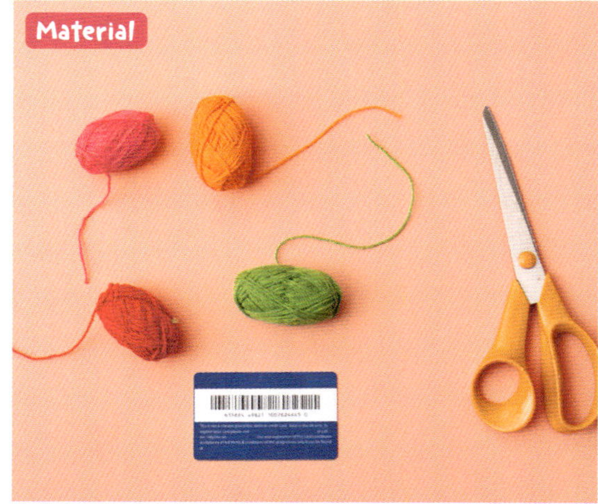

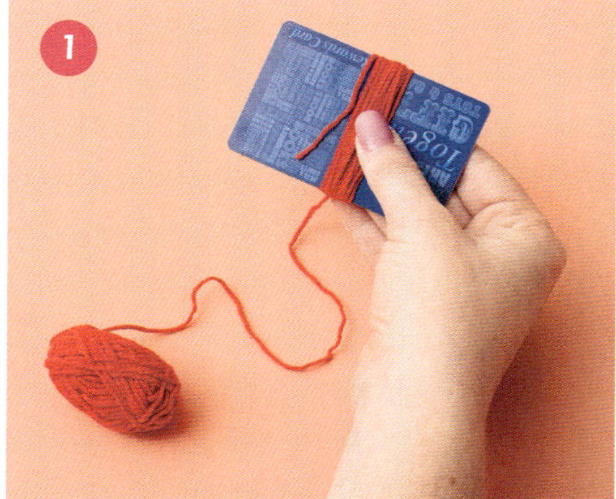

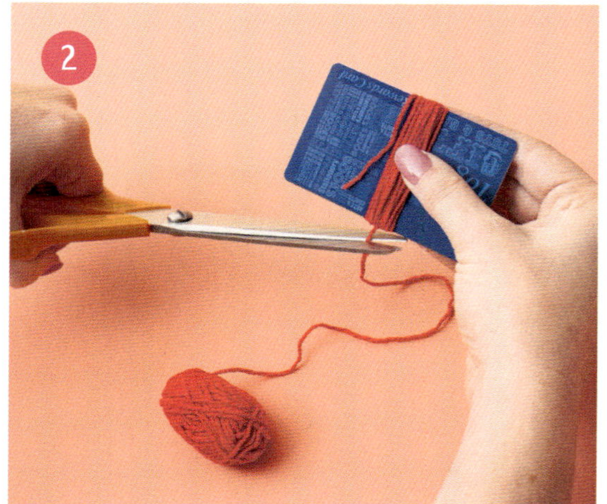

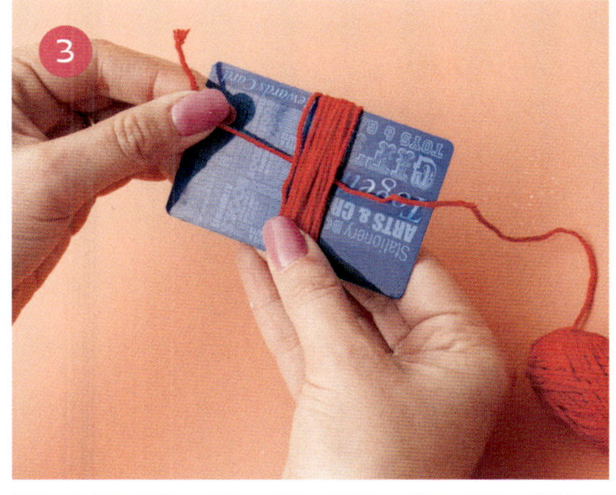
3

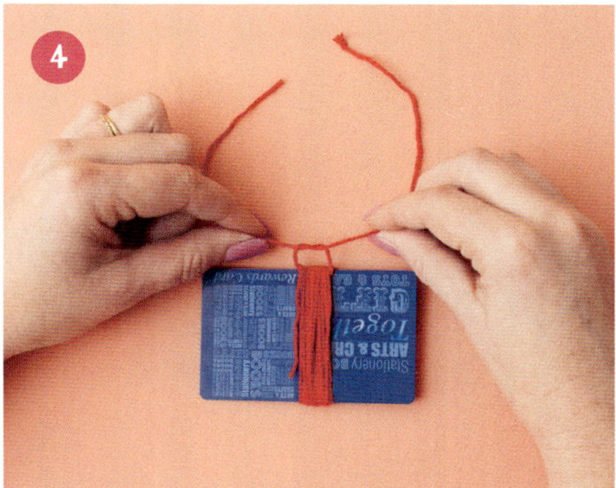
4

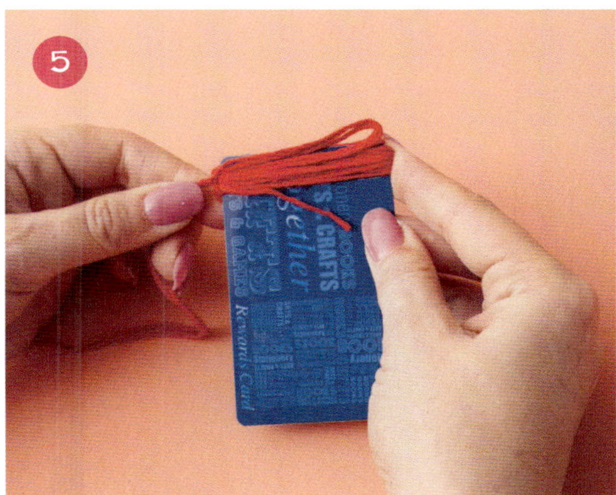
5

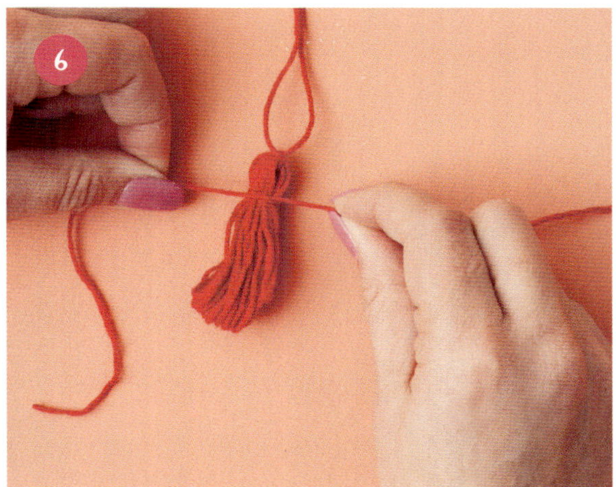
6

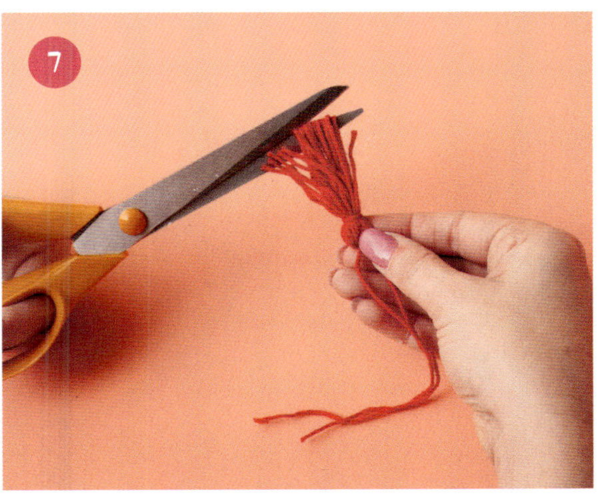
7

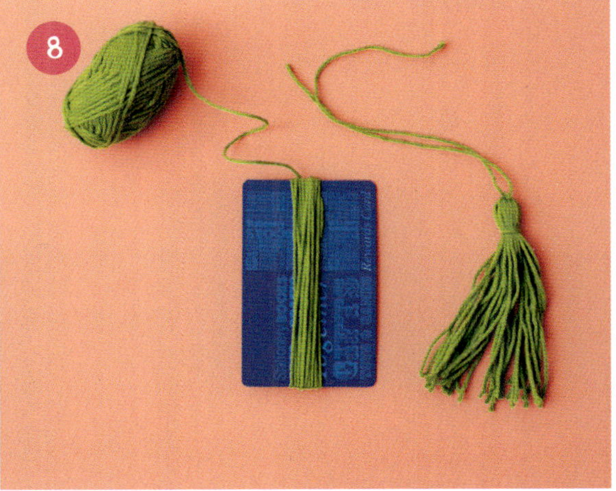
8

FAMILIE BLUMENTOPF

Mach doch ein Familienporträt aus Blumentöpfen. Die Pflanzen sind die Haare.

Denk an die Details der Gesichter deiner Familienmitglieder und gestalte je einen Topf. Gesichter zu malen, kann kompliziert wirken, aber mit ein paar einfachen Grundelementen kannst du unterschiedliche Typen darstellen.

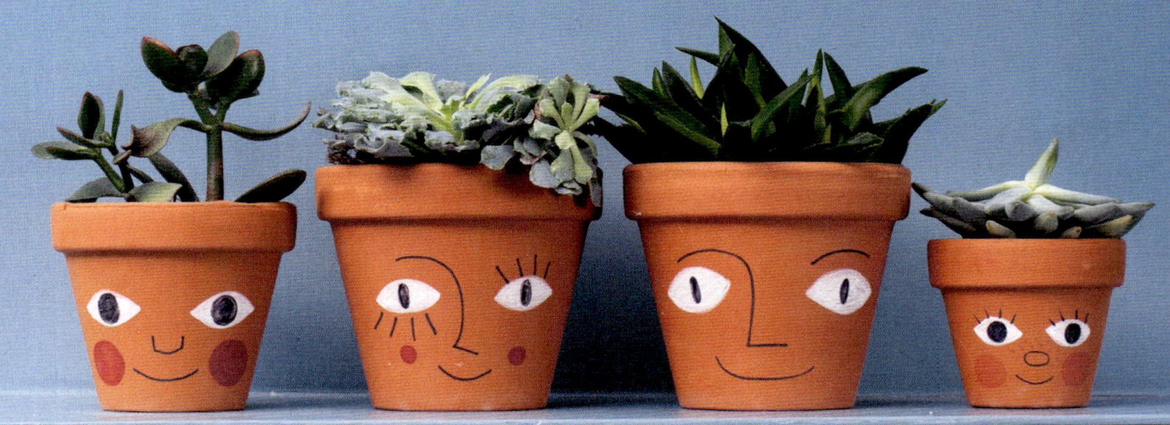

Ein leicht schräges Lächeln wirkt wie ein Grinsen.

Ein breites, kleines Oval sieht wie eine Kindernase aus.

Ein kleiner Mund sieht nach Baby aus.

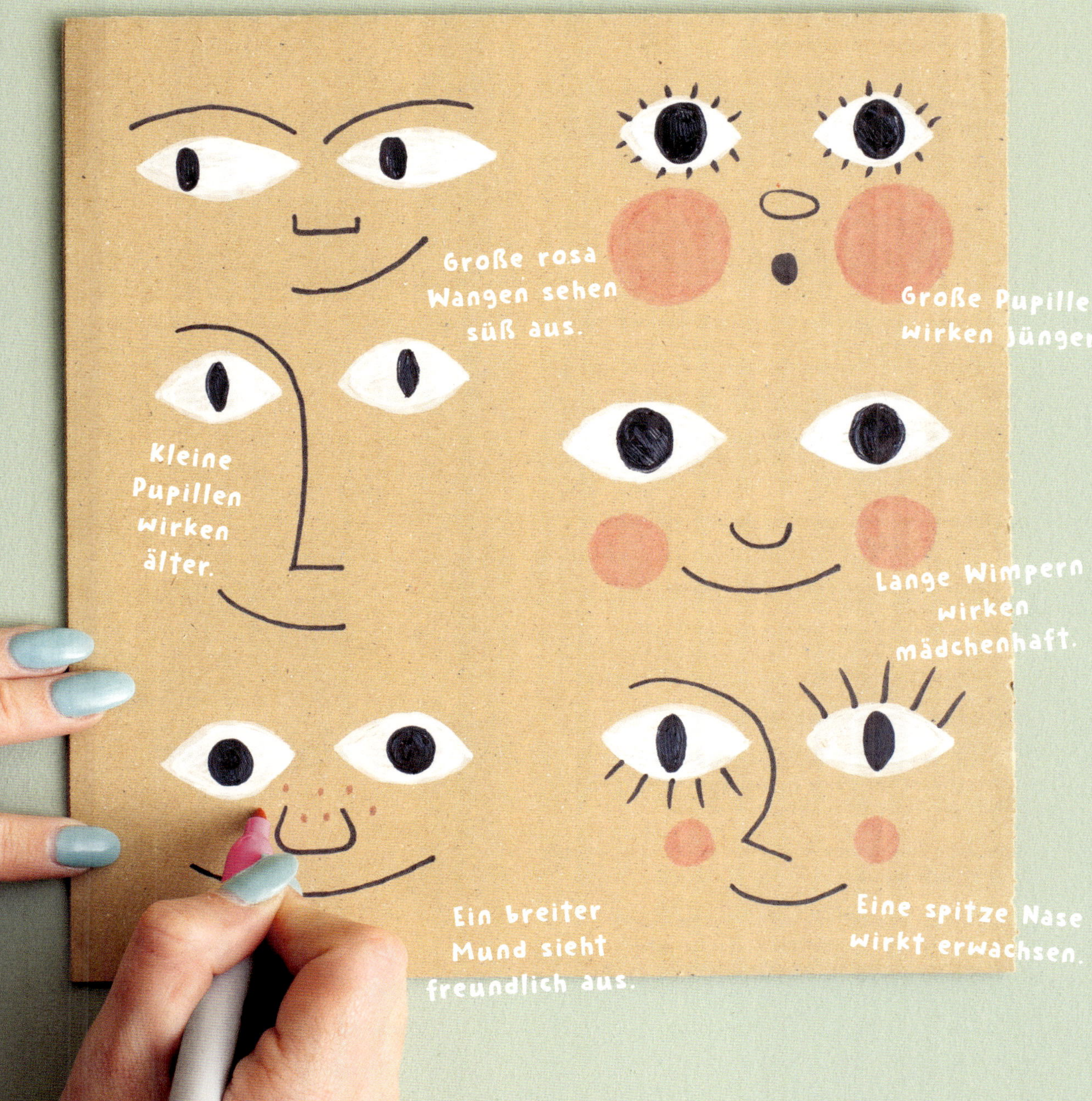

DU BRAUCHST

- Terrakotta-Blumentöpfe
- Pflanzen und Pflanzerde
- Kreidemarker oder Lackstift in Weiß
- Permanentmarker in Schwarz und Rot oder Rosa
- Bleistift

ANLEITUNG

Übe zuerst ein paar Gesichter auf Papier, damit du für jede Person den richtigen Gesichtsausdruck triffst. Auf der vorherigen Seite findest du ein paar Tipps, wie man bestimmte Typen zeichnen kann.

1 Wenn du weißt, was du malen möchtest, zeichne die Konturen der Augen mit einem Bleistift auf den Blumentopf.

2 Die Augen in Weiß ausmalen. Nach dem Trocknen noch eine zweite Schicht auftragen.

3 Male die Nase und den Mund in Schwarz auf.

4 Wenn das Weiß der Augen getrocknet ist, die Pupillen, Wimpern und Augenbrauen sorgfältig in Schwarz aufzeichnen.

5 Male die Wangen in Rot oder Rosa.

6 Jetzt die Pflanze in den Topf setzen! Je nach Pflanzenart muss man als Drainage vielleicht noch ein paar Kieselsteine unten hineinlegen.

7 Gestalte nun so viele Töpfe, wie du für dein Familienporträt brauchst.

Am besten verwendet man für dieses Projekt Zimmerpflanzen. Der weiße Kreidemarker hält im Regen draußen sicher nicht sehr lange.

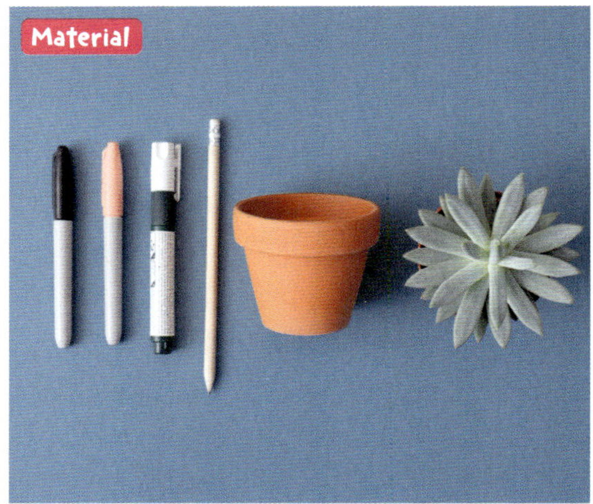

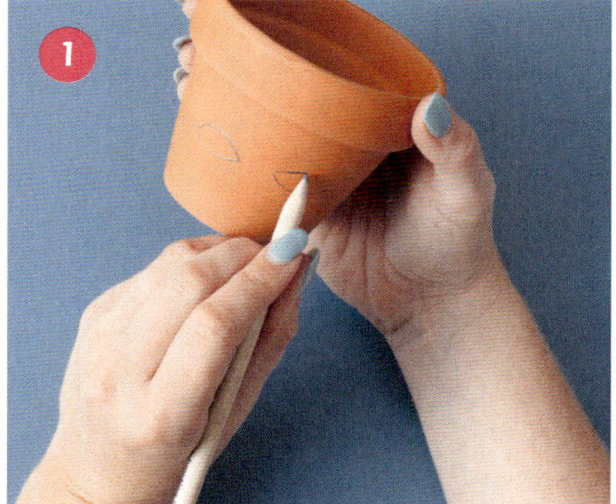

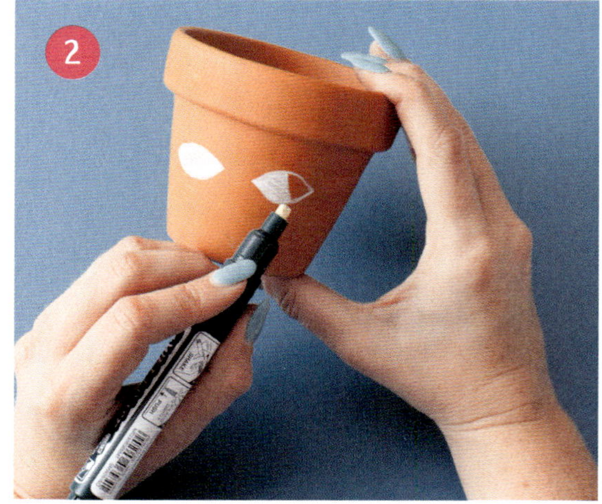

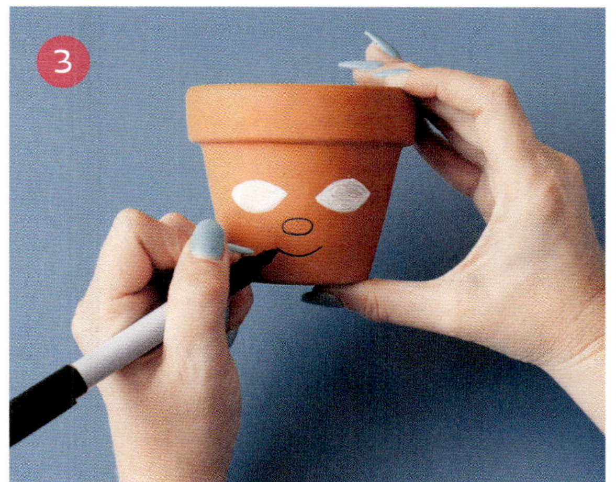
3

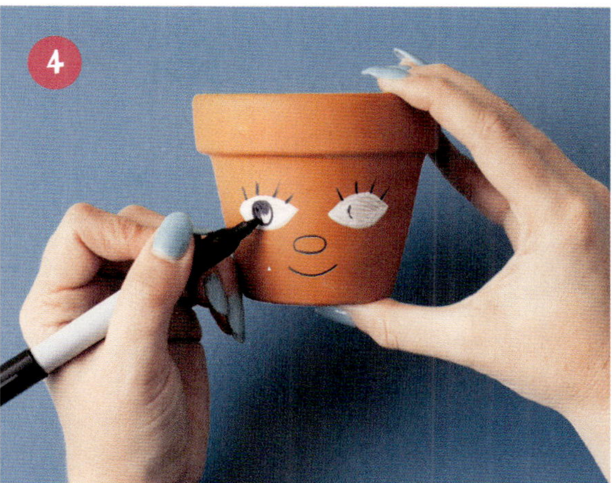
4

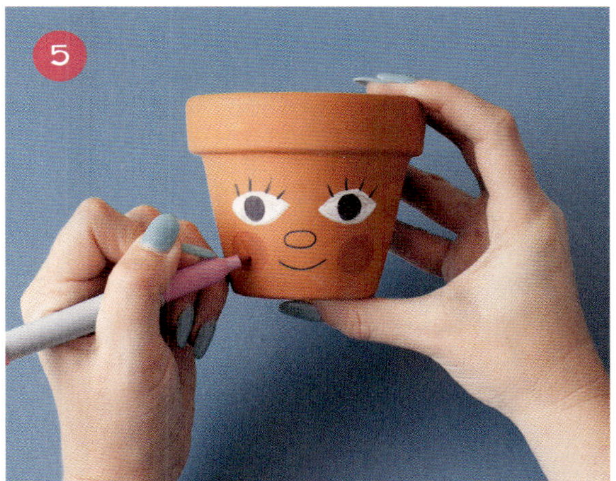
5

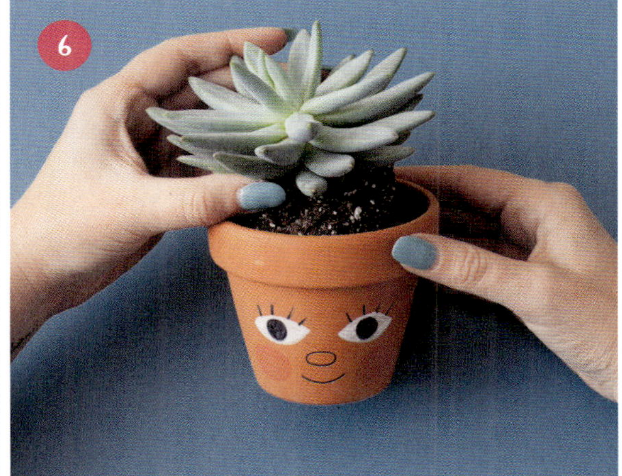
6

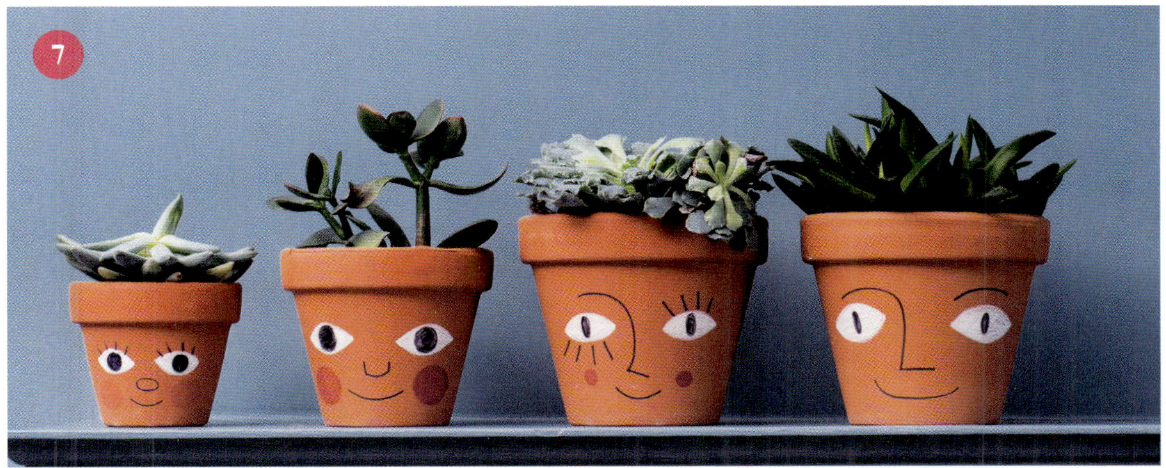
7

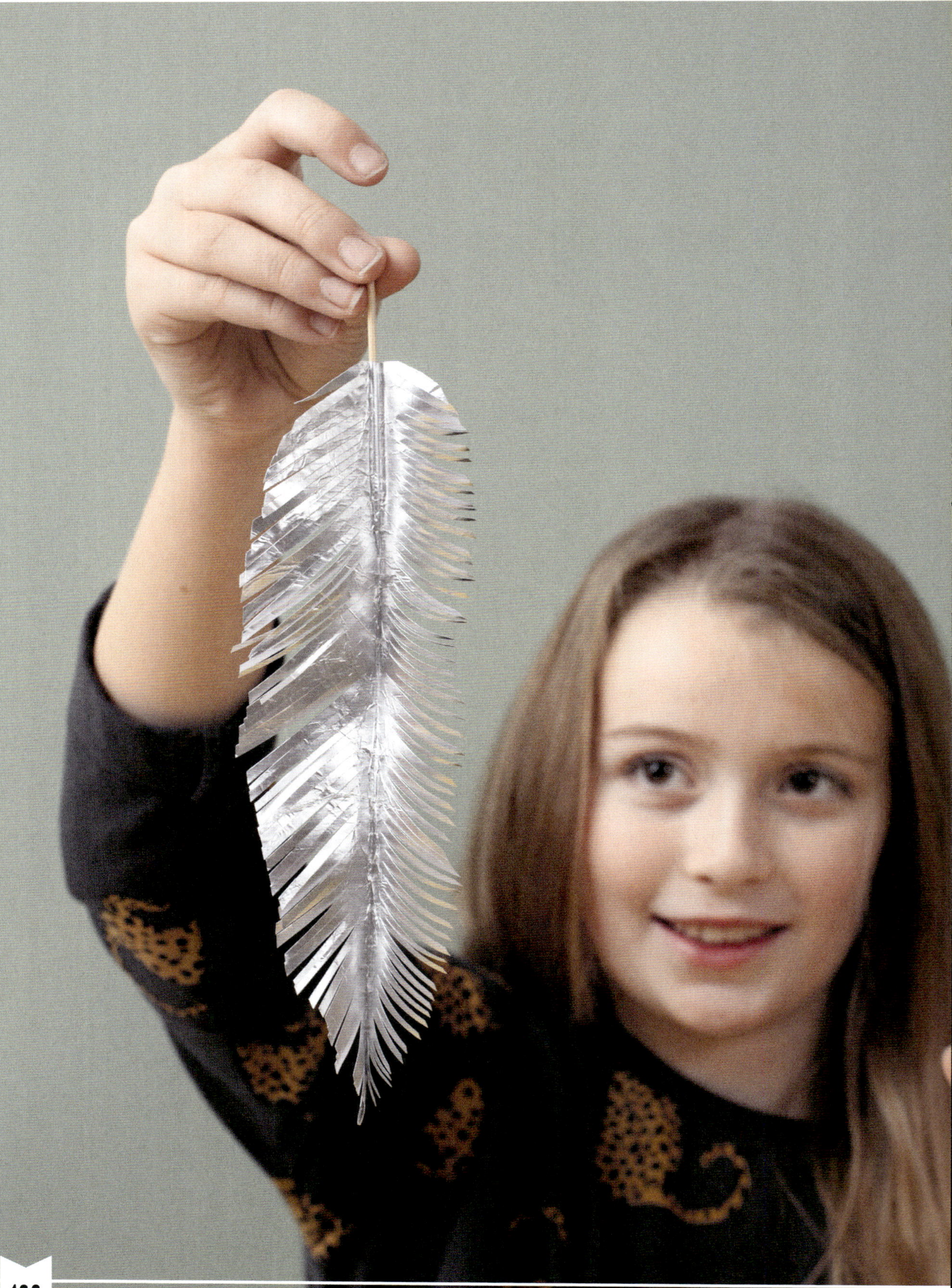

PAPIERFEDERN

Diese hübschen Federn können aus Schaschlikstäbchen, Alufolie und einfachem, weißem Papier angefertigt werden. Du kannst auch buntes Papier dafür nehmen, aber mir gefallen Weiß und Silber, weil die Federn dann wie Engelsflügel aussehen ... oder vielleicht wie von Möwen aus dem Weltall!

Es sieht sehr schön aus, wenn man sie ans Fenster hängt, wo sie im Luftzug tanzen können.

Für die vielen kleinen Schnitte braucht es Konzentration, daher ist dieses Projekt für alle, die gut mit der Schere umgehen können.

DU BRAUCHST

- Papier in Weiß, A4
- Alufolie
- Schaschlikstäbchen oder Zahnstocher
- Klebestift
- Schere
- Schnur

ANLEITUNG

1 Bestreiche das Papier vollständig mit Kleber.

2 Jetzt schnell arbeiten, bevor der Kleber trocknet, und den Spieß mittig auf das Papier legen. Dabei soll das spitze Ende unten etwa 4 cm überstehen wie der Kiel einer Feder. Du kannst auch einen Zahnstocher verwenden. Diesen dann einfach zur Hälfte auf das Blatt kleben, sodass die andere Hälfte unten herausschaut.

3 Den ganzen Papierbogen mit Alufolie bedecken und diese festdrücken, damit sie überall anklebt. Die Folie von der Rolle schneiden.

4 Falte das Papier in der Mitte, sodass das Schaschlikstäbchen im Falz liegt.

5 Das gefaltete Papier von oben auf die Form einer Feder zuschneiden.

6 Schneide jetzt feine Fransen in die Feder, beginne dabei unten. Das Schaschlikstäbchen verhindert, dass du zu weit einschneidest. Wenn du einen Zahnstocher verwendet hast, pass auf, dass du deine Feder nicht versehentlich ganz durchschneidest!

7 Sobald du auf der ganzen Länge Fransen geschnitten hast, kannst du die Feder vorsichtig wieder entfalten.

8 Zum Aufhängen mit einem Doppelknoten eine Schnur an den hölzernen Federkiel binden.

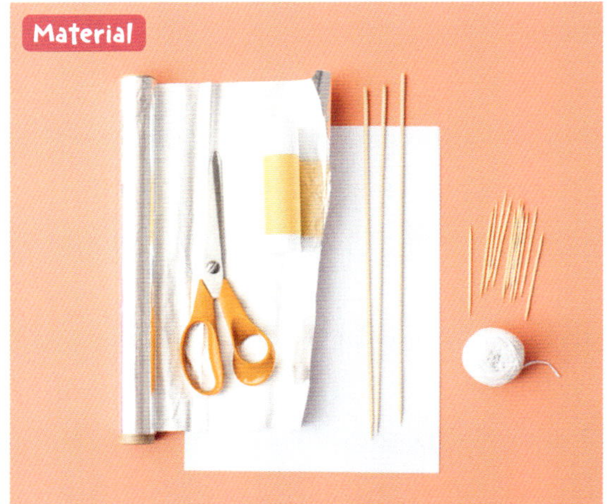

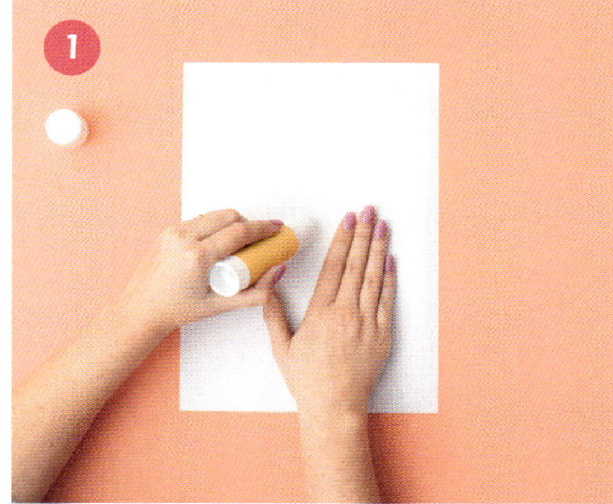

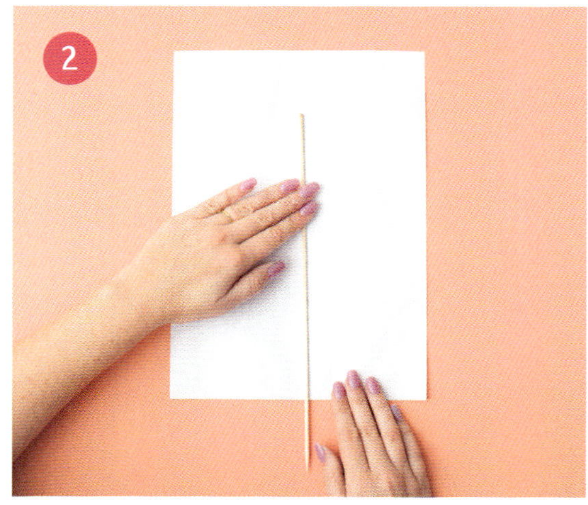

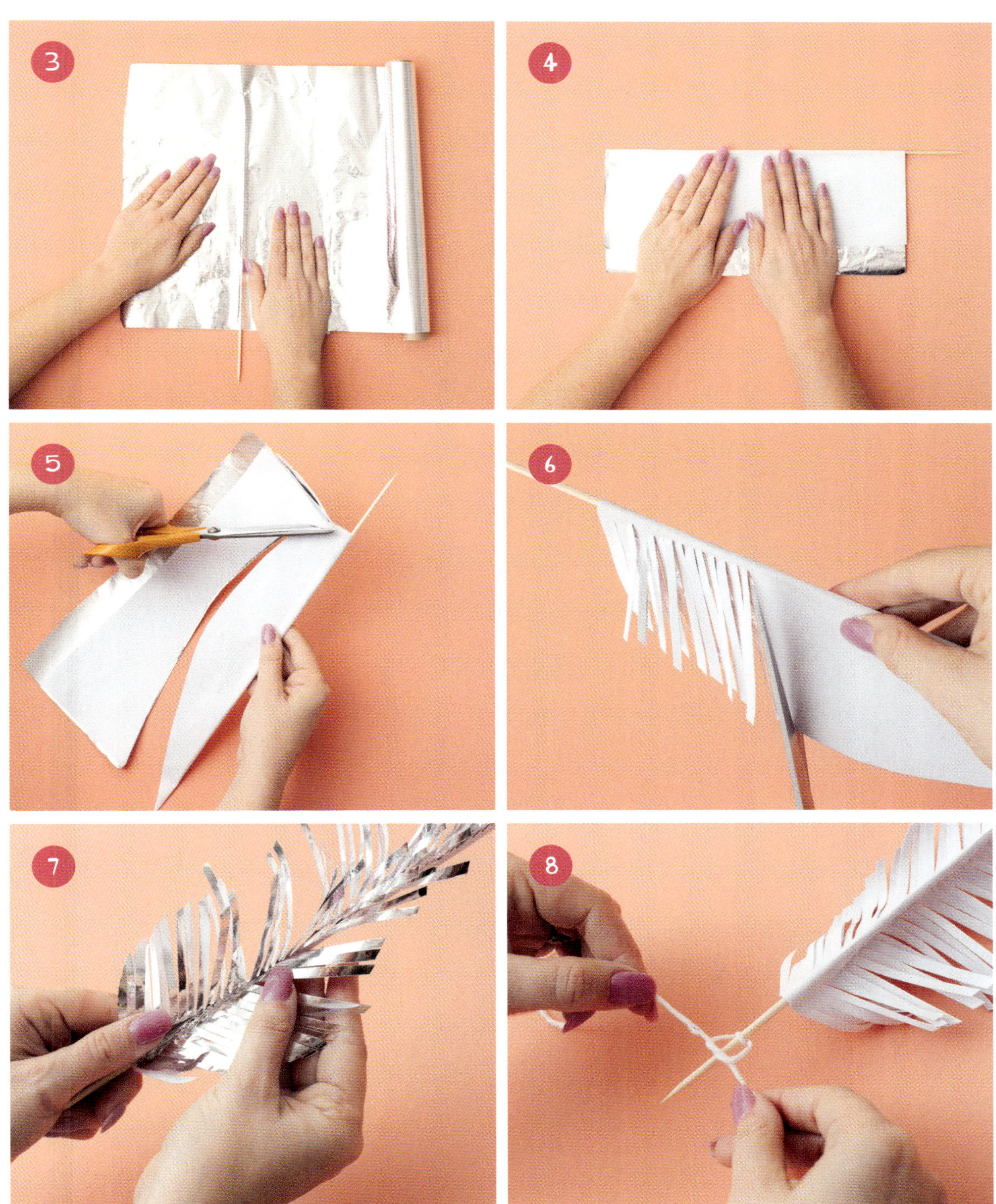
3
4
5
6
7
8

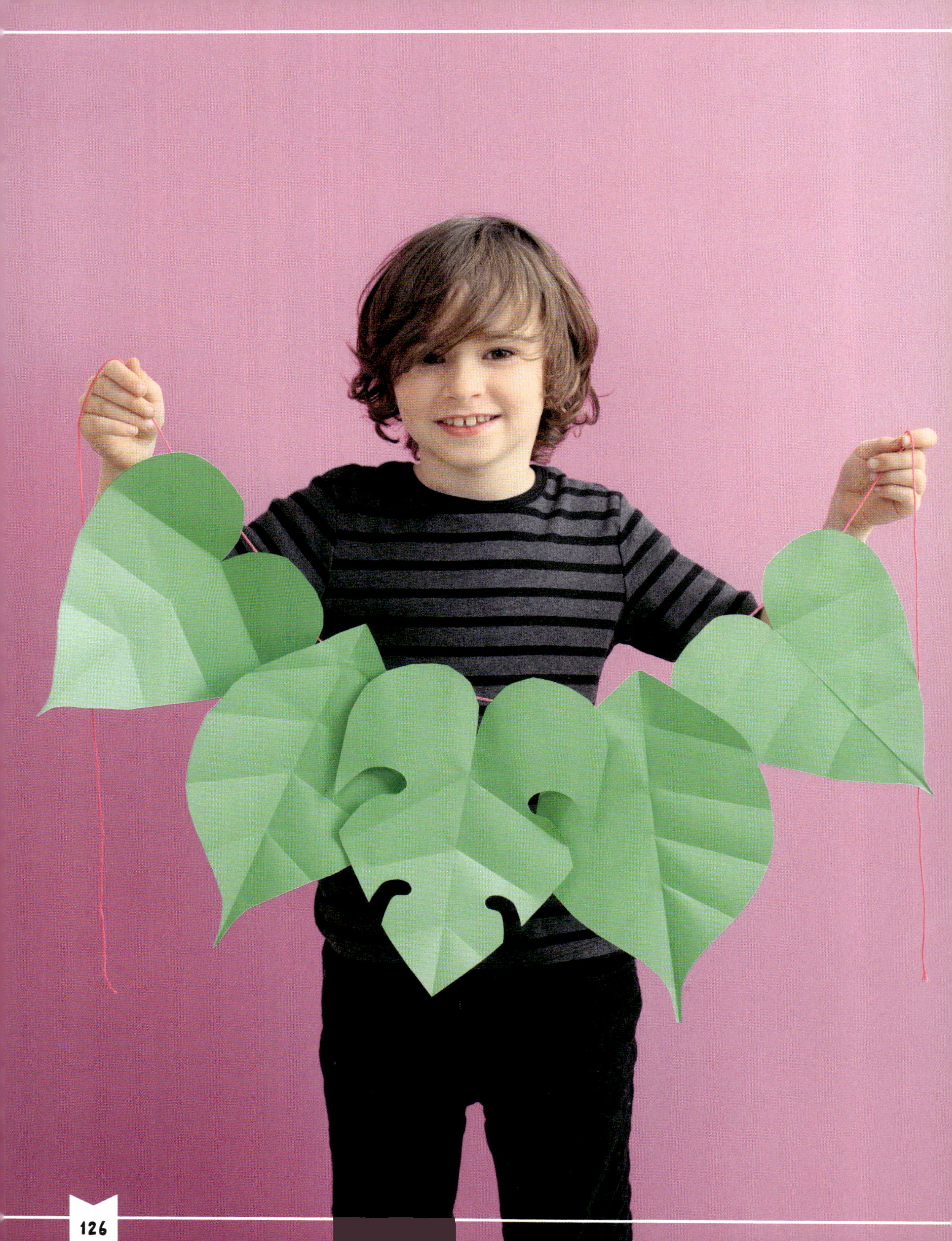

DSCHUNGEL-GIRLANDE

Willkommen im Dschungel ... bei dir zu Hause!

Diese Blätter werden einfach aus grünem Papier gemacht – oder aus andersfarbigem. Du faltest sie so, dass sie aussehen wie große Blätter aus dem Regenwald.

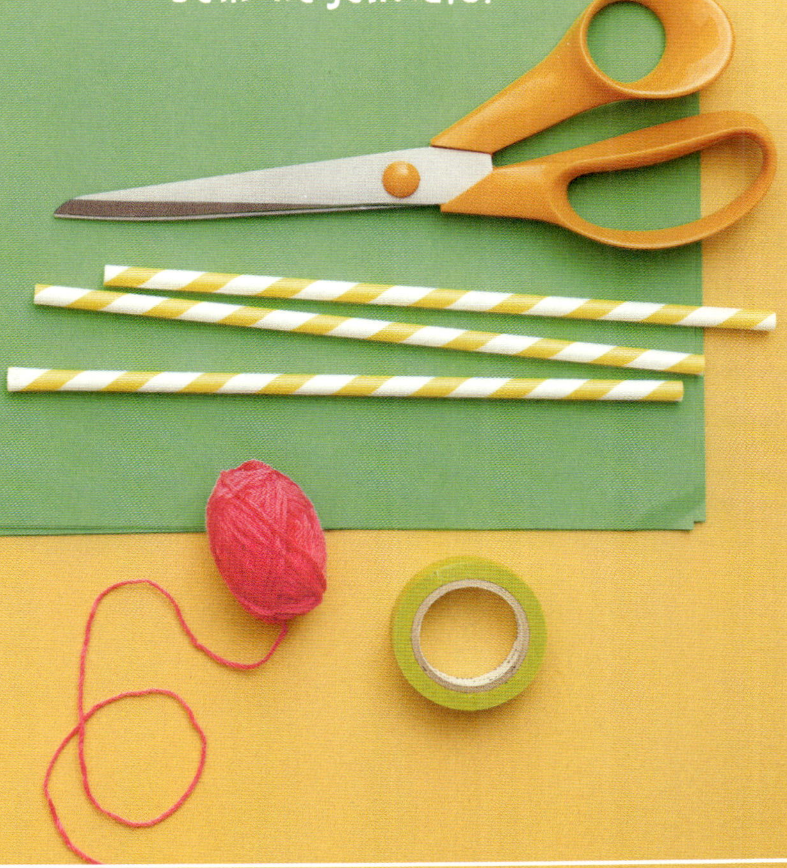

DU BRAUCHST

- **Tonpapier**
  pro Blatt einen A4-Bogen
- **Strohhalme**
- **Schnur oder Wolle**
- **Klebeband**
- **Schere**

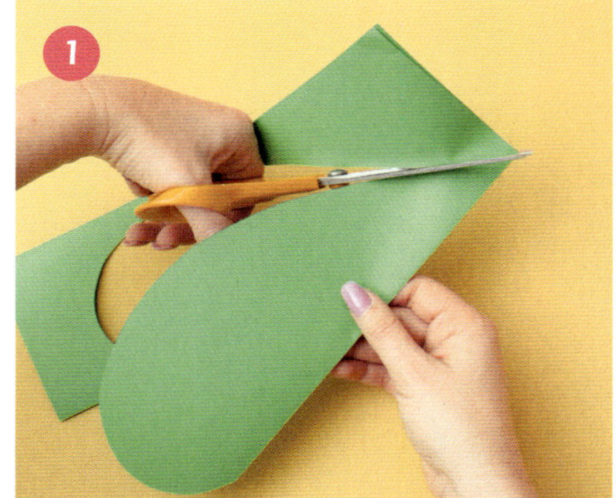

ANLEITUNG

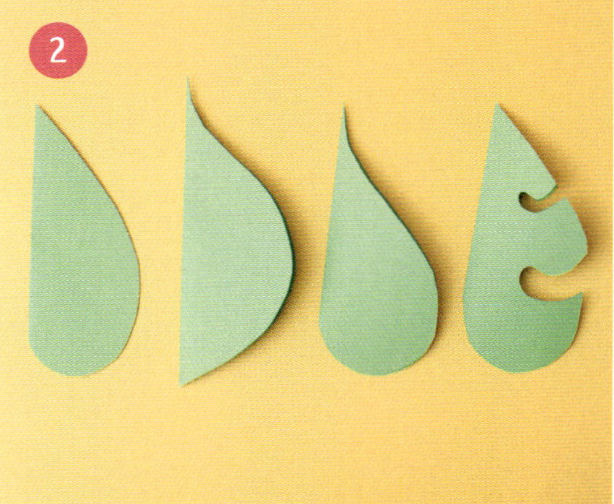

1 Einen Papierbogen längs in der Mitte falten und ein großes Blatt ausschneiden.

2 Du siehst hier unterschiedliche Formen, die du ausschneiden kannst. Mir gefällt es, wenn sie alle etwas unterschiedlich aussehen.

3 So sehen sie aus, wenn man sie auffaltet.

4 Falte jetzt das Blatt diagonal und drücke die Falte von der Mitte nach außen mit den Fingern fest. Den anderen Bereich nicht nachfahren.

5 Öffne das Blatt wieder und falte die andere Seite genauso.

6 Auf diese Weise das ganze Blatt falten.

7 Schneide einen Strohhalm in kleine Stücke.

8 Mit Klebeband auf der Rückseite der Blätter wie auf dem Bild jeweils zwei Stücke festkleben.

9 Fädele die Schnur oder Wolle durch die Strohhalme. So viele Blätter wie gewünscht anfertigen und diese auf eine lange Schnur fädeln, sodass du eine schöne, lange Girlande erhältst.

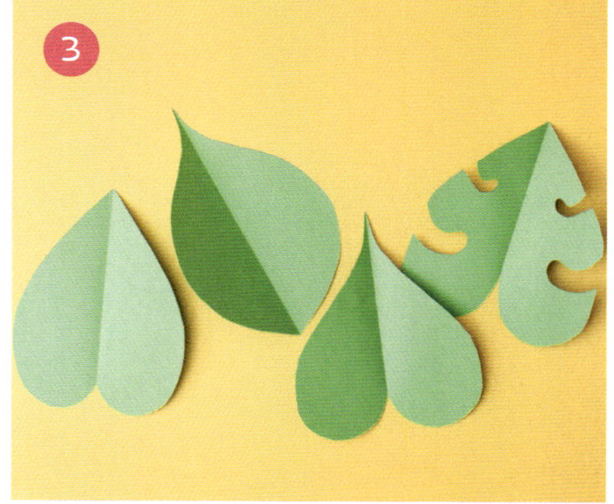

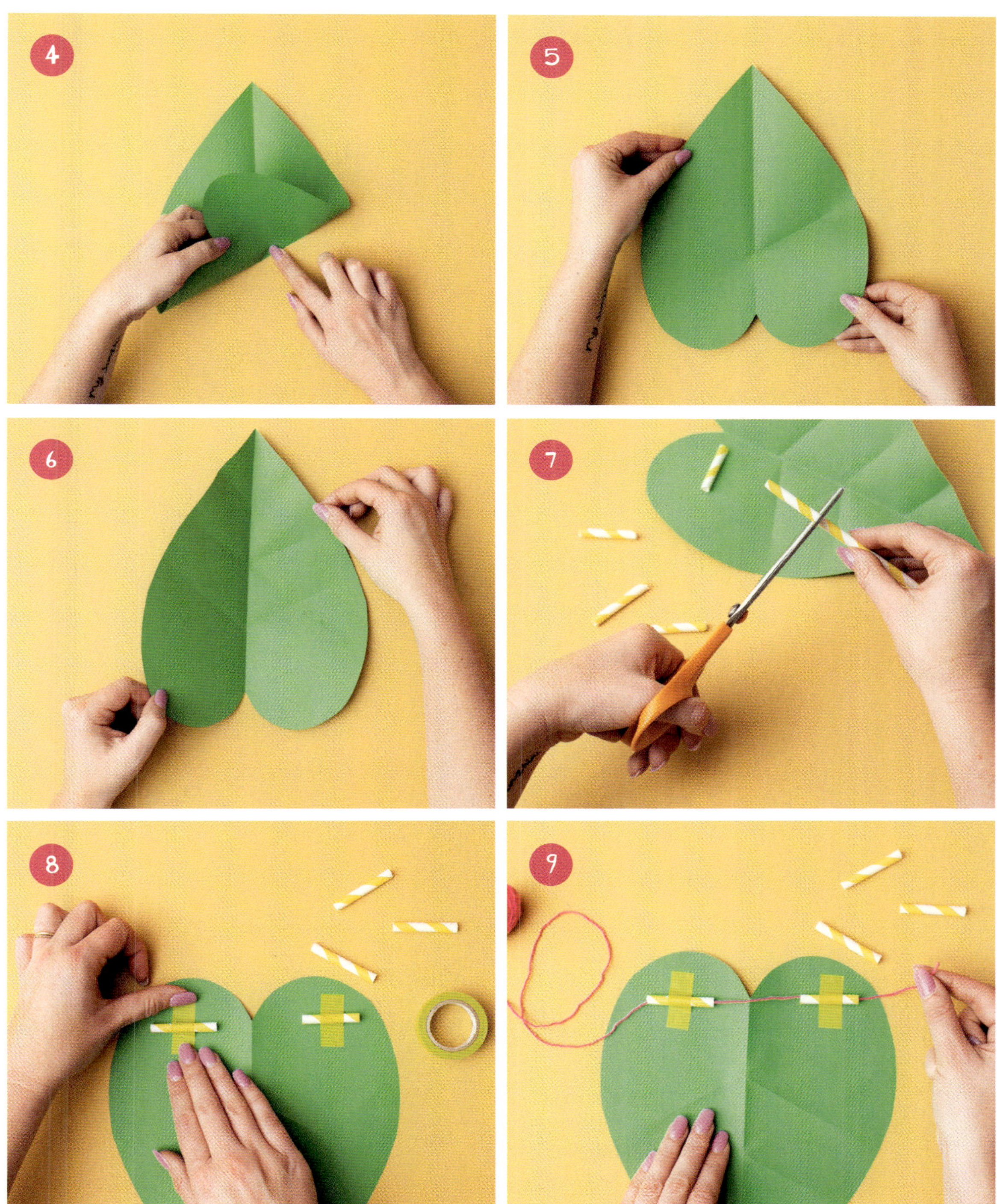
4
5
6
7
8
9

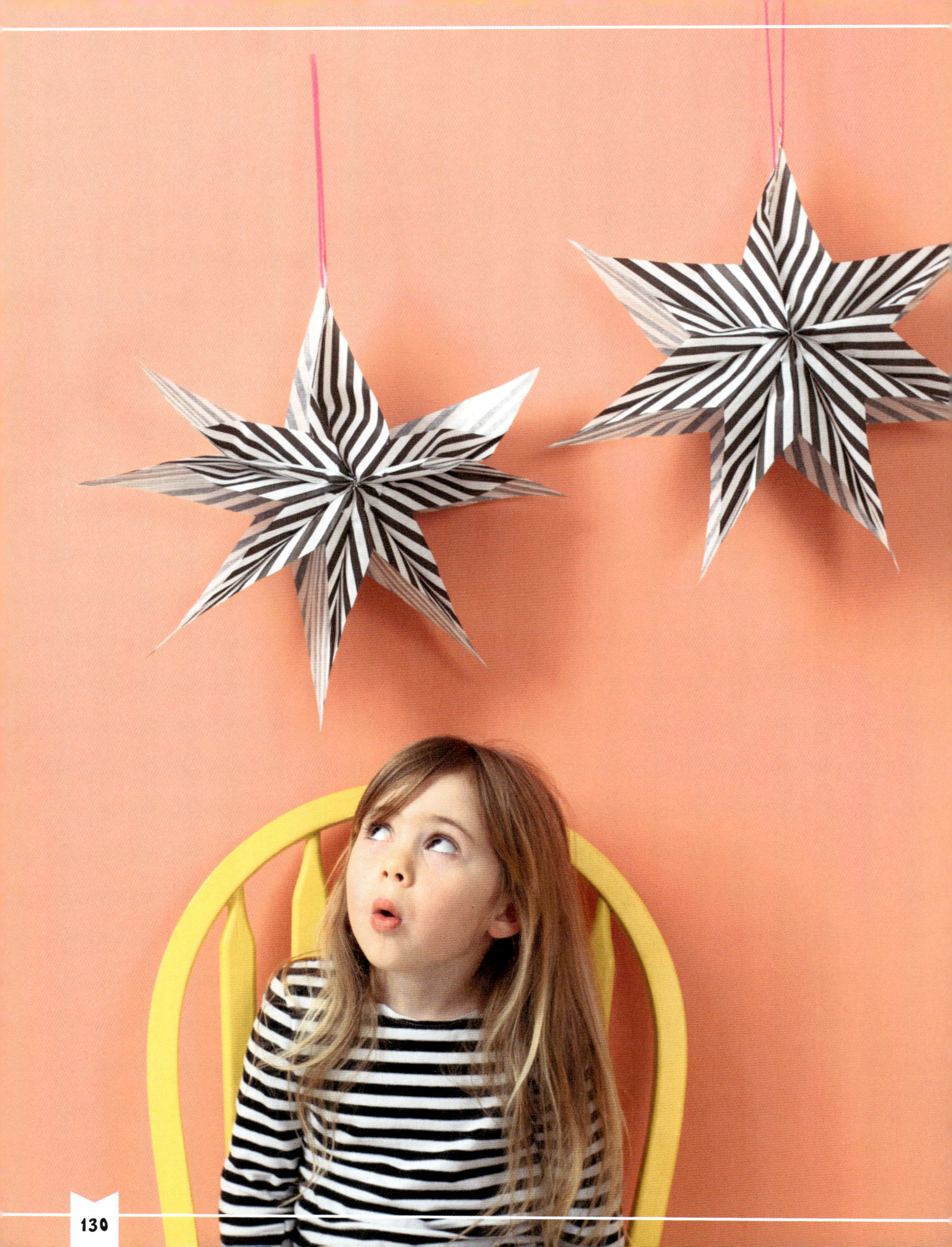

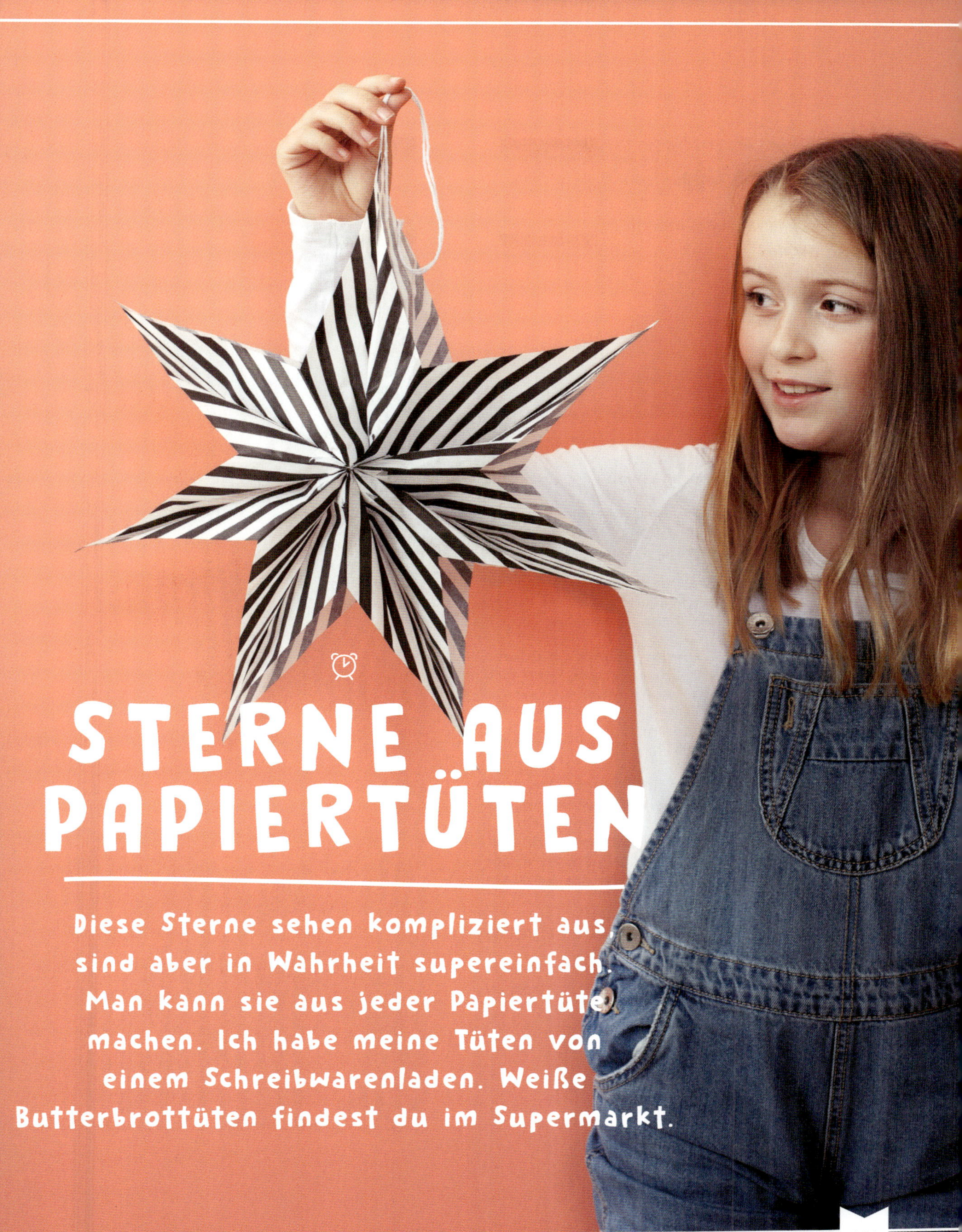

STERNE AUS PAPIERTÜTEN

Diese Sterne sehen kompliziert aus, sind aber in Wahrheit supereinfach. Man kann sie aus jeder Papiertüte machen. Ich habe meine Tüten von einem Schreibwarenladen. Weiße Butterbrottüten findest du im Supermarkt.

DU BRAUCHST

- 6 oder mehr Papiertüten
- Klebestift
- Schere
- Malerkrepp
- Wolle oder Schnur

ANLEITUNG

1 Male mit dem Klebstift ein umgedrehtes T an den unteren Rand der ersten Papiertüte.

2 Achte darauf, dass kein Kleber auf den überstehenden Rand der Rückseite gerät – auf dem Bild kannst du die Kante gut erkennen.

3 Lege eine weitere Tüte auf die erste und trage auf dieselbe Weise Kleber in T-Form auf. Diesen Vorgang mit den weiteren vier Tüten wiederholen.

4 Schneide nun von oben eine Spitze in die aufeinander geklebten Tüten. Je weiter diese Spitze nach unten verläuft, desto breiter öffnet sich später der Stern.

5 Jetzt kannst du deinen Stern öffnen!

6 Ein Stück Malerkrepp zu einem kleinen Ring zusammenfügen, bei dem die Klebeseite außen liegt, und die beiden Seiten des Sterns damit verbinden. Du kannst dafür auch den Klebestift verwenden, aber ich nehme lieber Malerkrepp, weil man den Stern dann wieder zusammenlegen und später neu aufhängen kann.

7 Schneide einen kleinen Schlitz durch das Malerkrepp und die Tüte.

8 Ziehe einen Faden durch das Loch. Jetzt kannst du den Stern aufhängen!

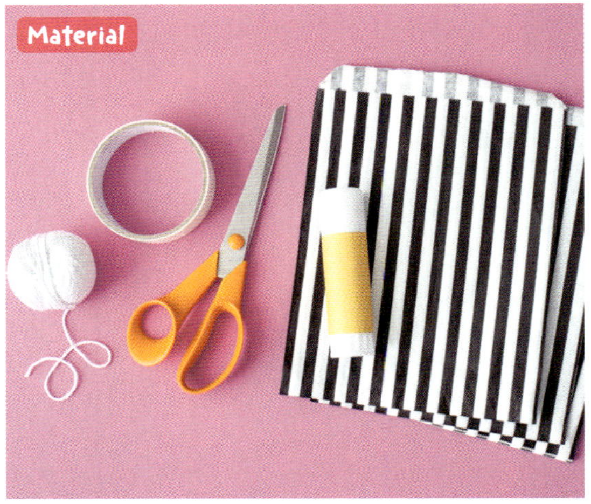

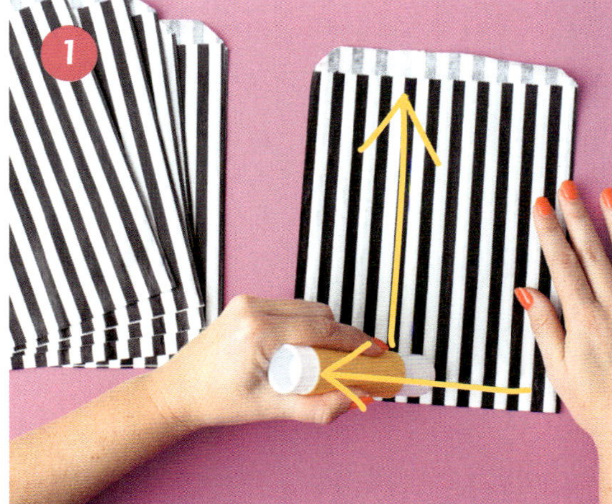

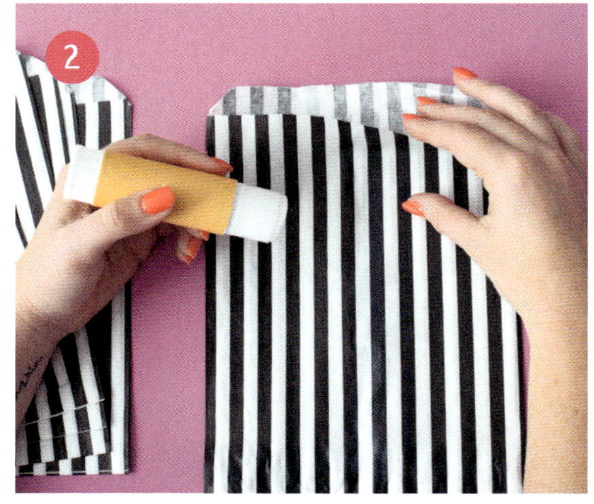

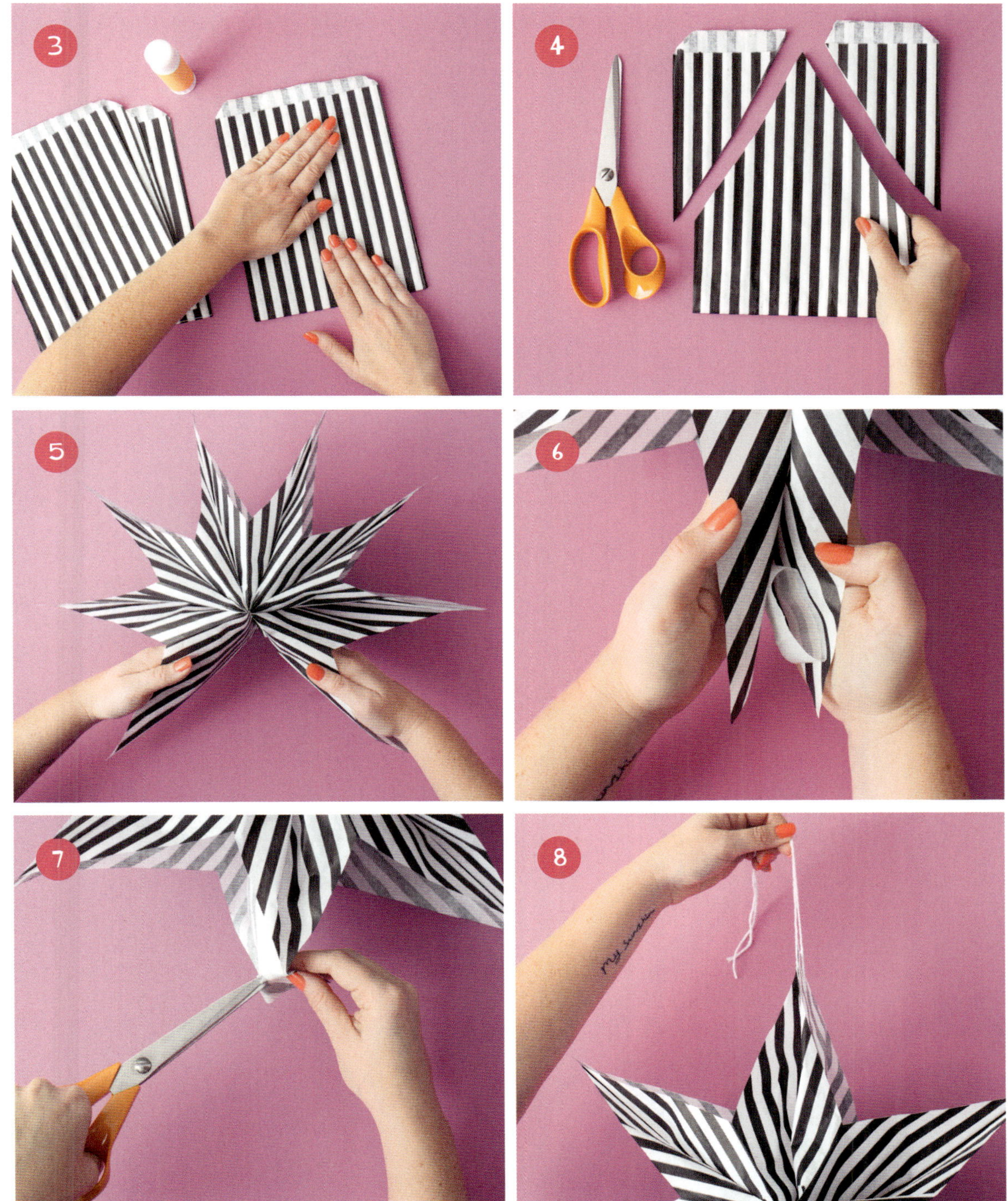
3
4
5
6
7
8

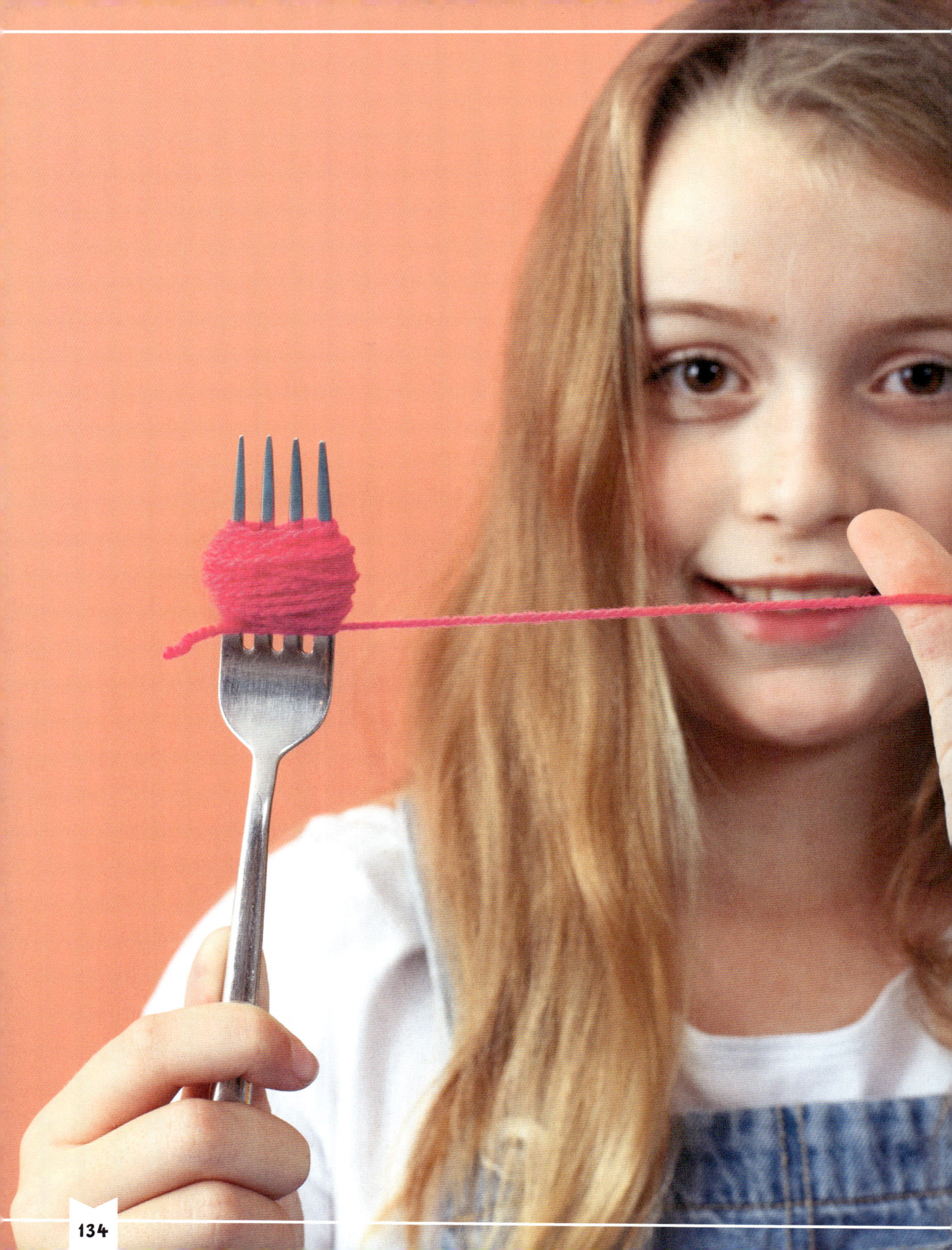

KLEINE POMPON-GIRLANDE

Wusstest du, dass du mit einer Gabel einen Pompon anfertigen kannst? Die Mini-Pompons gehen blitzschnell und können zu einer Girlande verbunden werden. Es sieht hübsch aus, wenn du sie um einen Spiegel oder ein Fenster hängst.

DU BRAUCHST

- Wolle
- Zahnseide
- Gabel
- Kleine Schere

ANLEITUNG

1 Etwas Wolle so um eine Gabel wickeln, dass die Zinken unten noch ein Stück zu sehen sind. Pass auf, dass die Wolle nicht von der Gabel rutscht.

2 Ein Stück Zahnseide durch die mittlere Lücke zwischen den Zinken fädeln. Damit wird der Pompon zusammengehalten. Ich nehme dafür Zahnseide, weil man sie sehr fest ziehen kann.

3 ***Mit erwachsener Assistenz*** Binde die Zahnseide fest um die Wolle. Das braucht viel Kraft. Such dir jemanden, der einen Finger auf den Knoten legt, wenn du die Zahnseide zu einem Doppelknoten bindest.

4 Die Enden der Zahnseide lang lassen. Damit wird der Pompon später an der Schnur von der Girlande befestigt.

5 Schneide mit einer kleinen Schere die Wolle auf einer Seite der Gabel auf. Sie springt jetzt wie ein Pompon auf. Wiederhole dasselbe auf der anderen Seite und schiebe den Pompon von der Gabel.

6 Die Wolle in Form schneiden, sodass eine schöne Pompon-Kugel entsteht.

7 Fertige so viele Pompons an, wie du möchtest. Für eine Girlande die Pompons mit der Zahnseide an einen langen Wollfaden festbinden.

8 Jetzt hast du eine tolle Pompon-Girlande!

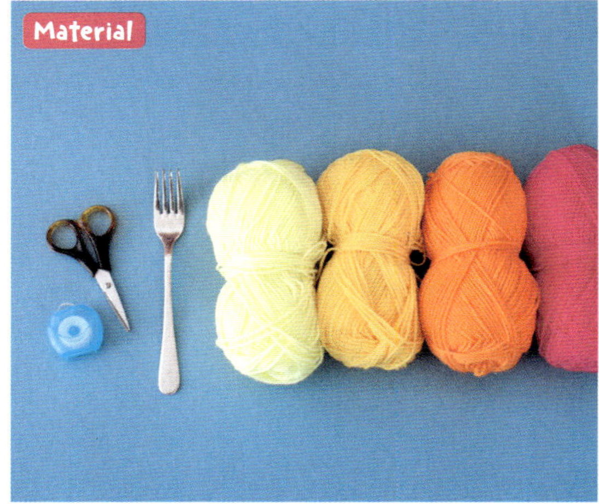

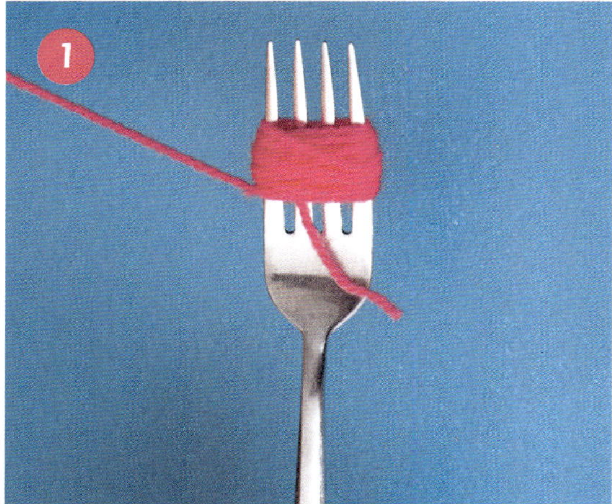

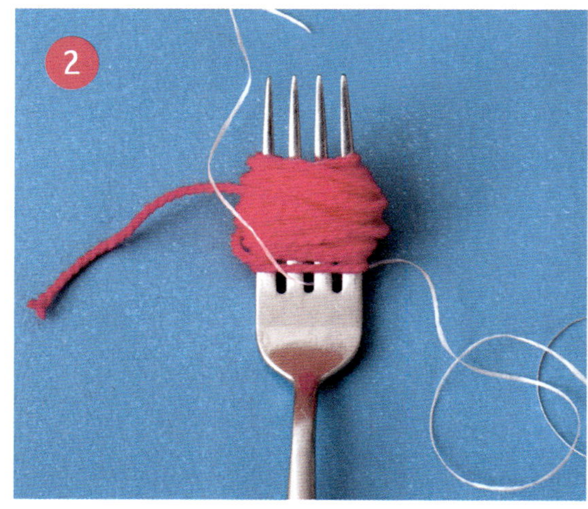

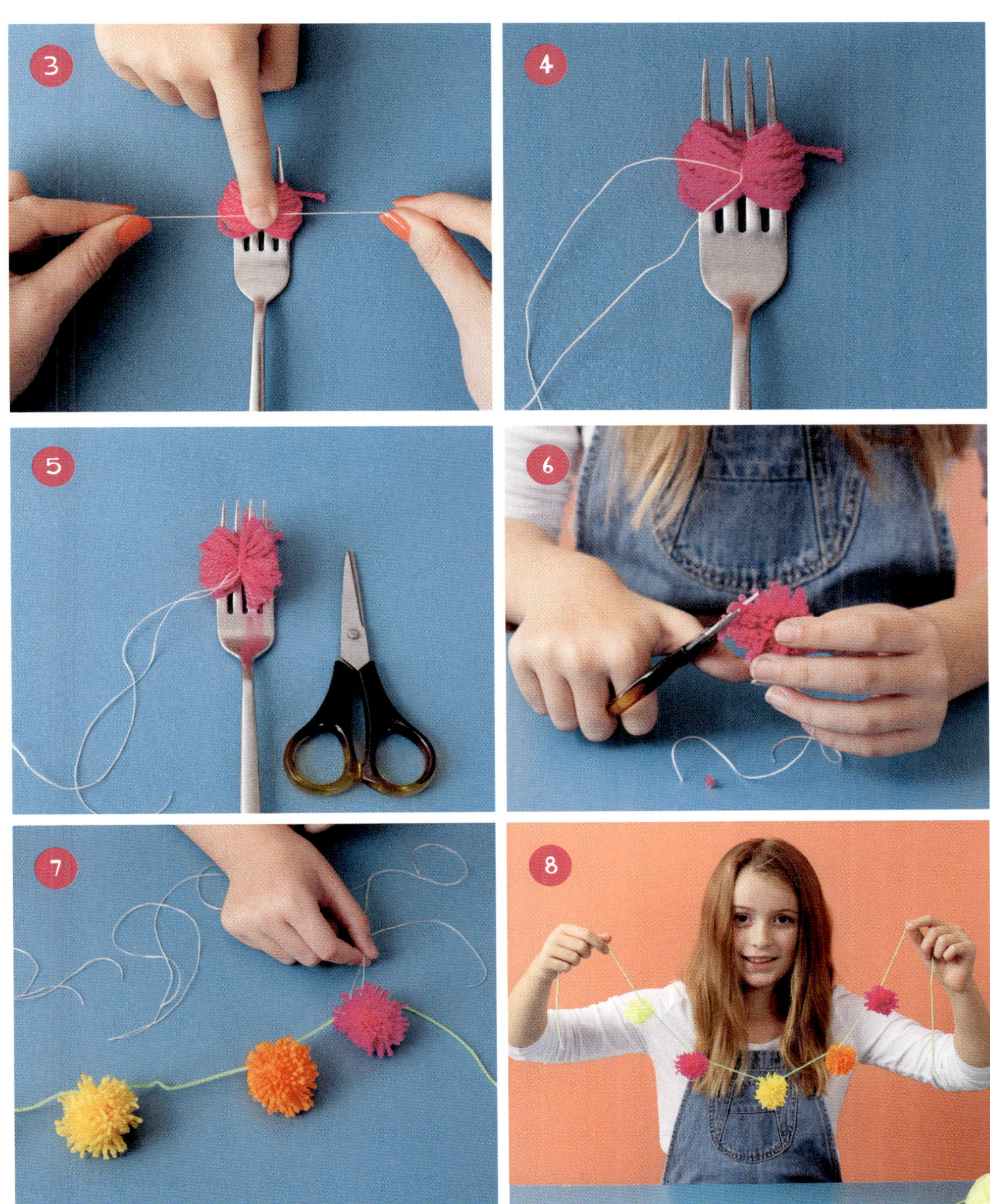
3
4
5
6
7
8

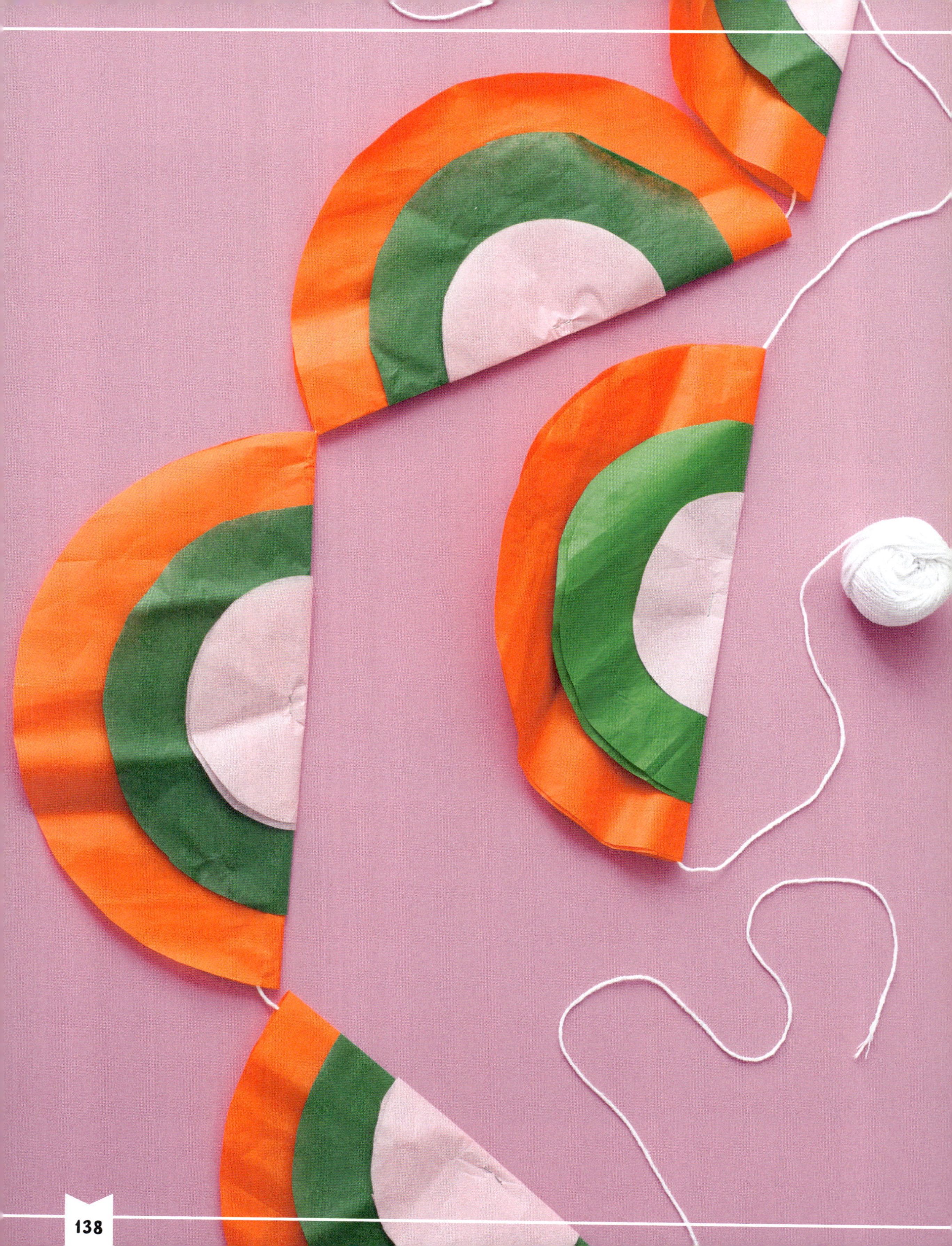

WIMPEL AUS PAPIERKREISEN

Normalerweise sind Wimpel dreieckig, aber warum nicht auch mal rund? Mit einem Teller als Schablone gehen diese hier superleicht.

Die Wimpel sind super für die Dekoration in einem bestimmten Farbschema. Oder du bastelst kleine Regenbogen.

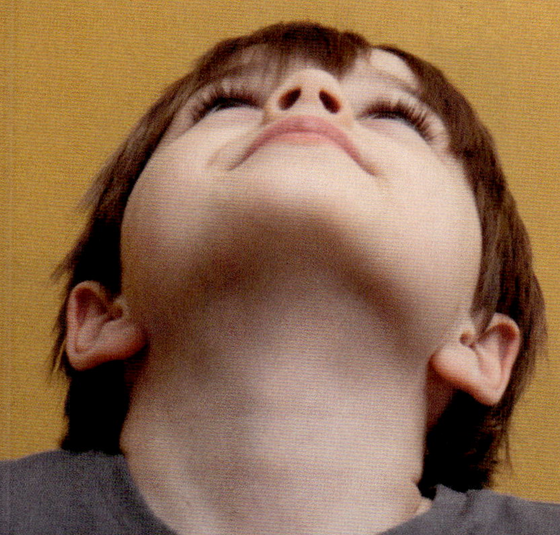

DU BRAUCHST

- Seidenpapier in 3 Farben
- 3 Größen Teller oder Schälchen als Schablone
- Schnur
- Bleistift
- Schere
- Bürohefter

ANLEITUNG

1 Wähle das Seidenpapier für den größten Kreis aus und lege den größten Teller darauf. Mit Bleistift die Konturen nachfahren.

2 Schneide den Kreis aus. Meistens schneide ich 4 Lagen Seidenpapier auf einmal aus. Das ist praktisch, wenn man viele Wimpel basteln möchte. Kleinere Kinder müssen sie vielleicht nacheinander ausschneiden.

3 Wähle die nächste Farbe aus und lege einen kleineren Teller darauf. Die Kontur nachfahren.

4 Nimm für die letzte Farbe den kleinsten Teller oder ein Schälchen und schneide die Kreise aus.

5 Lege die Kreise mittig aufeinander. Ich habe für jeden Wimpel zwei Schichten von jeder Farbe genommen.

6 Die aufeinandergelegten Kreise mittig falten, sodass sie wie ein Regenbogen aussehen.

7 Fädele eine Schnur durch den Falz und achte darauf, dass sie ganz dicht an der Faltstelle liegt.

8 Die Schichten in der Mitte des Halbkreises zusammentackern und darauf achten, dass die Schnur innen liegt. Dasselbe mit den anderen Halbkreisen wiederholen. Mach so viele Wimpel, wie du möchtest!

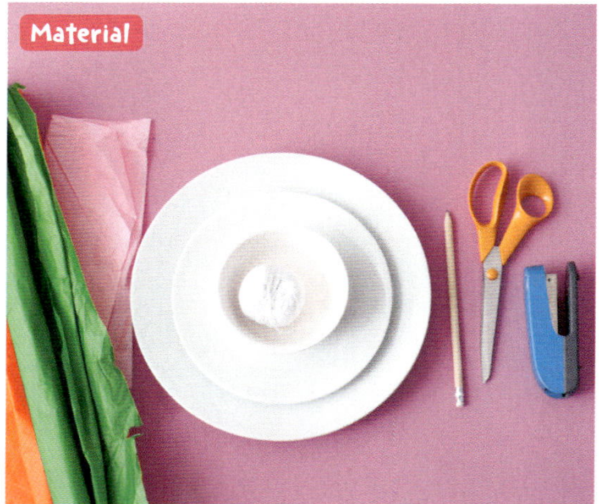

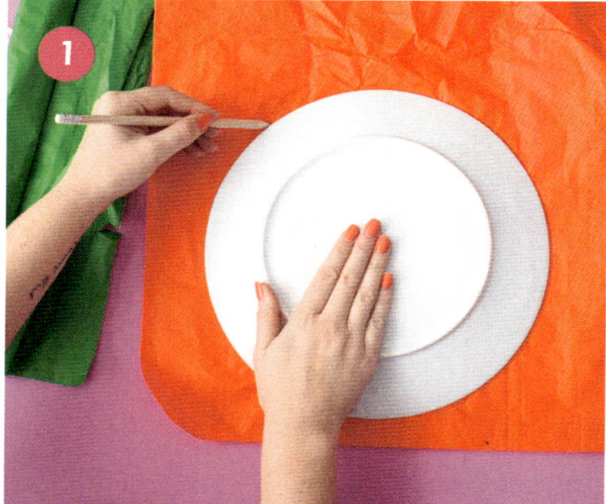

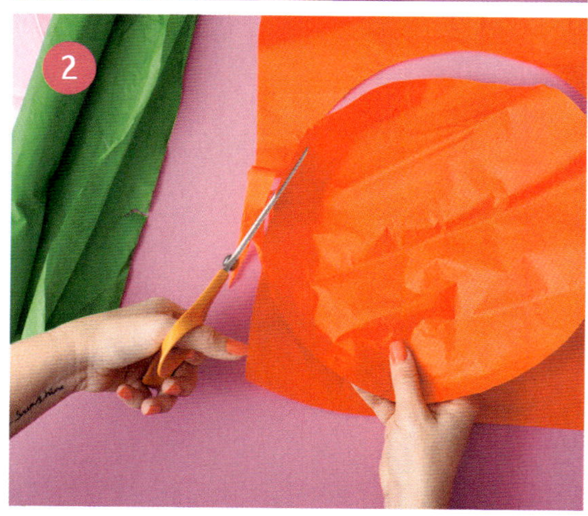

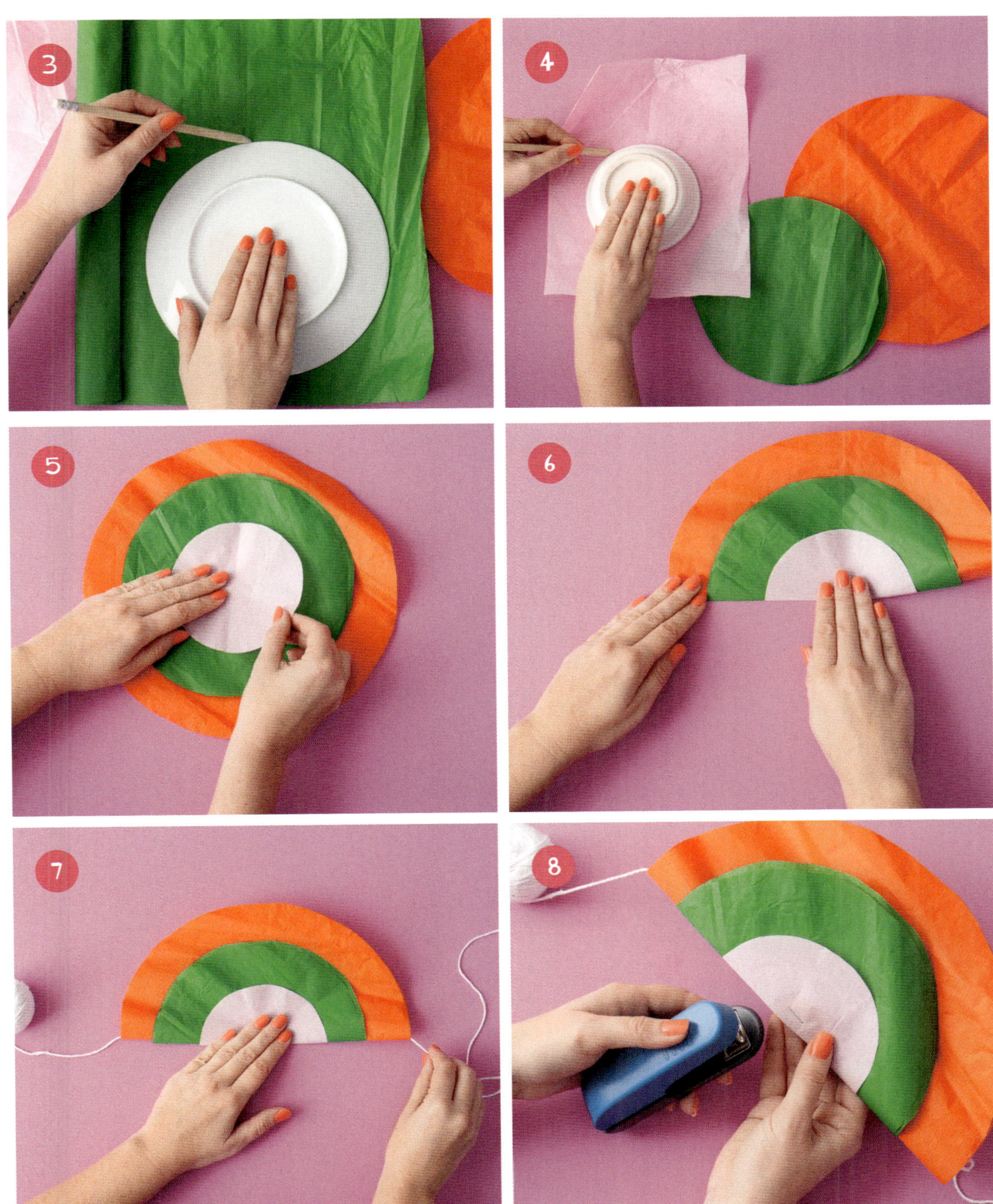
3
4
5
6
7
8

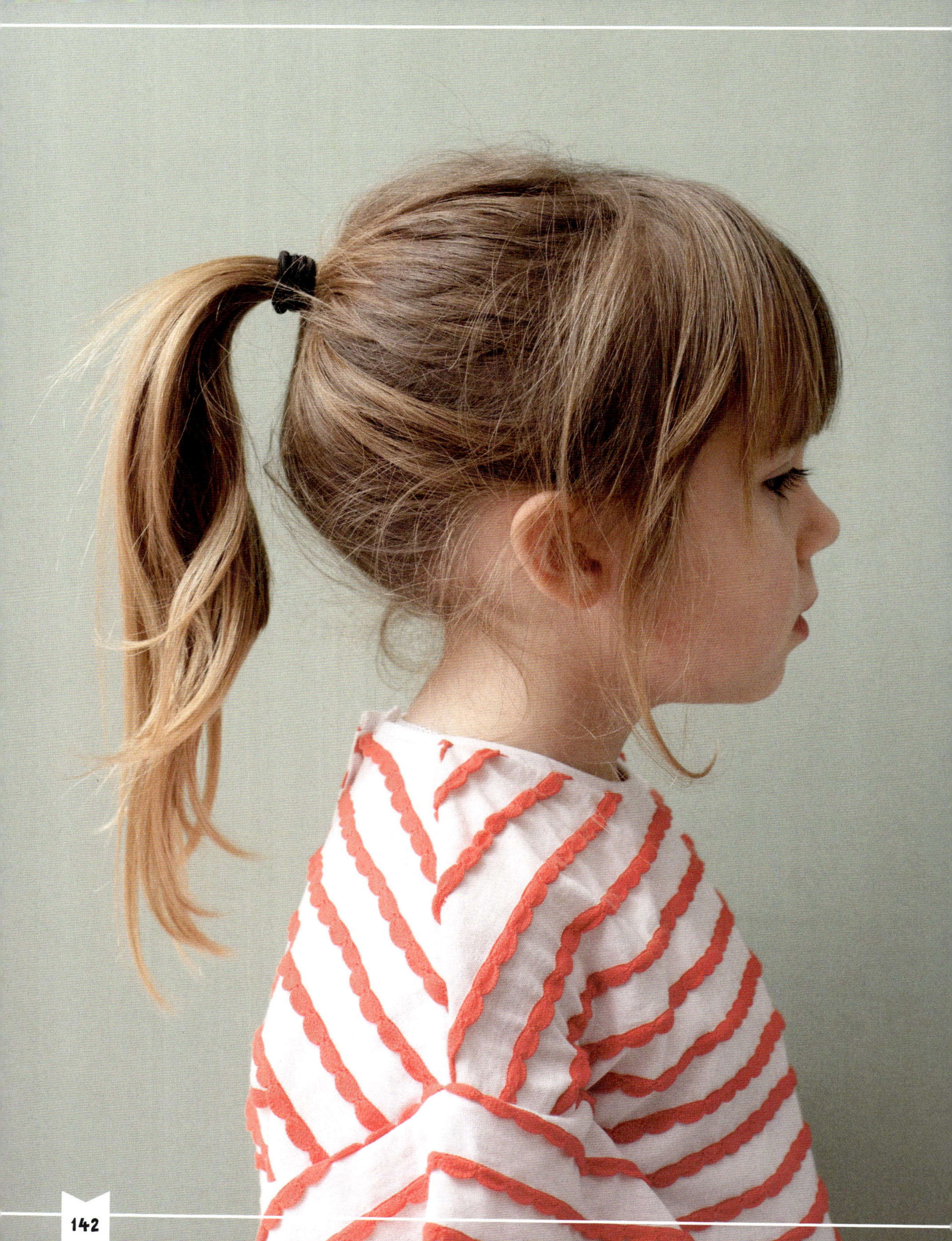

SCHERENSCHNITT

Wenn du geschickt mit der Schere umgehen kannst, sind diese Scherenschnitte eine tolle Möglichkeit, eine Momentaufnahme für die Zukunft festzuhalten.

Für einen Scherenschnitt brauchst du als Erstes ein Foto. Du kannst es mit dem Handy aufnehmen, musst aber darauf achten, dass der Hintergrund ganz leer ist. Halte die Kamera gerade. Das Motiv sollte ganz exakt im Profil zu sehen sein.

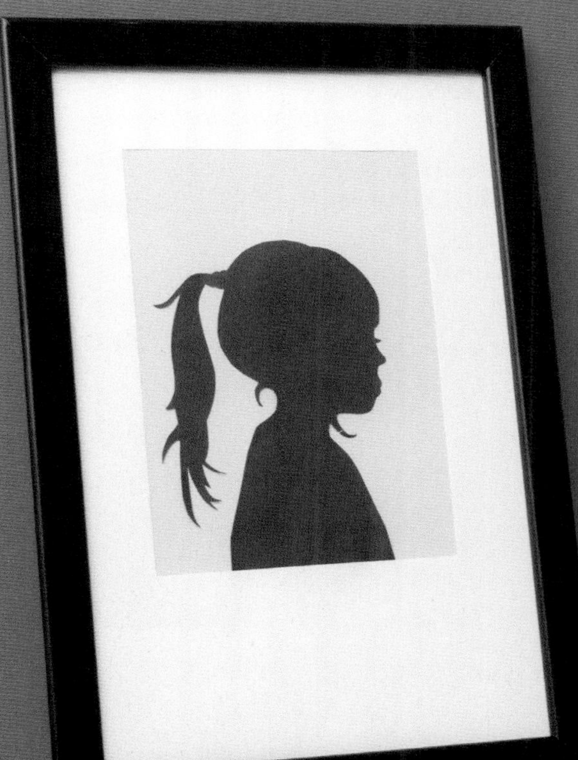

DU BRAUCHST

- **Foto auf Kopierpapier**
  kein Fotopapier, du musst etwas durchsehen können
- **Papier in Schwarz, A4**
  Papier lässt sich leichter ausschneiden als Fotokarton
- **Papier, A4 als Hintergrund**
- **Schere**
- **Bleistift**
- **Klebestift**
- **Bilderrahmen**

ANLEITUNG

1 Das ausgedruckte Foto umdrehen und die Rückseite mit dem Bleistift anmalen. Die ganze Silhouette sollte dunkel ausgemalt sein.

2 Lege das schwarze Papier unter den Ausdruck.

3 Die Konturen des Kopfes auf dem Foto mit Bleistift nachfahren, dabei fest aufdrücken. So überträgt sich der Bleistift von der Rückseite auf das schwarze Papier.

4 Jetzt sind die Konturen auf dem schwarzen Papier zu erkennen. Ziehe sie eventuell noch einmal nach, damit sie besser zu sehen sind.

5 Die Silhouette vorsichtig ausschneiden, auch kleine Haarsträhnen. Für ganz kleine Schnitte kannst du eine Nagelschere verwenden.

6 Bestreiche die Rückseite der Silhouette vorsichtig mit Kleber.

7 Auf das farbige Papier kleben und in den Bilderrahmen einsetzen.

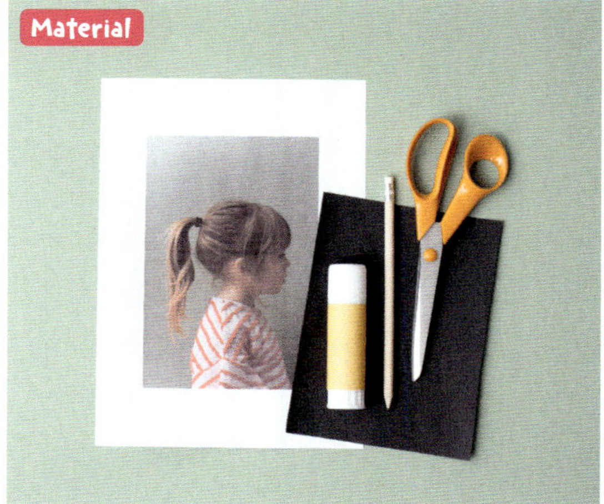

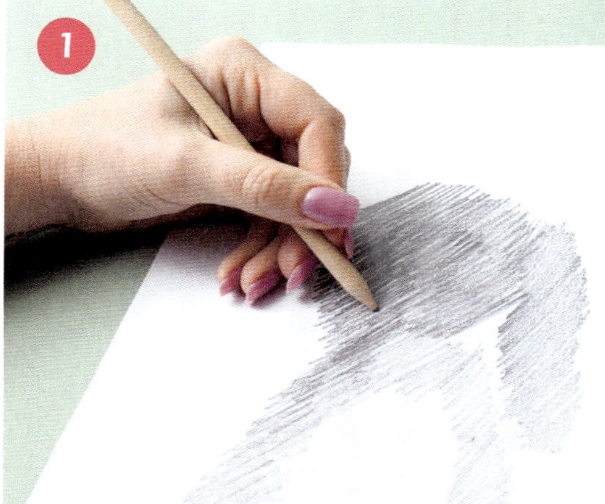

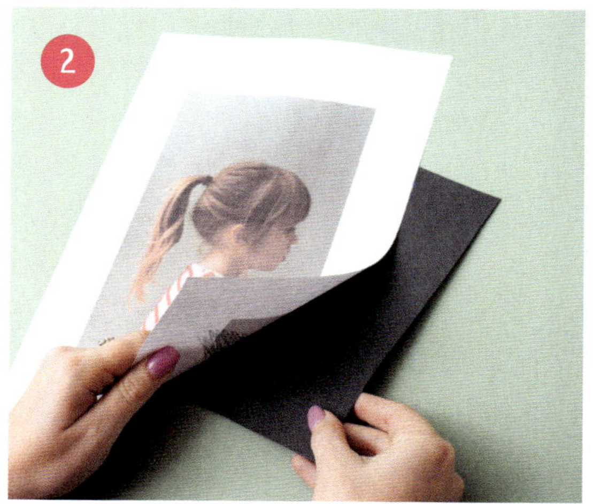

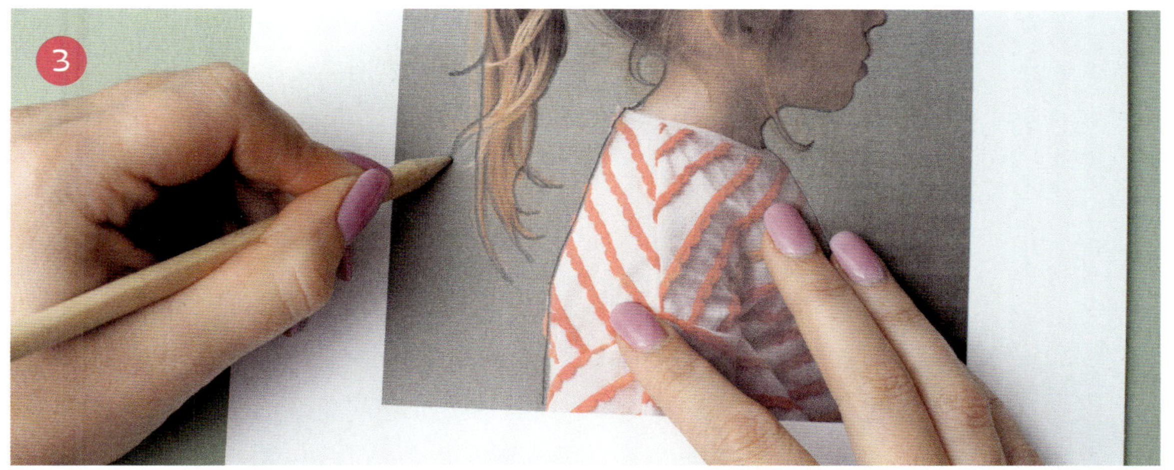
3
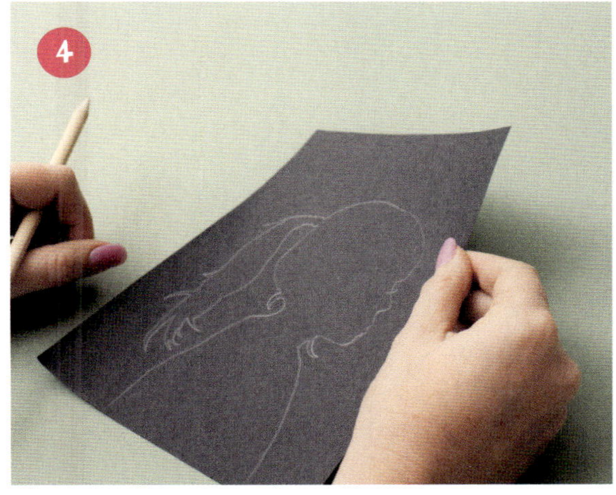
4
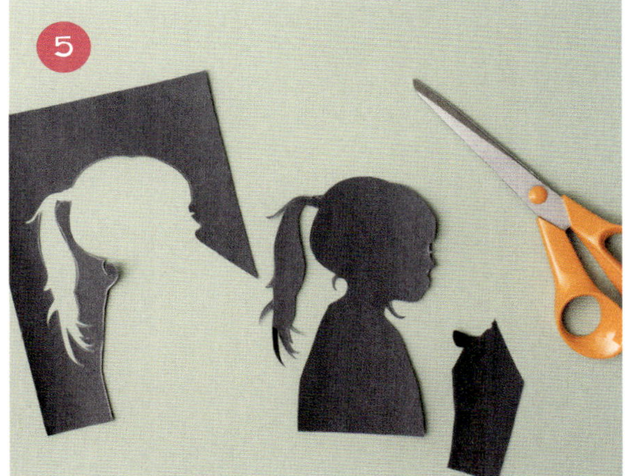
5
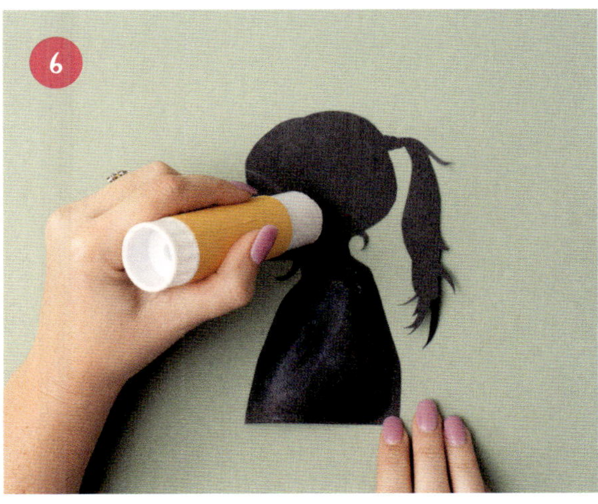
6
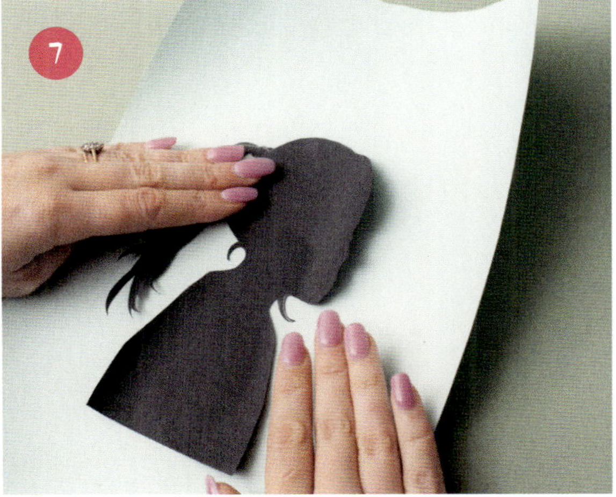
7

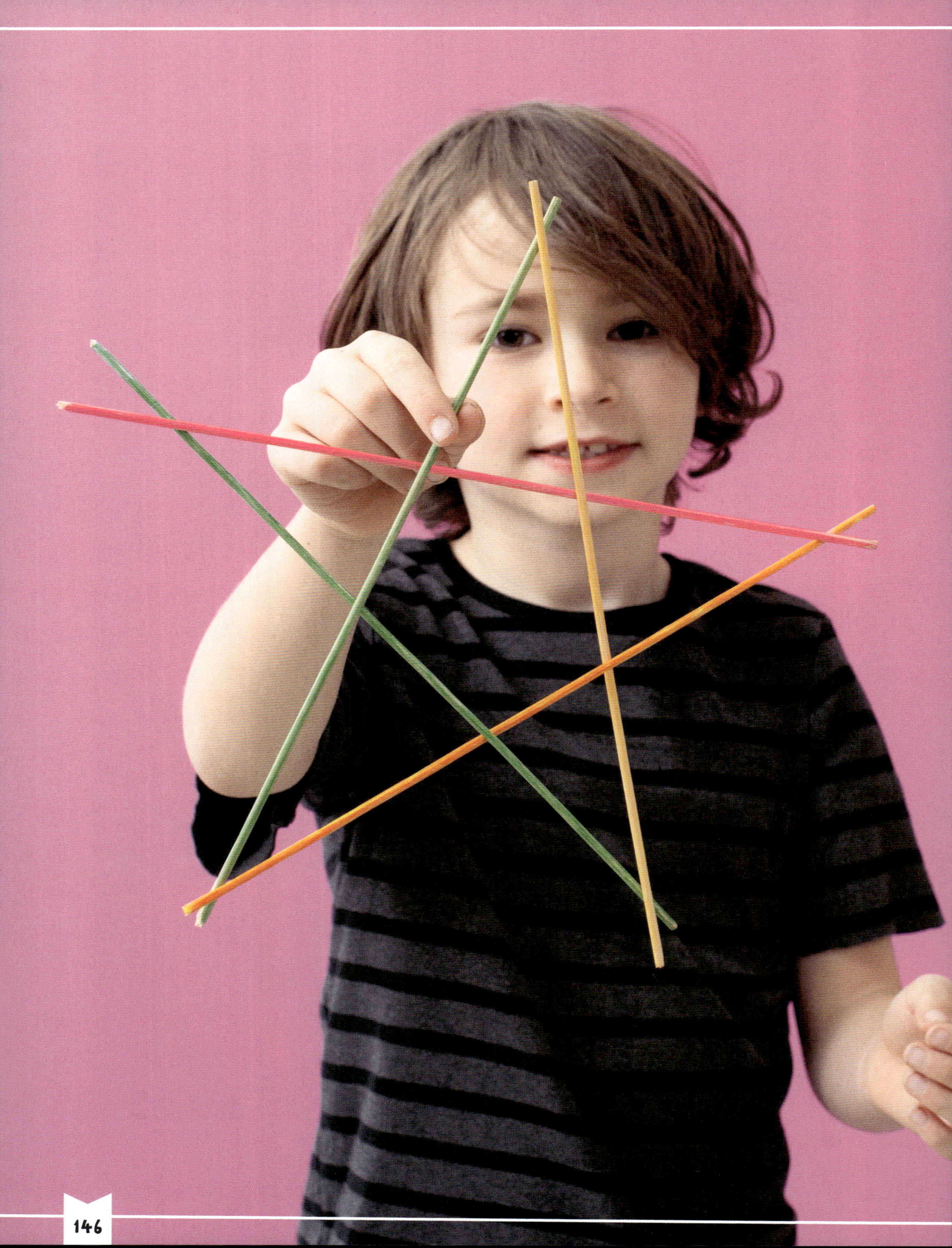

ZAUBERSTERN

Was macht diesen Stern so zauberhaft? Er hält ganz ohne Kleber oder Schnur zusammen. Mit der magischen Kombination kannst du die Stöckchen einfach zu einem Stern zusammenstecken.

Dabei kannst du viel über Konstruktion, Geometrie und Spannung lernen.

Wenn dein Stern fertig ist, kannst du noch ein paar Pompons (siehe Seite 134) oder Quasten (siehe Seite 114) daran anbringen und alles als bunte Dekoration aufhängen.

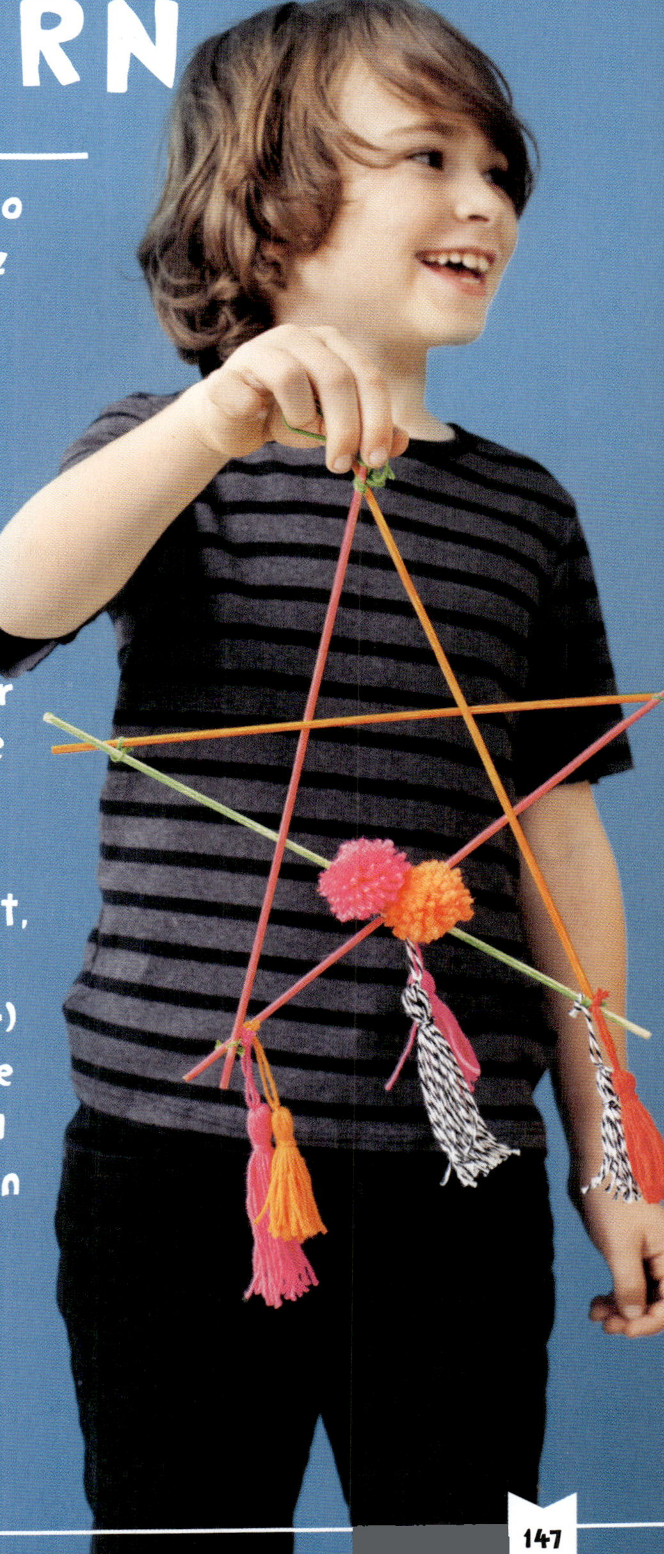

DU BRAUCHST

- 5 Schaschlikstäbchen
- Filzstifte
- Schere
- Schnur (optional)

ANLEITUNG

1 Schneide die spitzen Enden der Stäbchen ab.

2 Die Stäbchen mit Filzstiften bemalen.

3 Lege ein Stäbchen (gelb) quer hin.

4 Zwei weitere Stäbchen (grün) drauflegen, sodass sie ein A bilden. An der Spitze muss das rechte Stäbchen auf dem linken liegen.

5 Nimm noch ein Stäbchen (orange) hinzu. Dafür vorsichtig den unteren Abschnitt des linken grünen Stäbchens wie auf dem Foto anheben und das orange drunter schieben. Hebe dann vorsichtig die rechte Seite des gelben Stäbchens an und schiebe das Ende des orangen Stäbchens drunter.

6 Jetzt wird es etwas kniffelig. Das letzte (rosa) Stäbchen wie gezeigt auf die anderen Spieße legen. Halte den Stern gut fest und schiebe das untere Ende des rosa Stäbchens unter das untere Ende des rechten grünen Stäbchens. Dann das obere Ende des rosa Stäbchens unter die linke Seite des gelben Stäbchens schieben. Jetzt müsste das Stäbchen halten.

7 Schiebe nun die Spitzen so zurecht, dass die Stäbchen hinter den Kreuzungsstellen noch so lang sind, dass sie nicht auseinanderrutschen.

8 Jetzt kannst du den Zauberstern hochheben!

Wenn du den Stern aufhängen möchtest, umwickele die gekreuzten Spitzen mit Schnur, damit er nicht auseinanderfällt.

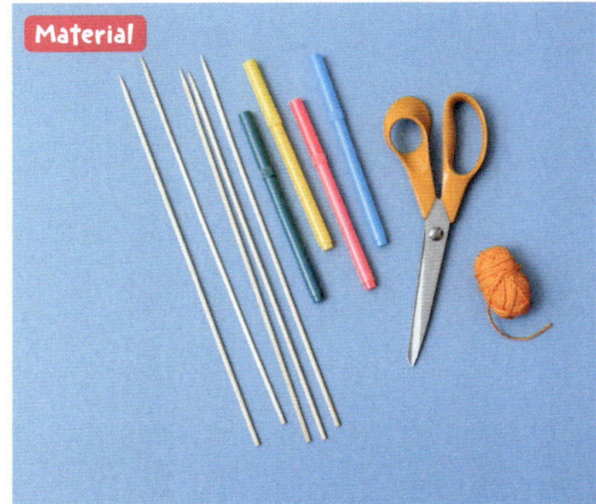
Material

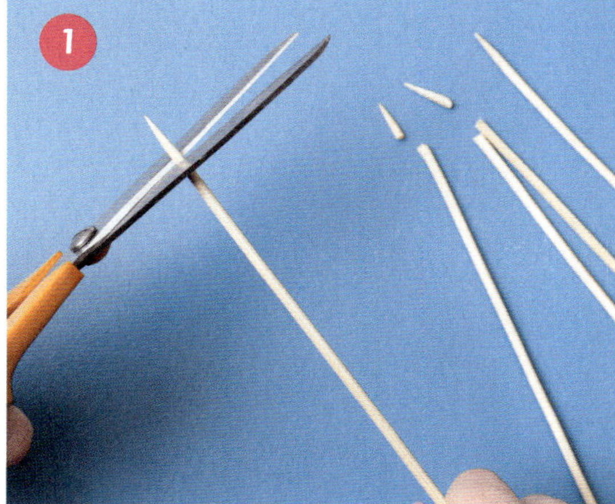
1

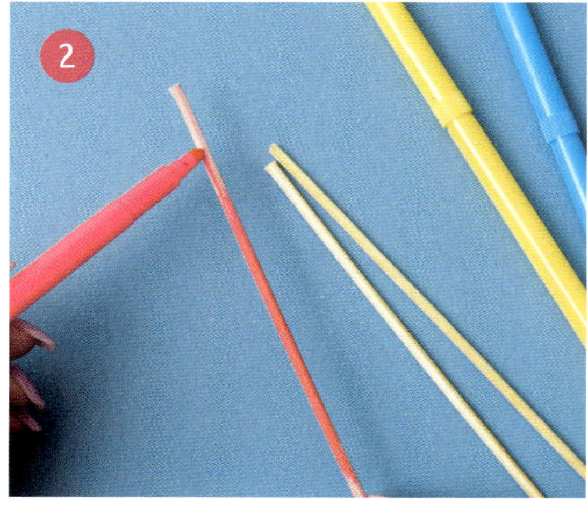
2

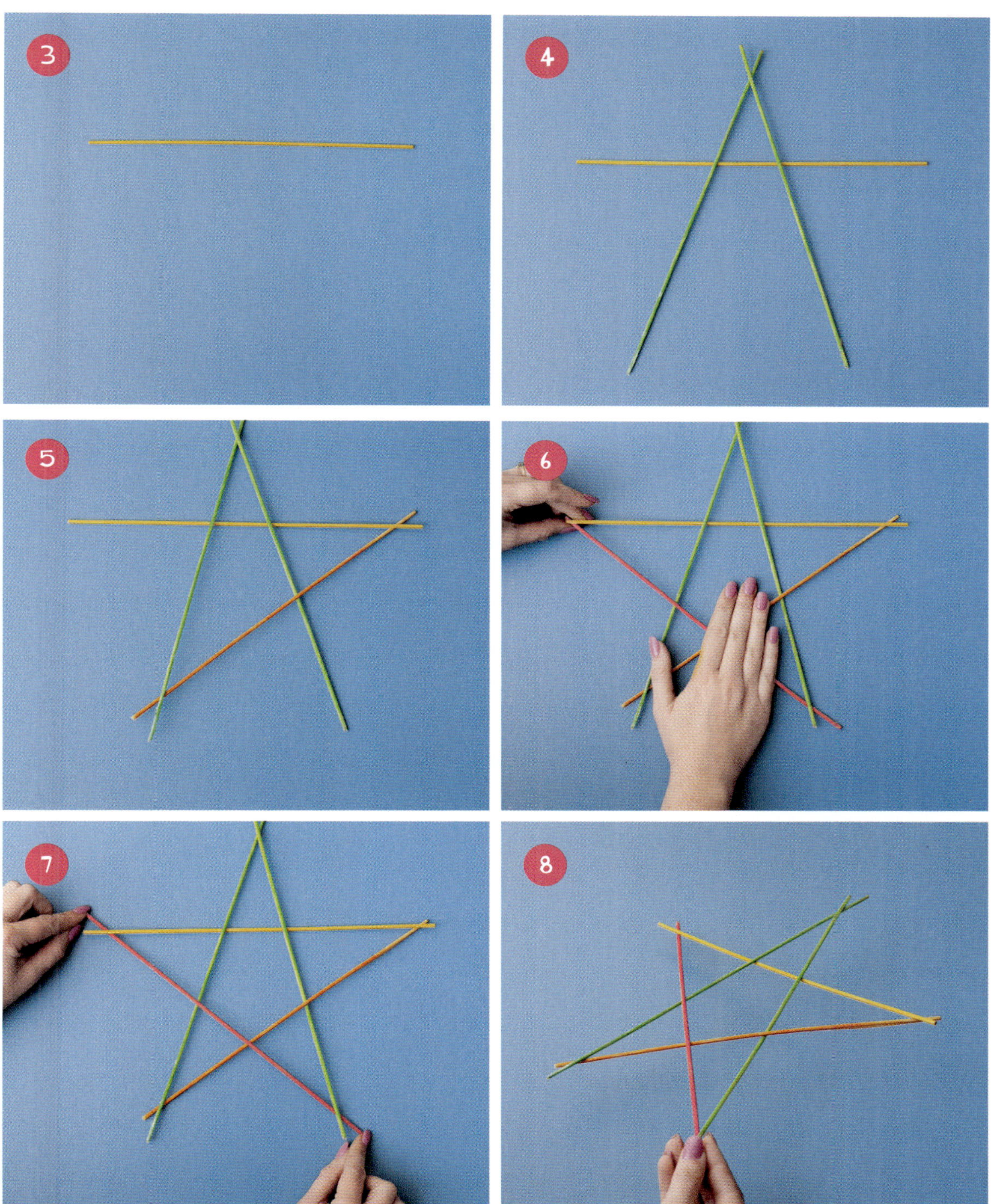
3
4
5
6
7
8

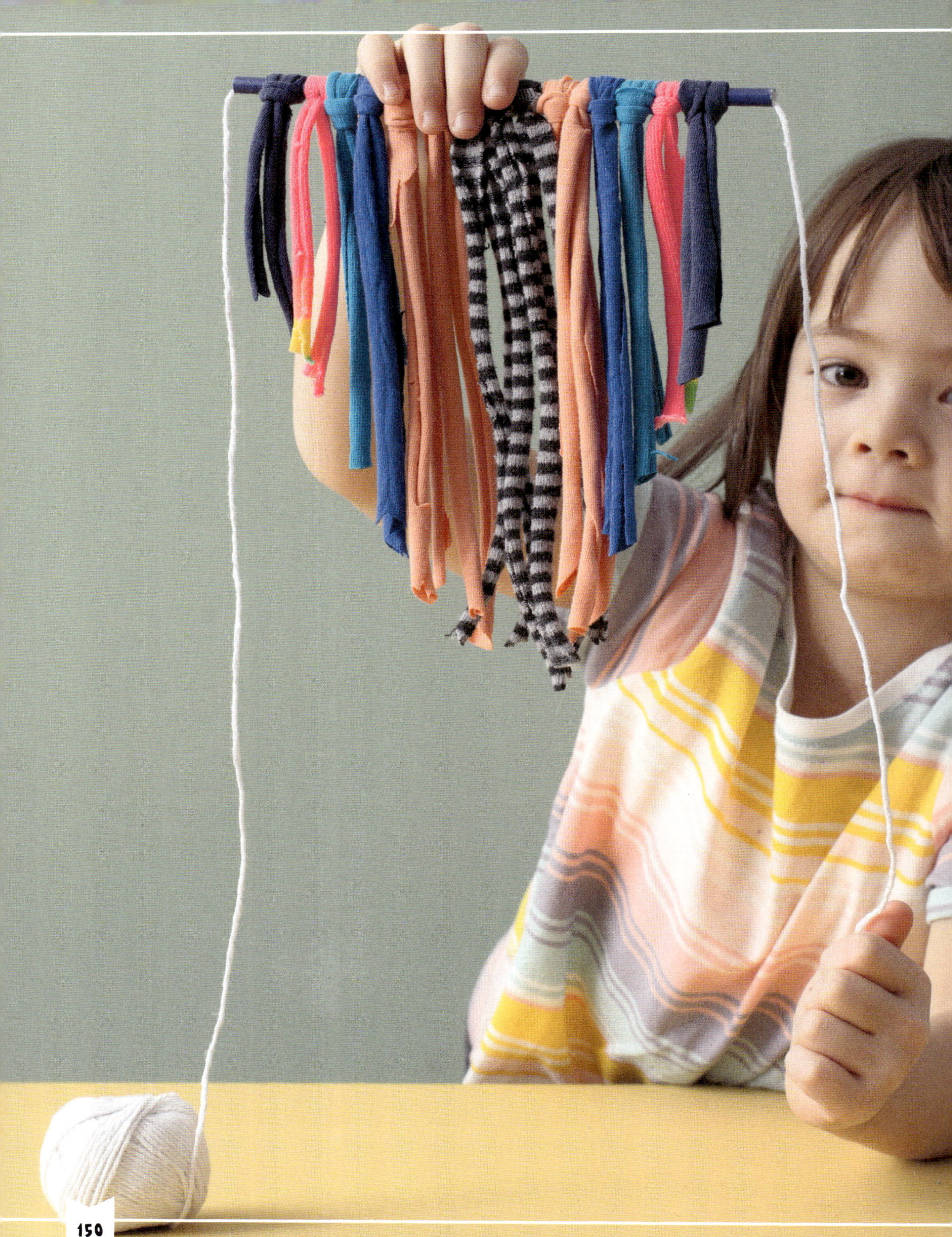

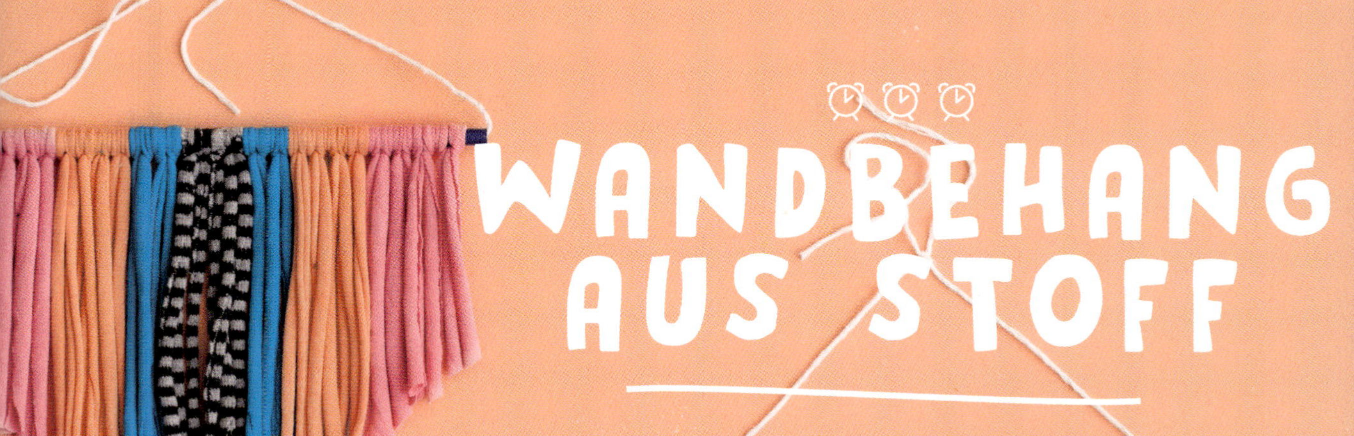

WANDBEHANG AUS STOFF

Aus alten T-Shirts, Strumpfhosen oder Leggings kannst du ganz leicht einen hübschen Wandbehang machen.

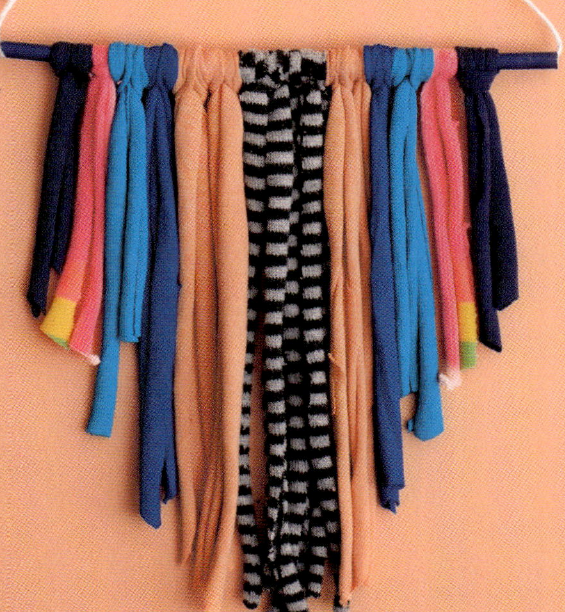

Jerseystoff ist perfekt für das Projekt, denn er rollt sich zu kleinen Röhrchen auf, wenn du ihn in Streifen schneidest.

DU BRAUCHST

- Alte T-Shirts, Strumpfhosen oder Leggings
- Strohhalm
- Malerkrepp
- Schnur
- Schere

ANLEITUNG

1 Schneide von dem Stoff einige 1,5 cm breite Streifen ab. Es macht nichts, wenn sie ungleichmäßig werden, aber sie sollten so lang wie möglich sein. Diese Streifen werden doppelt genommen. Das heißt, dass sie später an der Wand nur noch halb so lang sind wie jetzt.

2 Die Streifen auseinanderziehen, damit sie sich an den Seiten einrollen.

3 Ordne die Streifen in einem symmetrischen Muster an. Auf jede Seite gleich viele Streifen von jeder Farbe und die längsten Streifen in die Mitte legen.

4 Klebe etwas Malerkrepp auf ein Ende des Strohhalms, damit die Stoffstreifen dir beim Knüpfen nicht herunterrutschen.

5 Den ersten Stoffstreifen mittig falten und wie auf dem Foto in einer Schlaufe um den Strohhalm legen. Nun hängen zwei gleich lange Streifen daran herunter. Streifen für Streifen wiederholen.

6 Schneide die Streifen vorsichtig in Pfeilform. Das geht einfacher, wenn du den Wandbehang dafür flach auf den Tisch legst.

7 Das Malerkrepp vorsichtig vom Strohhalm ablösen. Fädele die Schnur durch den Strohhalm.

8 Die Schnurenden miteinander verknoten und den Wandbehang aufhängen.

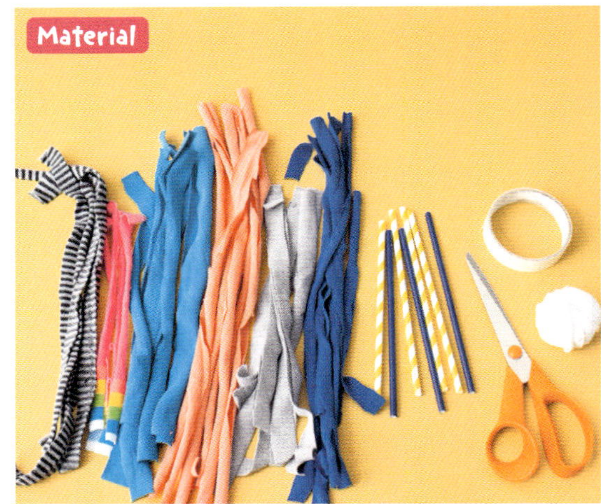
Material

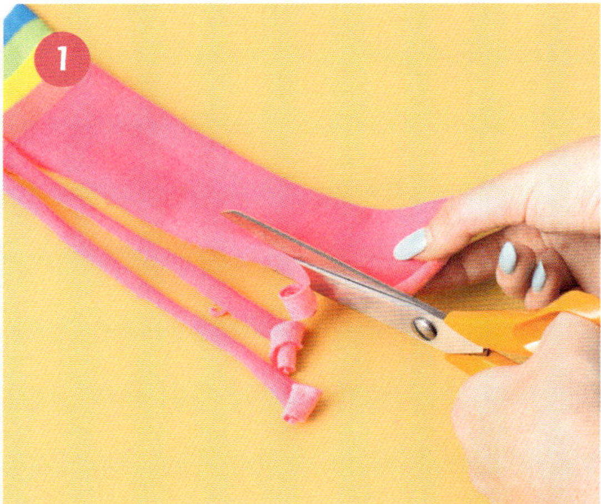
1

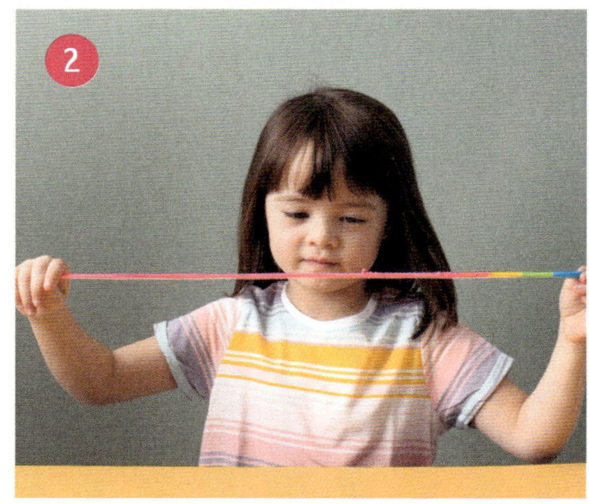
2

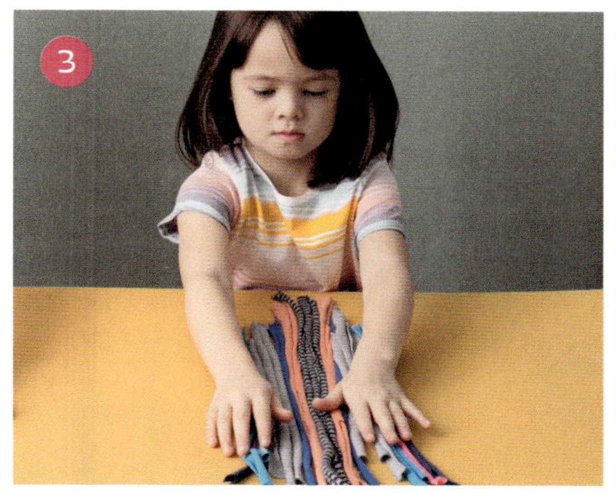
3

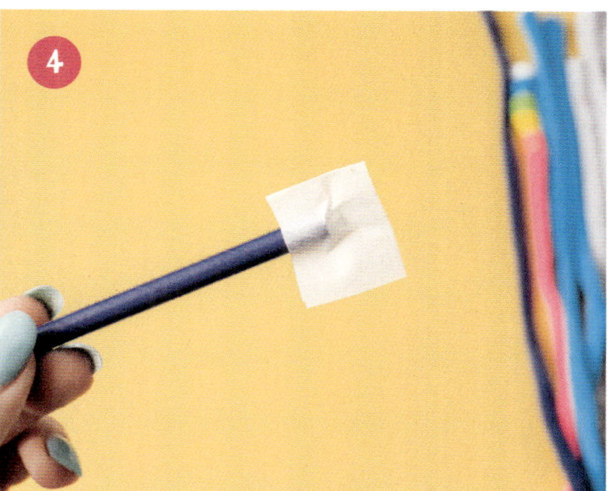
4

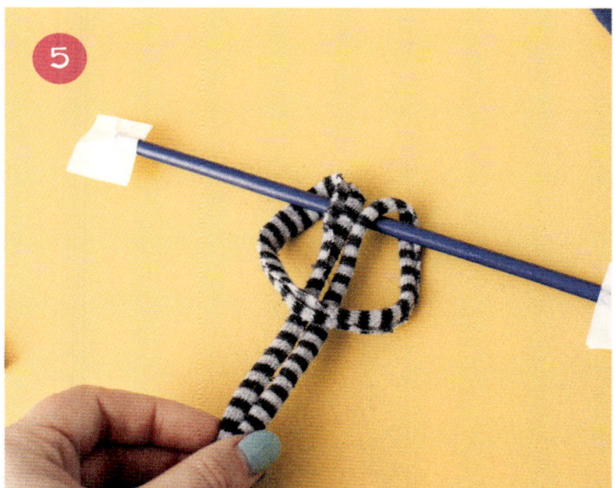
5

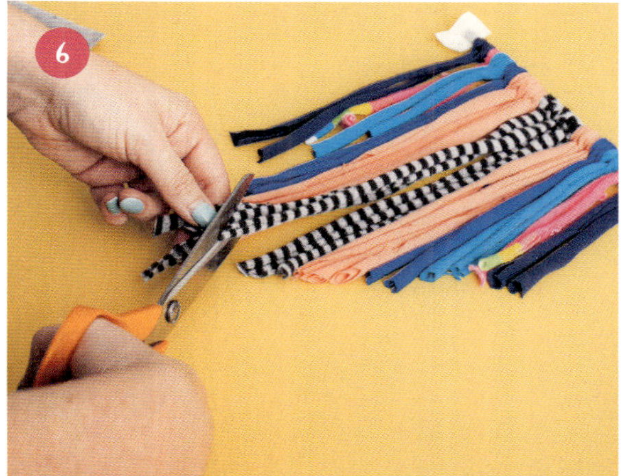
6

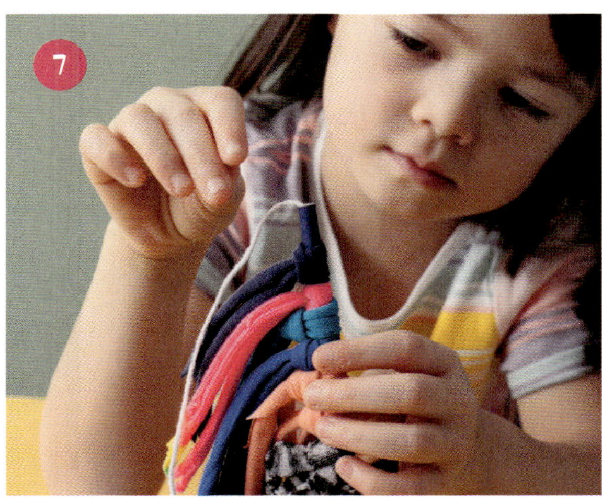
7

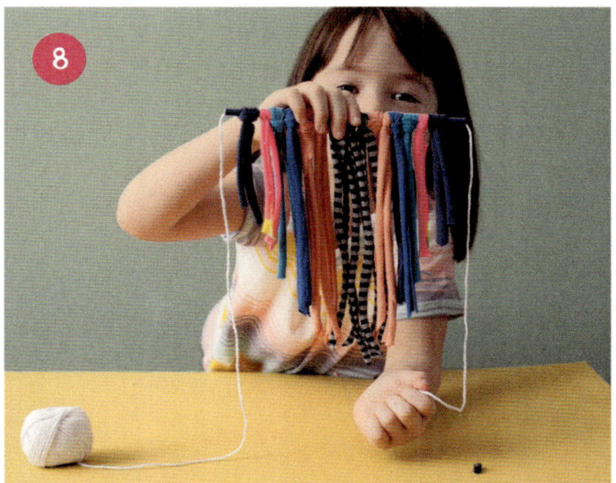
8

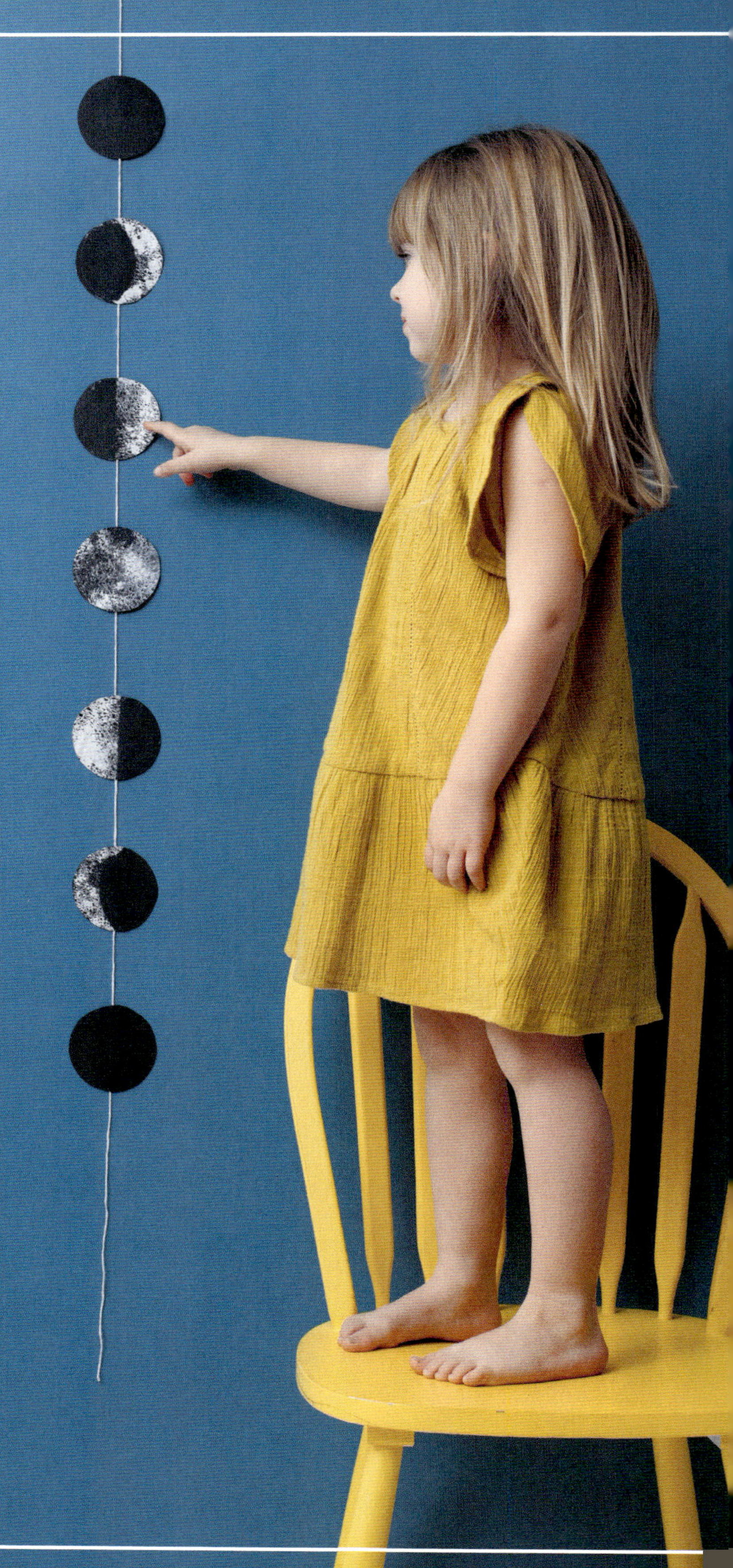

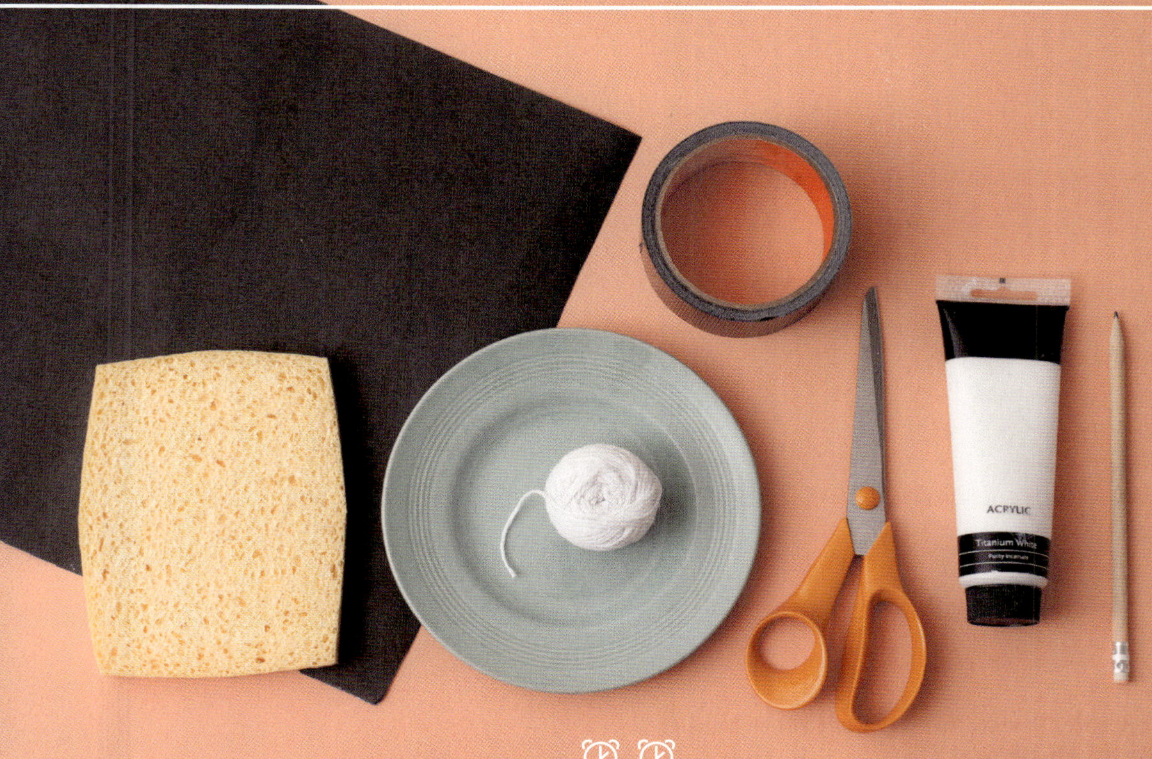

MONDPHASEN-GIRLANDE

Hast du schon bemerkt, dass das Material eines Schwamms ein wenig wie die Mondoberfläche aussieht? Du kannst damit eine Girlande anfertigen, die die verschiedenen Mondphasen darstellt.

Für die Mondphasen brauchst du sieben Kreise, aber am besten druckst du ein paar mehr, damit du dir die schönsten für die Girlande aussuchen kannst.

DU BRAUCHST

- Tonpapier in Schwarz
- Schwamm mit grober Struktur
- Schnur
- Acrylfarbe in Weiß
- Bleistift
- Schere
- Gewebeband oder Malerkrepp
- Teller

ANLEITUNG

1 Zeichne mithilfe einer Klebebandrolle sieben Bleistiftkreise auf das schwarze Papier.

2 Auf den Schwamm ebenfalls einen Kreis zeichnen und ausschneiden.

3 Gib etwas weiße Farbe auf einen Teller und tupfe mit dem Schwamm darauf herum, bis er gleichmäßig mit Farbe bedeckt ist. Drücke nun den Schwamm vorsichtig auf einen der Papierkreise für den Vollmond.

4 Den Schwamm nun in der Mitte durchschneiden.

5 Tupfe den halbierten Schwamm in die Farbe und drucke zwei Halbmonde auf die Kreise.

6 Nun die schmalere Form einer Mondsichel aus dem Schwamm ausschneiden.

7 Drucke die Sichel auf die Papierkreise. Du brauchst auch davon zwei.

8 Alle Monde ausschneiden, auch die unbedruckten, schwarzen. Das sind die Neumonde. Die Monde wie gezeigt anordnen.

9 Zum Schluss befestige die Schnur mit Klebeband auf der Rückseite der Monde. Ich habe sie in einer vertikalen Girlande angeordnet, aber du kannst sie auch horizontal anbringen. Hänge sie dann an eine Wand.

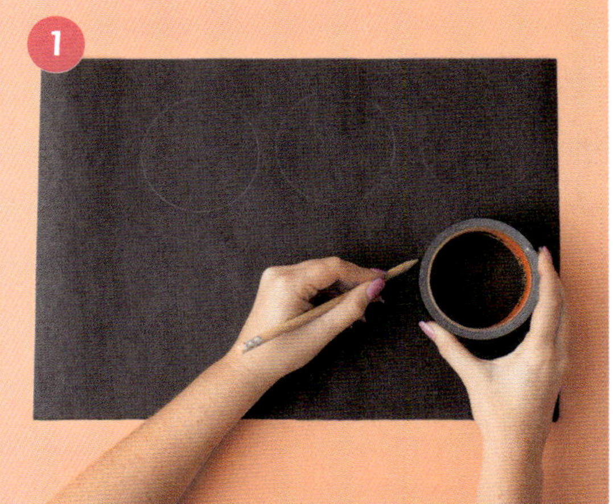

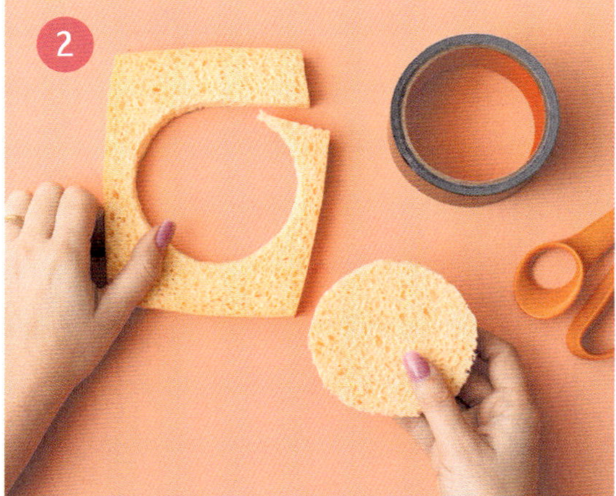

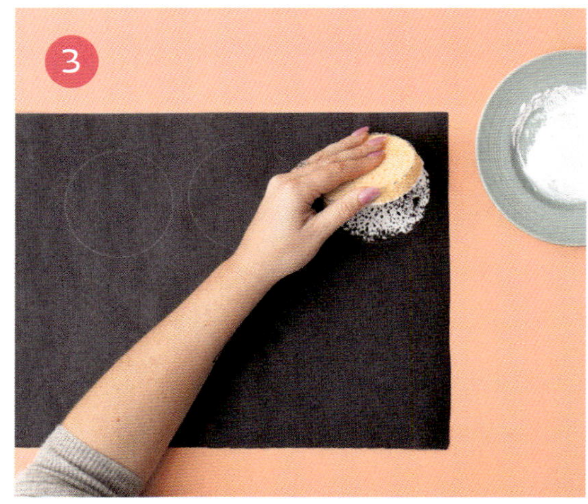

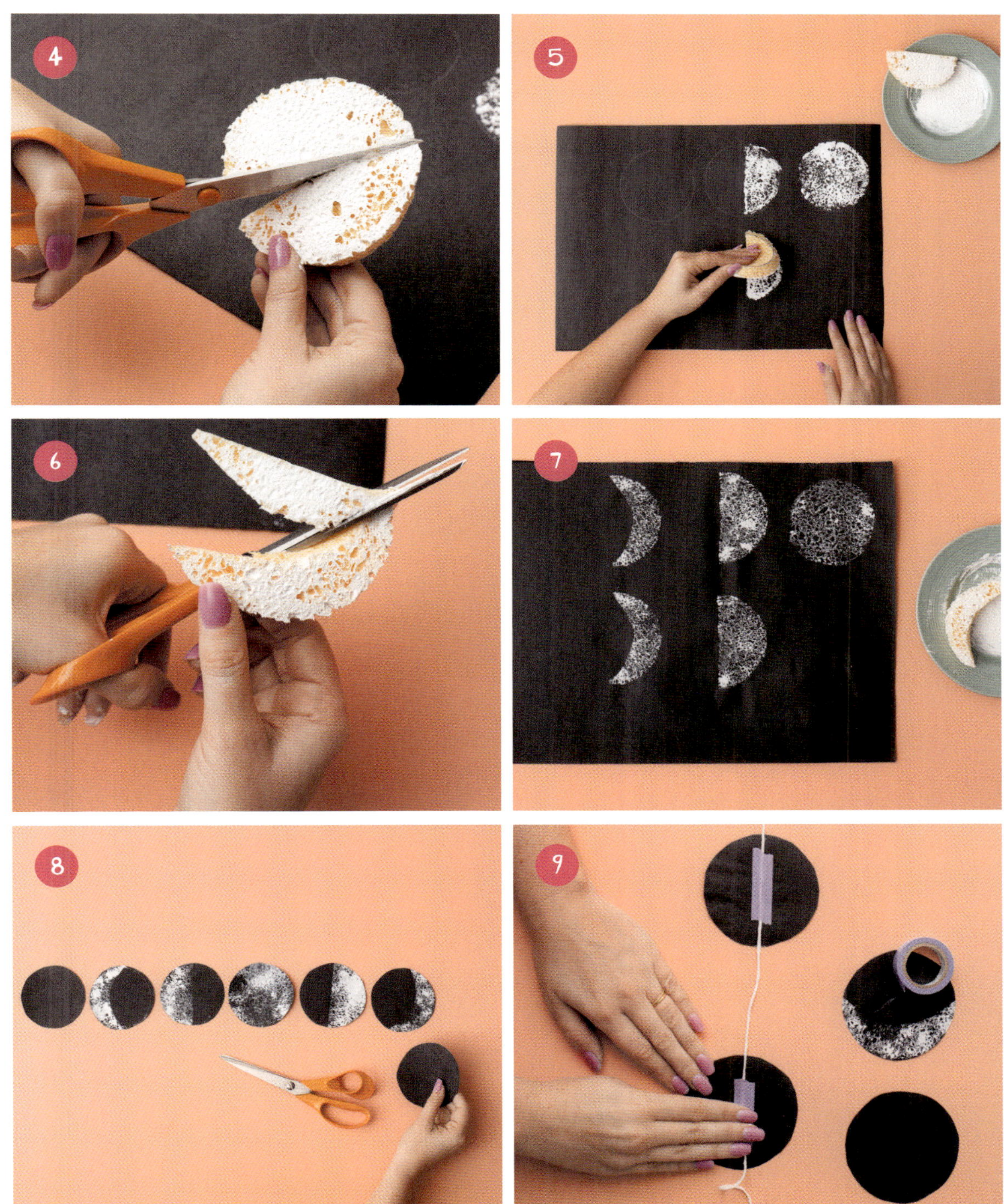
4
5
6
7
8
9

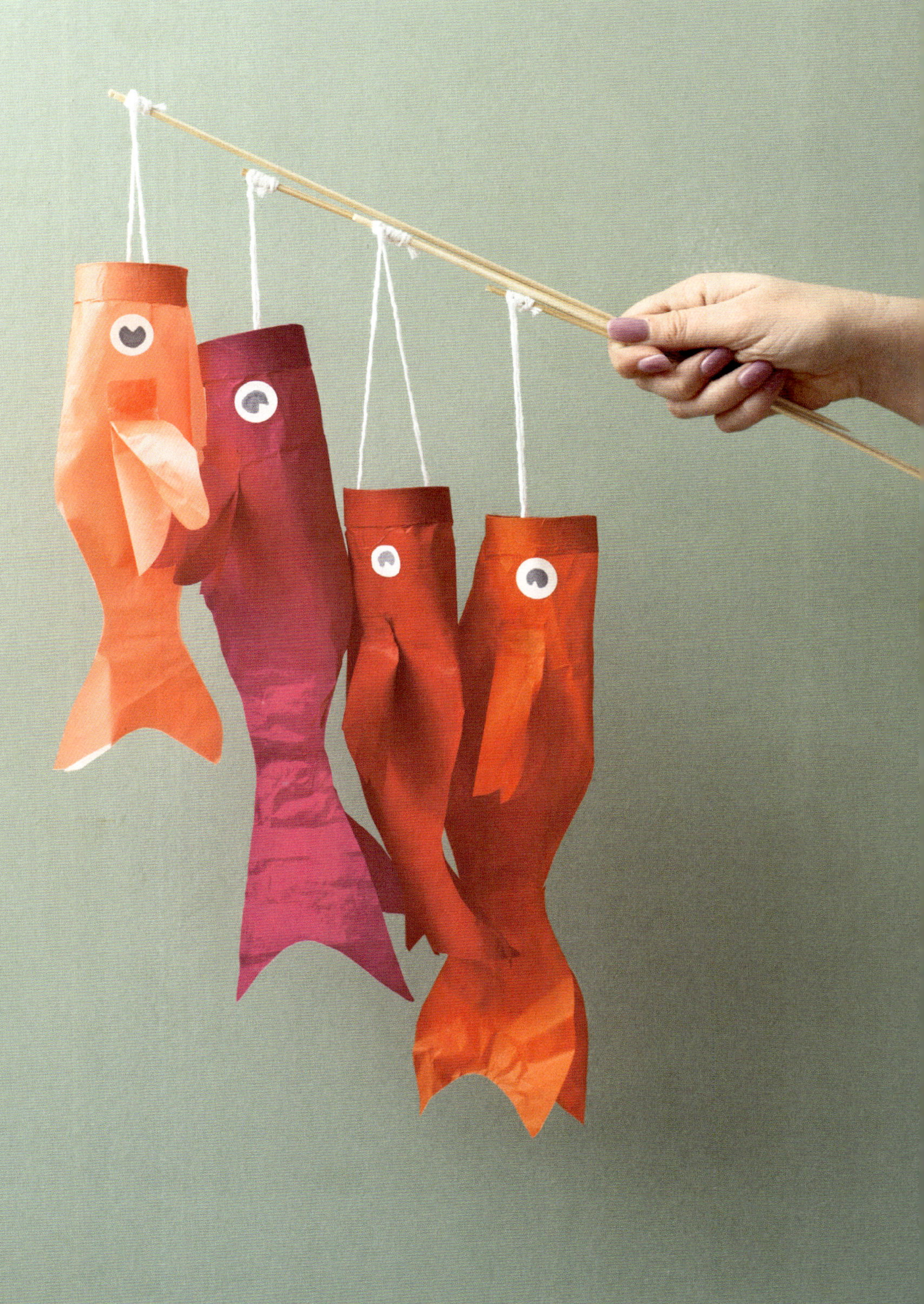

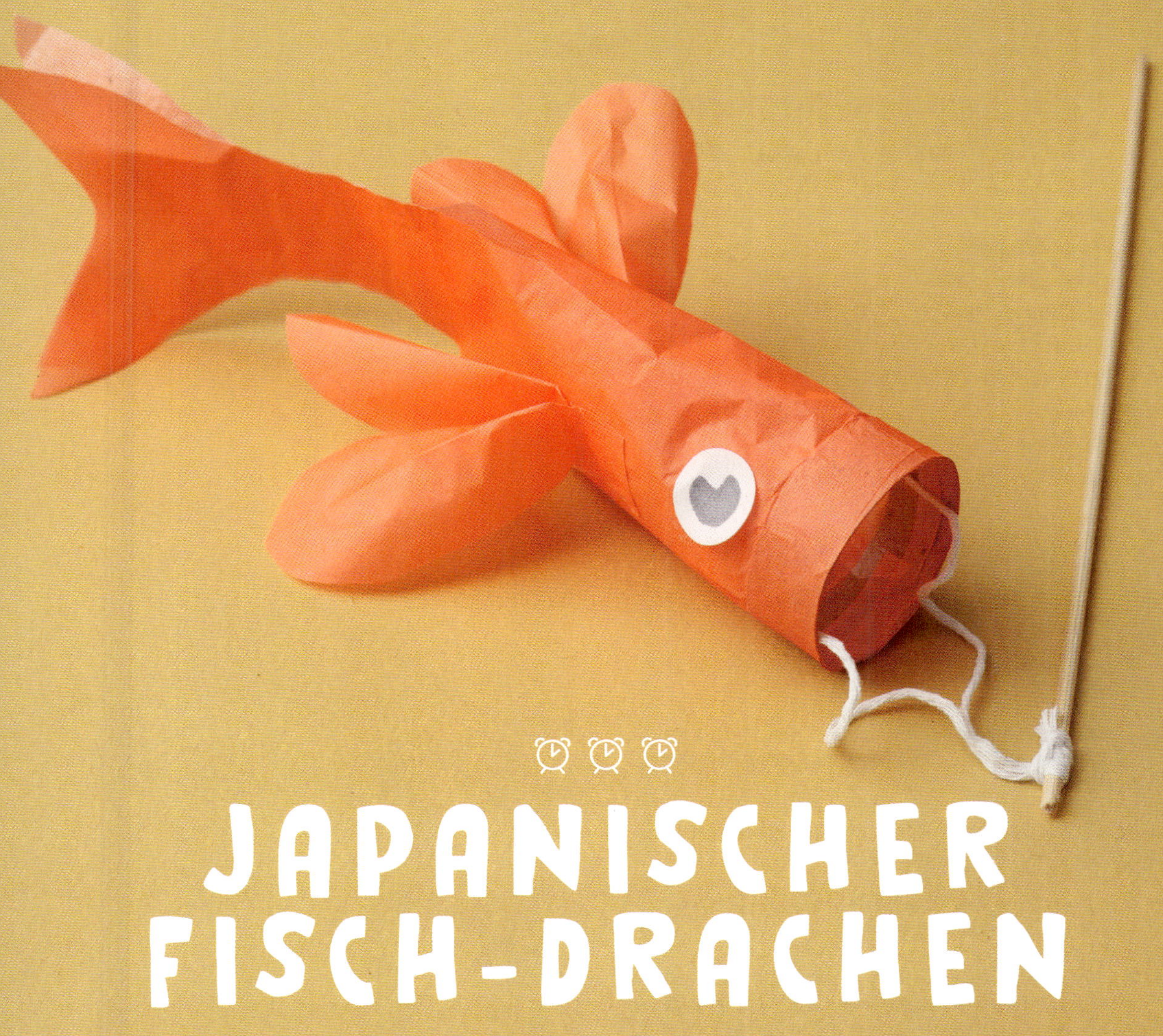

JAPANISCHER FISCH-DRACHEN

Dies ist meine Version eines Koinobori. Mit diesen traditionellen Drachen feiert man in Japan den Kindertag am 5. Mai. Sie werden nach draußen gehängt, damit sie fröhlich im Wind flattern.

Dieses Projekt ist eher aufwendig. Ideal für einen Regentag, wenn man etwas mehr Zeit hat.

DU BRAUCHST

- Seidenpapier
- Klopapierrollen
- Klebepunkte in Weiß
- Schaschlikstäbchen
- Klebestift
- Permanentmarker in Schwarz
- Schere
- Klebeband
- Schnur

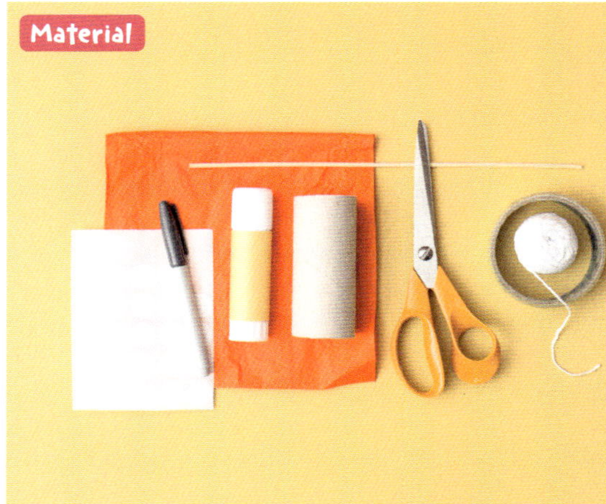

Material

ANLEITUNG

1 Von der Klopapierrolle einen etwa 1 cm breiten Ring abschneiden.

2 Schneide ein Stück Seidenpapier in den Maßen von 18 x 25 cm zu. Eine der kürzeren Kanten mit Kleber bestreichen.

3 Wickle das Papier um den Ring. Lass dabei unten etwa 1,5 cm Seidenpapier überstehen.

4 Den überstehenden Rand nach innen in den Ring falten und im Pappring festkleben.

5 Drücke den Fischkörper flach, sodass zwei Schichten Seidenpapier aufeinander liegen, mit einer gefalteten Kante oben und einer offenen Kante unten.

6 Als nächstes die Fischform ausschneiden: Beginne am Ende der Schwanzflosse. Dann die Körperform ausschneiden. Du kannst die Form zuerst mit Bleistift aufzeichnen.

7 Bestreiche die inneren Kanten des Seidenpapiers mit Kleber und drücke sie aufeinander.

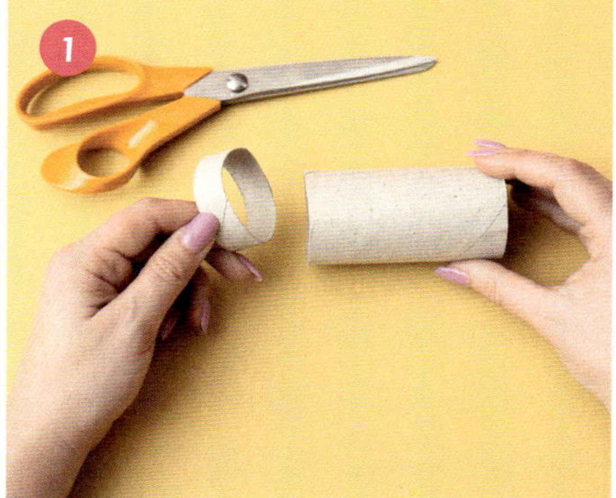

1

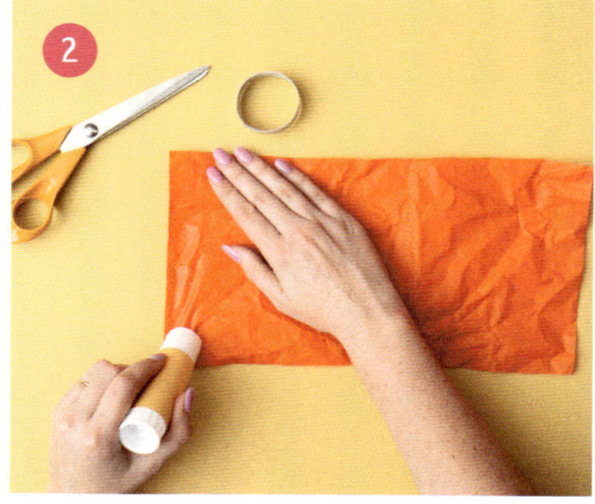

2

Weiter geht's auf Seite 162.

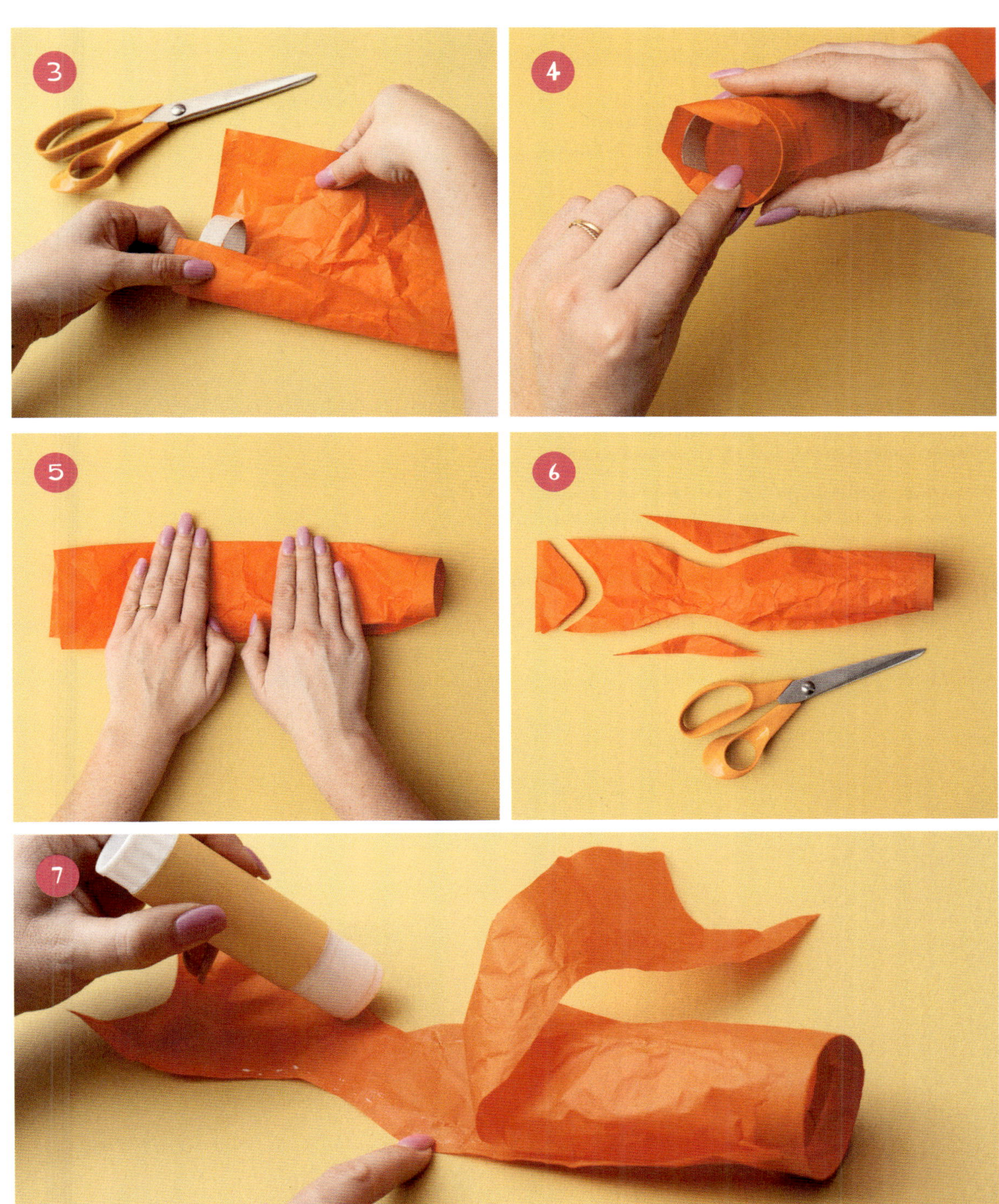
3
4
5
6
7

8 Für die Flossen aus Seidenpapier zwei 10 x 10 cm große Quadrate ausschneiden. Falte sie, wie gezeigt, wie zwei kleine Ziehharmonikas.

9 Eine Ecke der Ziehharmonika mit der Schere abrunden, sodass eine gerundete Form entsteht, wenn die Falten geöffnet werden.

10 Bestreiche die geraden Kanten der Flossen mit Kleber.

11 Diese Kanten zusammendrücken, sodass die Flossen aufspringen.

12 Klebe die Flossen seitlich an den Fisch.

13 Für die Augen Pupillen auf die weißen Klebepunkte malen – oder ein Stück weißes Papier kreisförmig zuschneiden und eine Pupille aufmalen. Mir gefallen diese simplen Augen, weil sie so grafisch aussehen.

14 Schneide zwei Schnüre auf eine Länge von jeweils etwa 15 cm zu. Auf beiden Seiten des Mauls mit Klebeband in den Pappring kleben.

15 Den Fisch an den Spieß binden. Ich habe ihn mehrmals fest verknotet. Jetzt bastele so viele Fische, wie du möchtest, und lass sie im Wind flattern!

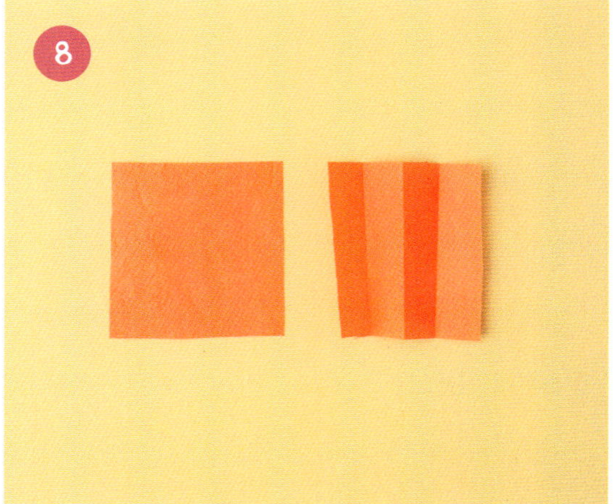

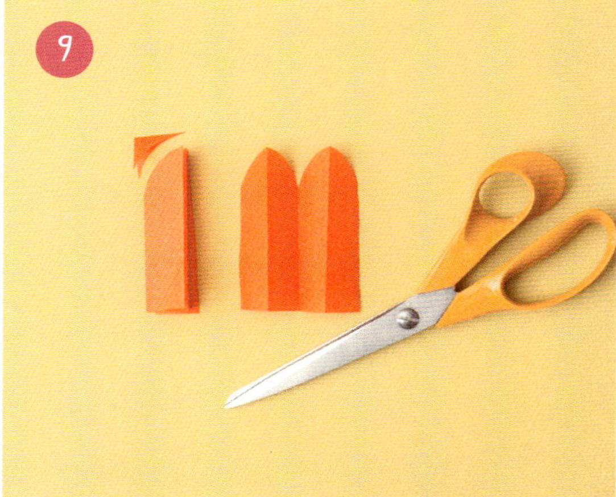

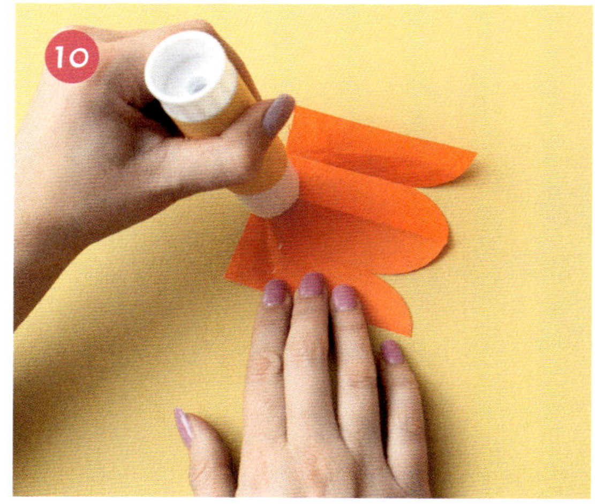

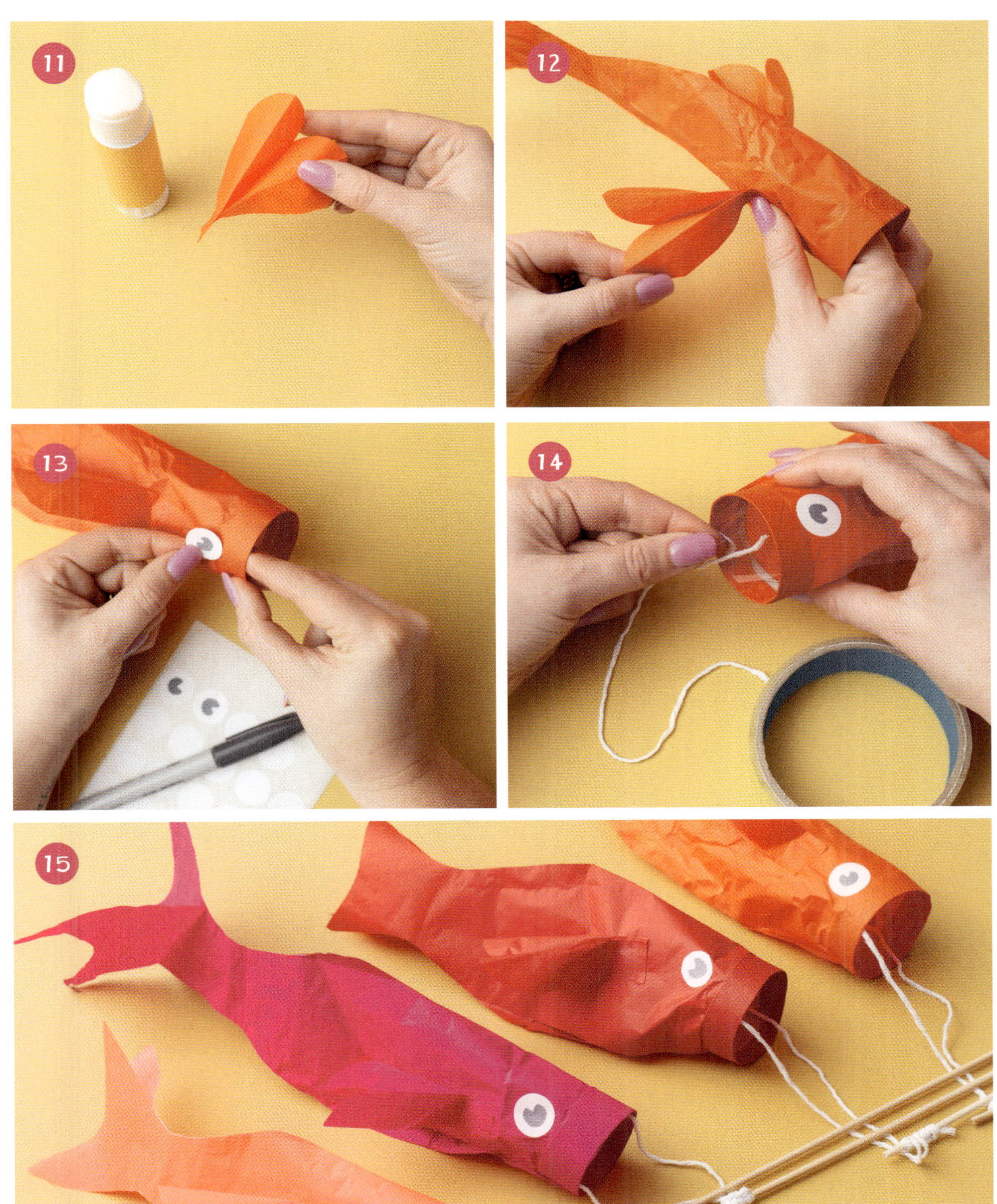
11
12
13
14
15

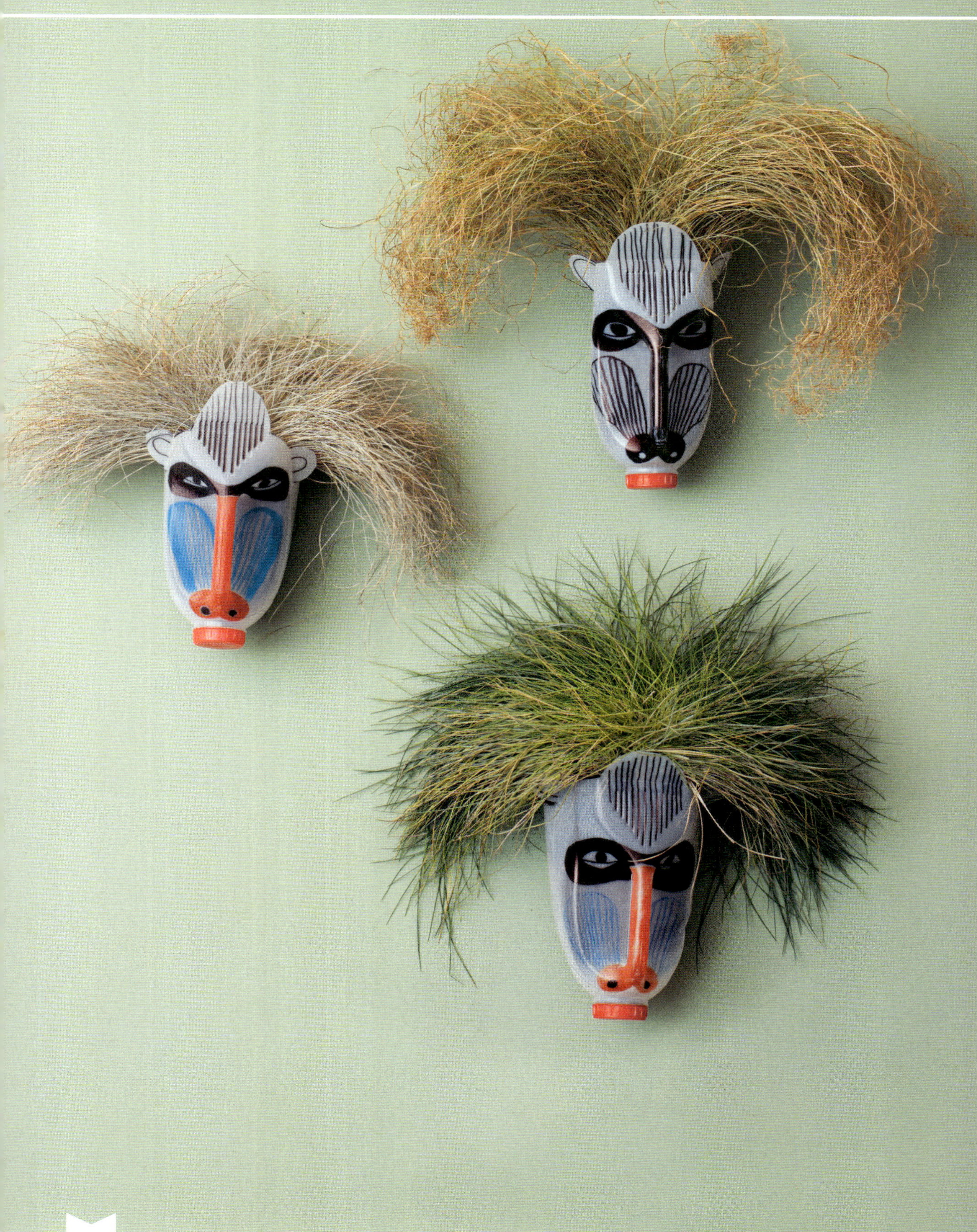

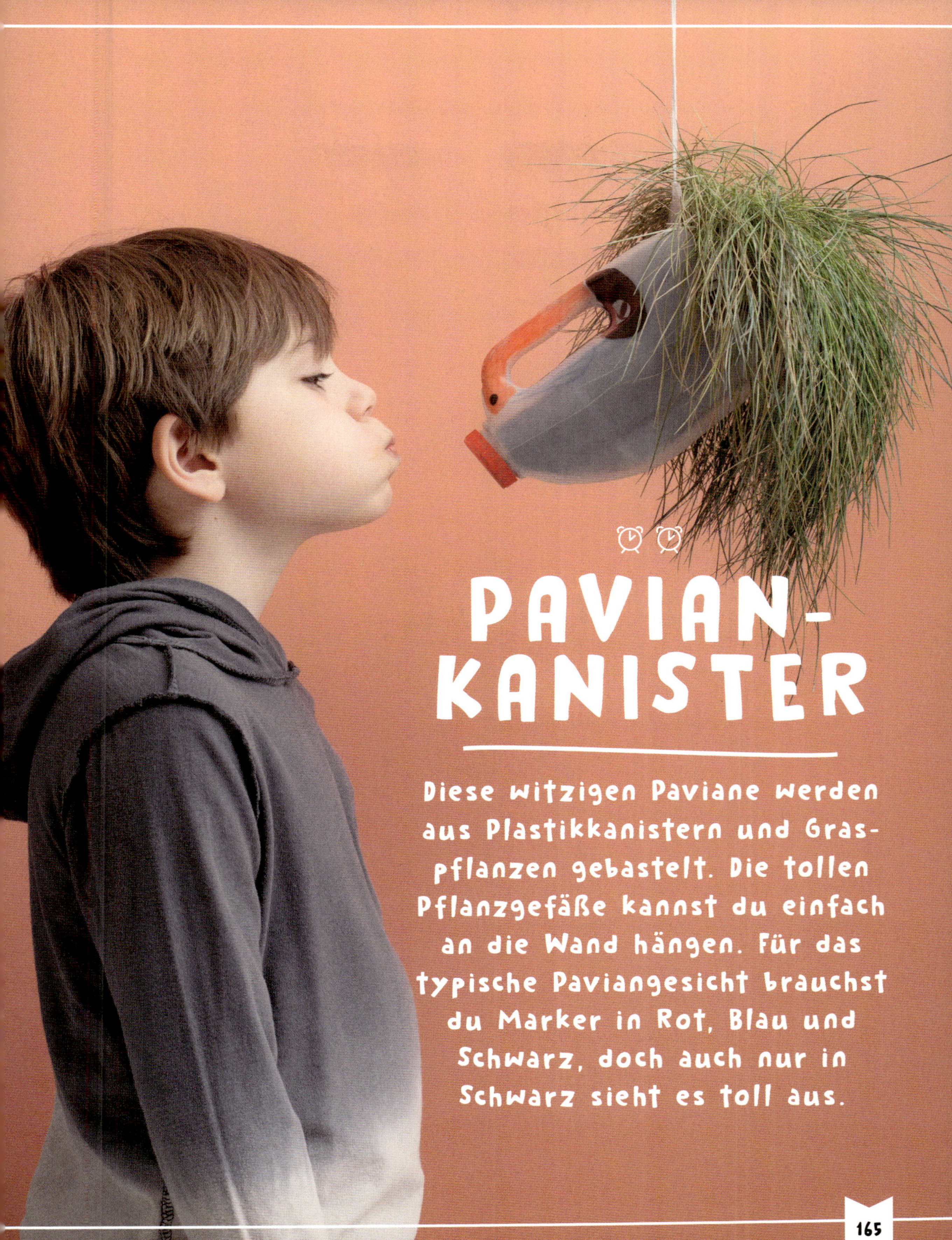

PAVIAN-KANISTER

Diese witzigen Paviane werden aus Plastikkanistern und Graspflanzen gebastelt. Die tollen Pflanzgefäße kannst du einfach an die Wand hängen. Für das typische Paviangesicht brauchst du Marker in Rot, Blau und Schwarz, doch auch nur in Schwarz sieht es toll aus.

DU BRAUCHST

- Graspflanze
- Plastikkanister
  mit mittigem Griff, teilweise bei Kanistern für Saft oder Putzmittel. Am besten mit rotem Deckel für den Mund
- Permanentmarker in Schwarz, Rot und Blau
- Schere
- Bürolocher
- Schnur (optional)

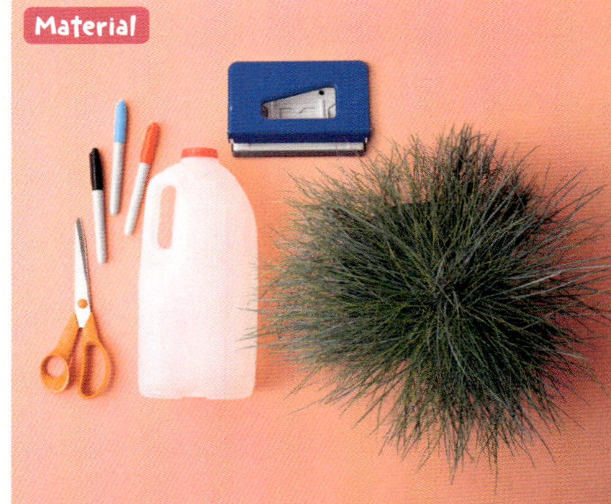
Material

ANLEITUNG

1 Zeichne mit dem schwarzen Stift einen Halbkreis auf die Vorderseite des Kanisters wie auf dem Bild zu sehen.

2 Den Kanister auf die Seite legen und die Form für das Ohr aufzeichnen. Ziehe von dort eine gerade Linie nach hinten wie auf dem Bild. Auf der anderen Seite wiederholen.

3 Zeichne auf der Hinterseite des Kanisters eine große Rundung auf.

4 ***Mit erwachsener Assistenz*** Die Flasche an der aufgezeichneten Linie aufschneiden und so den oberen Teil abtrennen.

5 Zeichne gerade Linien auf die Stirn. Mein Kanister hatte dort bereits eingeprägte Linien, die ich nachgezeichnet und verlängert habe.

6 Jetzt die Augen zeichnen. Male zunächst auf beiden Seiten des Griffs die Konturen.

7 Dann eine Maske um die Augen zeichnen und schwarz ausmalen.

8 Zeichne nun die Augen ein. Ich habe auch ein Unterlid gemalt, damit es noch mehr nach Pavian aussieht.

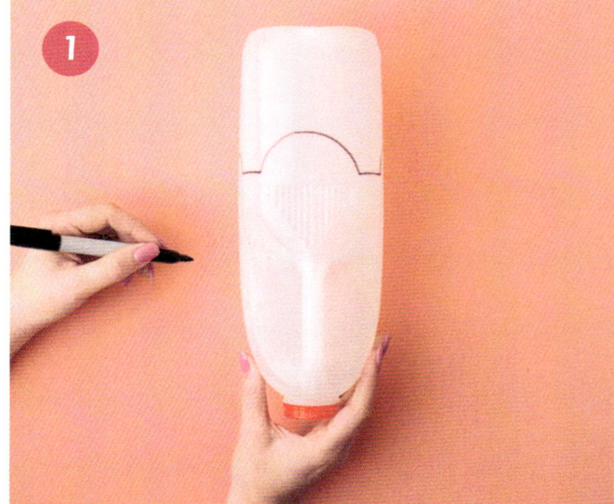
1

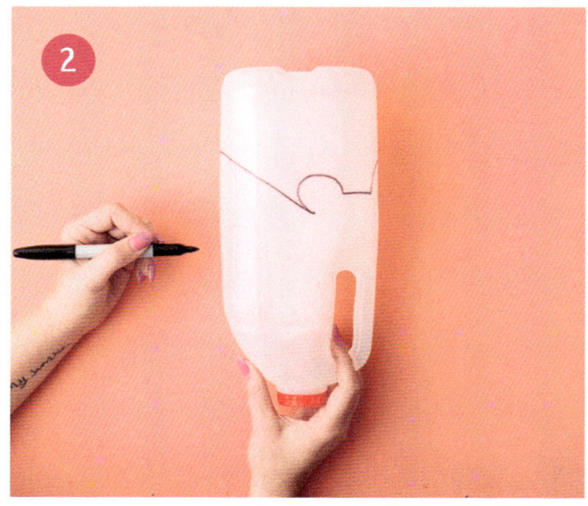
2

Weiter geht's auf Seite 168.

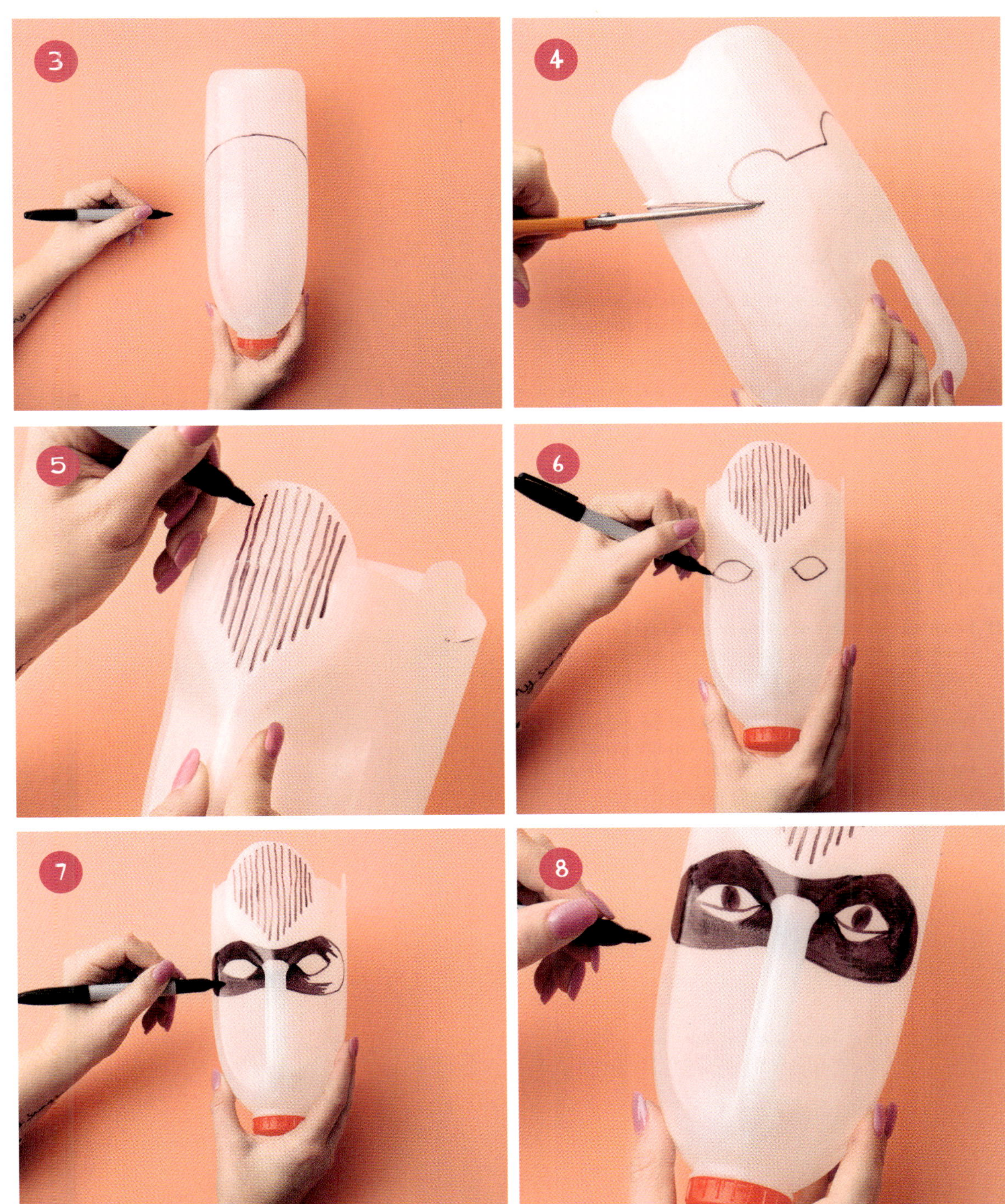
3
4
5
6
7
8

9 Für die Nase den Griff rot bemalen. Ich habe den Griff vollständig angemalt, das ist nicht ganz einfach und braucht daher etwas Zeit.

10 Male unten an der Nase Nasenlöcher.

11 Blaue Wangen andeuten, sodass die Pavian-Form deutlich wird.

12 Male Halbkreise auf die Ohren.

13 Die Ohren nach außen biegen, sodass sie hervorstehen, wenn man den Pavian am Ende von vorne betrachtet.

14 Jetzt kannst du die Graspflanze in den Kanister setzen. Lege am besten ein paar kleine Steine oder Kiesel als Drainage unten hinein wie bei einer Topfpflanze.

15 Wenn du deinen Pavian an die Wand hängen möchtest, mache mit dem Bürolocher ein Loch in die Mitte der Rückseite.

16 Jetzt kannst du ihn aufhängen.

17 Wenn du ihn mit einer Schnur aufhängen möchtest, loche die Stirn mittig und biege sie etwas nach vorne. Dann den Faden einfädeln und aufhängen.

Vergiss nicht, deinen Pavian regelmäßig zu gießen, je nachdem wie viel Wasser die Pflanze benötigt. Meine ist ein bisschen vertrocknet (mir fehlt der grüne Daumen!). Das ist aber gar nicht so schlimm, weil trockenes Gras auch gut zu Pavianen passt.

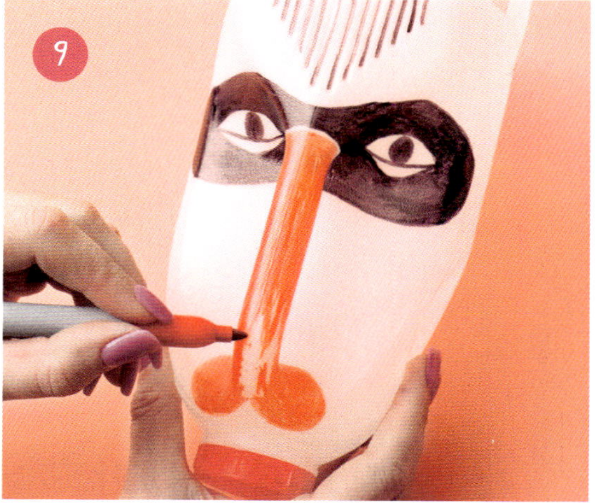

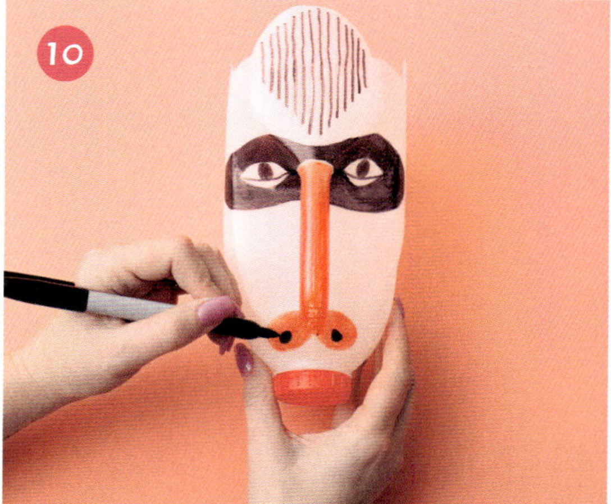

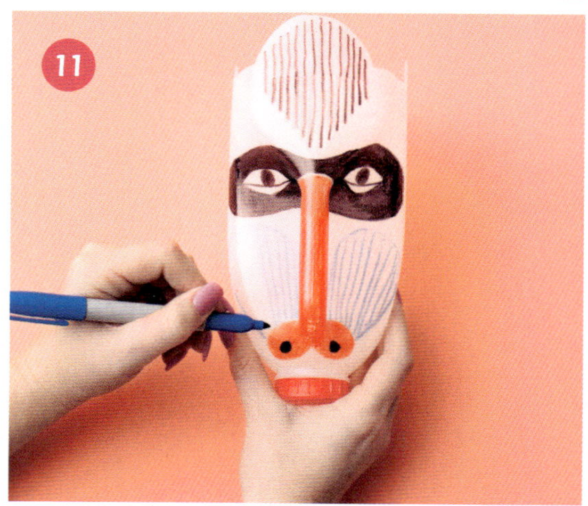

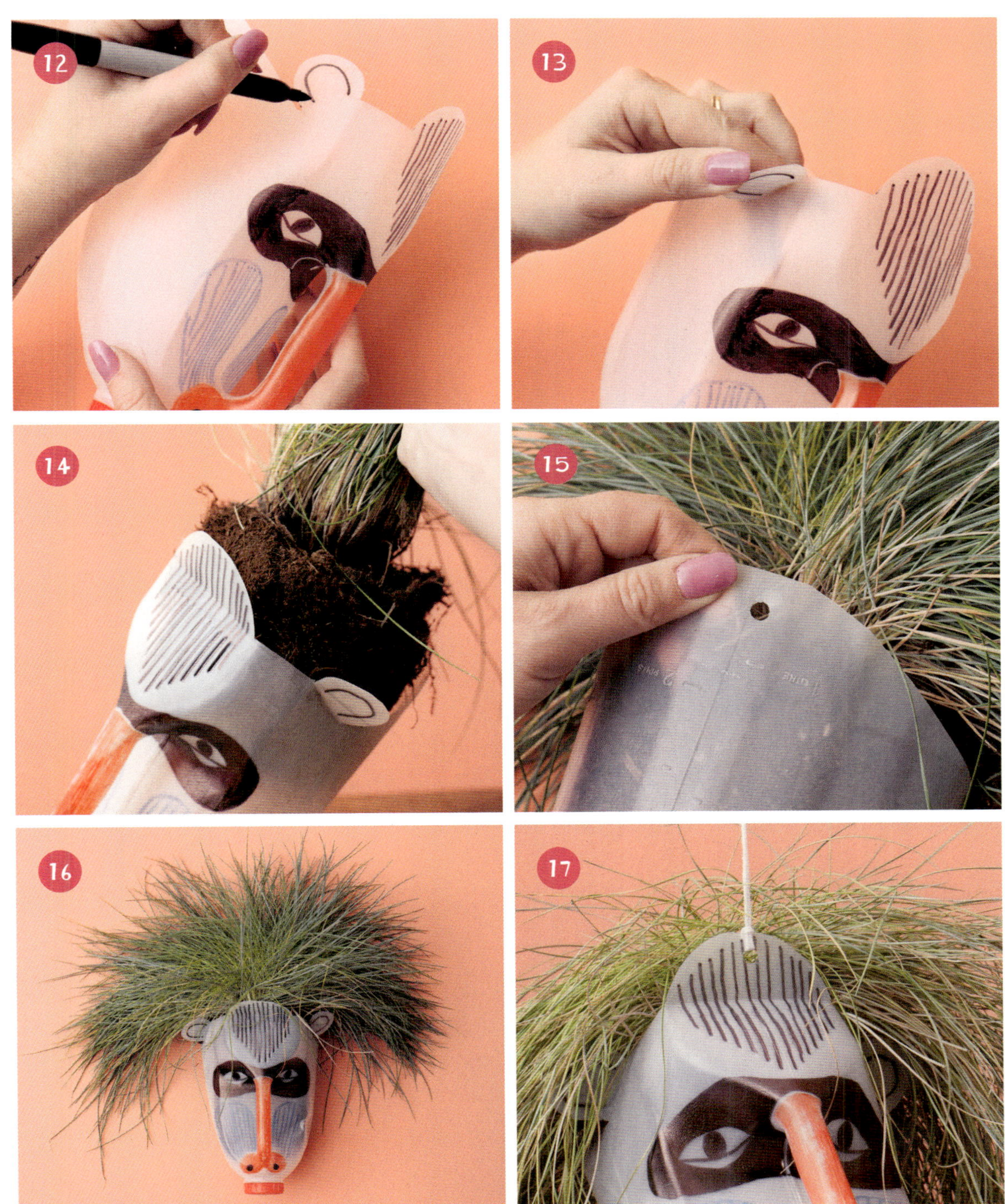
12
13
14
15
16
17

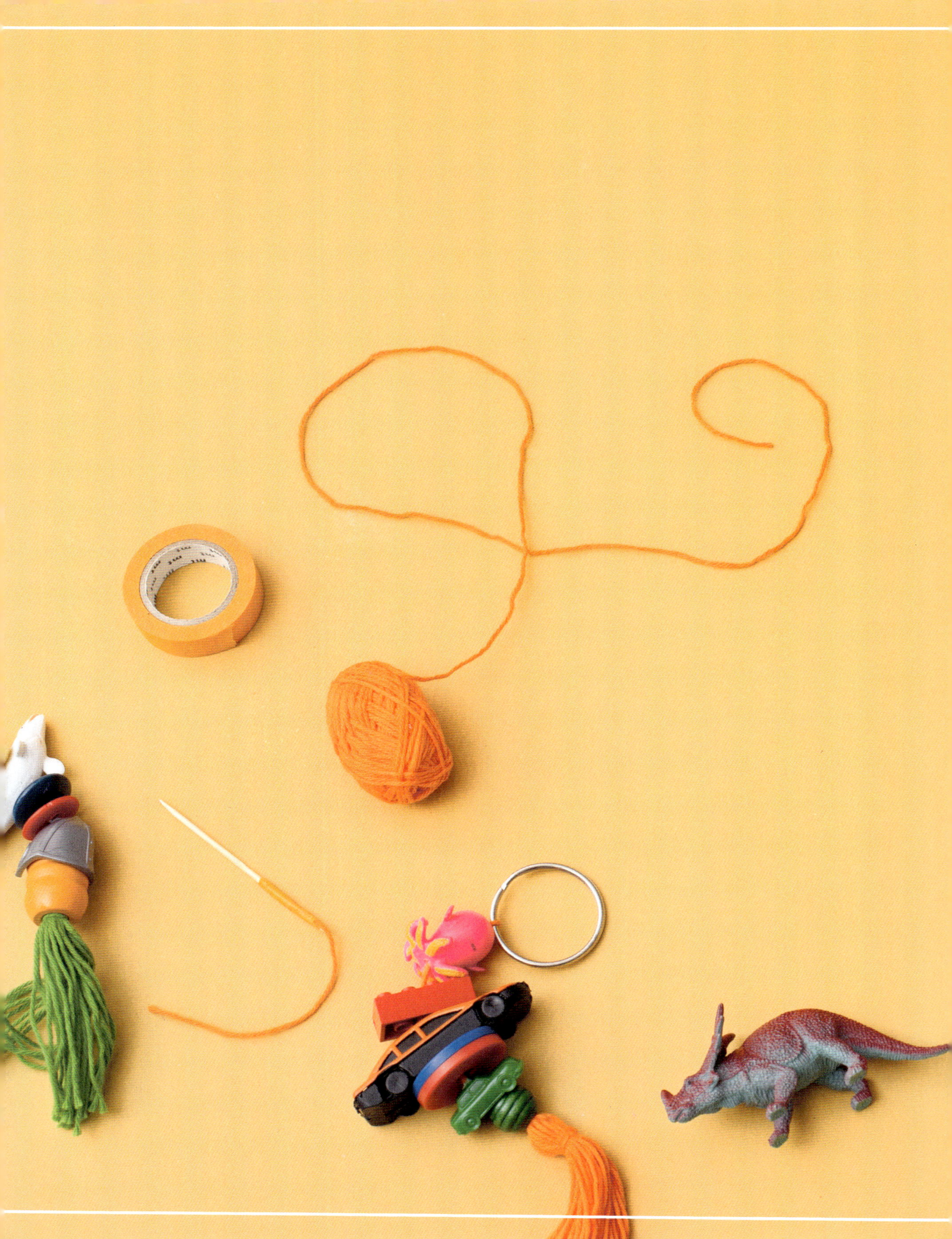

KAPITEL 4

NÜTZLICHE DINGE

PROJEKTE FÜR KLEINE HELFER

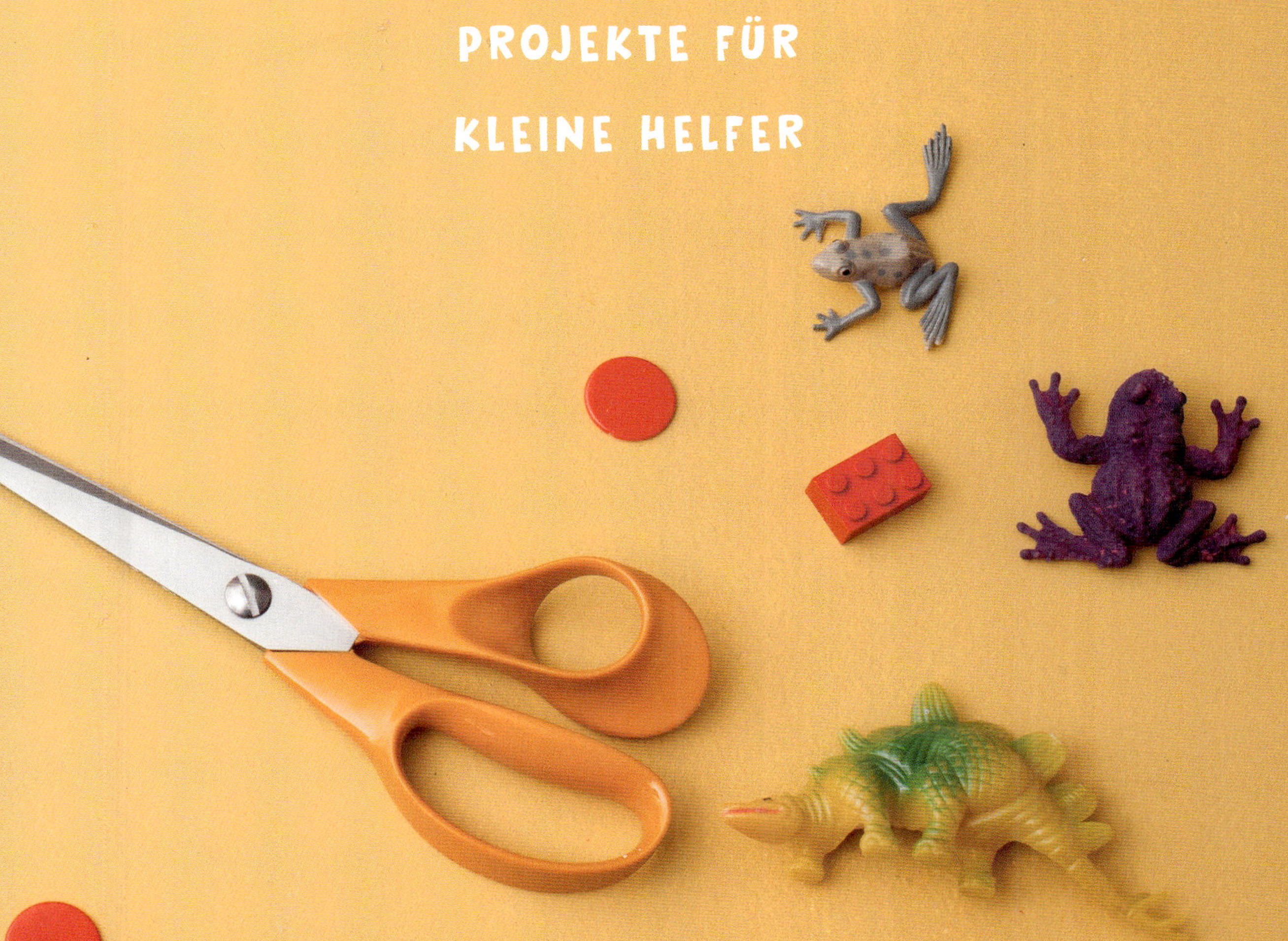

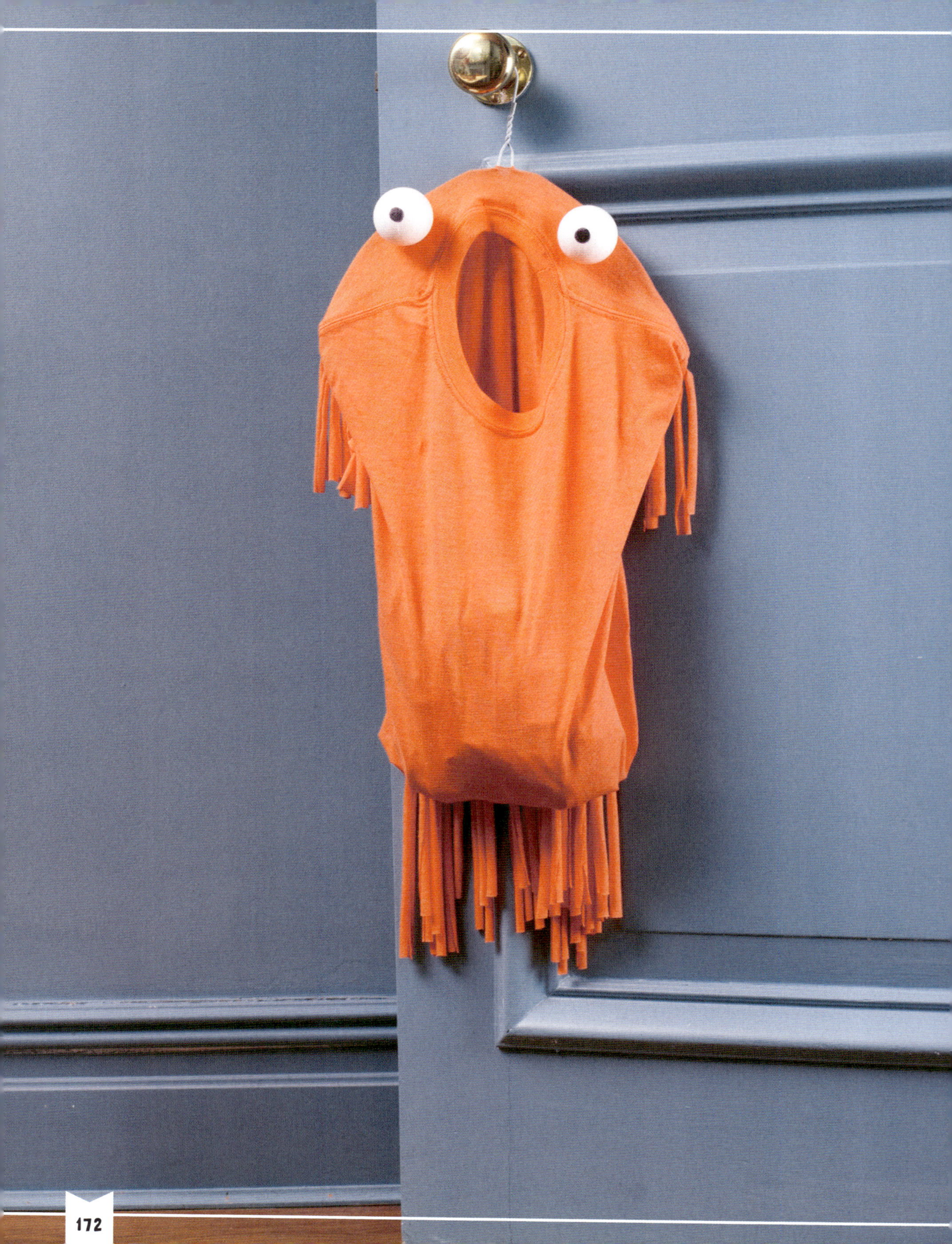

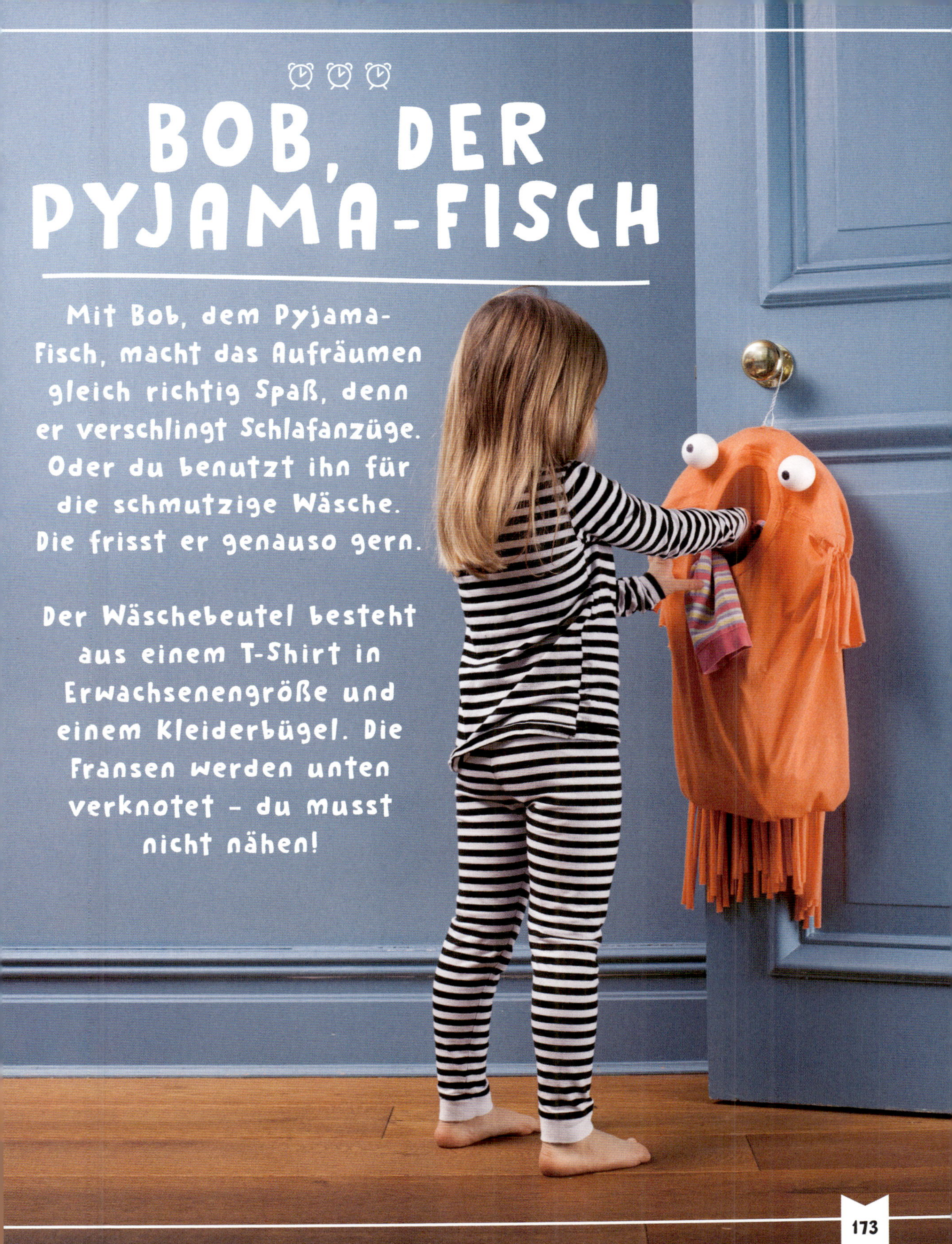

BOB, DER PYJAMA-FISCH

Mit Bob, dem Pyjama-Fisch, macht das Aufräumen gleich richtig Spaß, denn er verschlingt Schlafanzüge. Oder du benutzt ihn für die schmutzige Wäsche. Die frisst er genauso gern.

Der Wäschebeutel besteht aus einem T-Shirt in Erwachsenengröße und einem Kleiderbügel. Die Fransen werden unten verknotet – du musst nicht nähen!

DU BRAUCHST

- T-Shirt
- Drahtkleiderbügel
- 2 Styropor®-Kugeln
- 2 Reißzwecken
- Permanentmarker in Schwarz
- Schere
- Bastelkleber

ANLEITUNG

1 Schneide vom T-Shirt den unteren Saum und die Ärmelsäume ab. Das Etikett hinten entfernen.

2 Schneide Fransen unten in das T-Shirt. Ich habe hier ein T-Shirt in Erwachsenengröße verwendet und die Streifen 12 cm lang und 1,5 cm breit geschnitten.

3 Ähnliche Fransen in die Ärmel schneiden.

4 Verbinde die vorderen und hinteren Fransen jeweils fest mit einem Doppelknoten. Anschließend dasselbe mit den Ärmelfransen wiederholen.

5 Biege den Drahtkleiderbügel in eine Kreisform.

6 In die Rückseite des T-Shirts, etwa 4 cm unterhalb des Halsausschnittes, ein kleines Loch piksen. Stecke den Haken des Kleiderbügels hindurch und schiebe den restlichen Kleiderbügel durch das große Loch in das T-Shirt.

7 Nun auf jeder Seite des Halsausschnittes jeweils eine Heftzwecke von innen durch den Stoff stecken, um als Nächstes die Augen daran zu befestigen.

8 Male für die Pupillen schwarze Kreise auf die Styropor®-Kugeln. Auf die Spitzen der Heftzwecken jeweils einen Tropfen Kleber geben und die Kugeln draufstecken. Liegend trocknen lassen. Jetzt kann der Fisch Schlafanzüge oder Schmutzwäsche verschlingen!

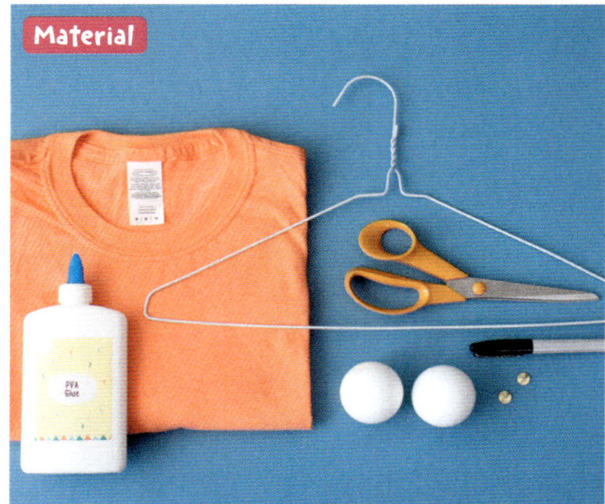

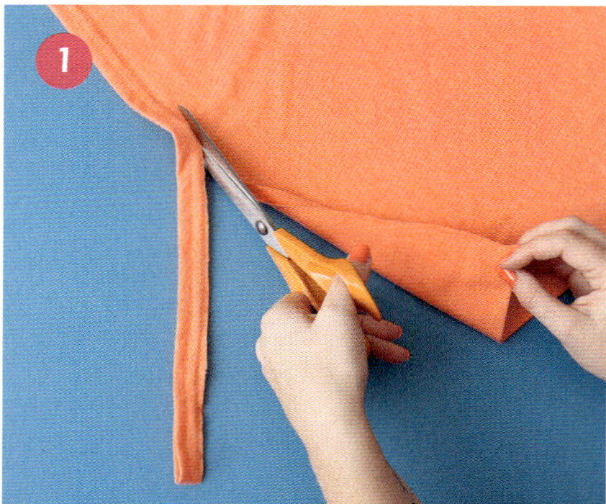

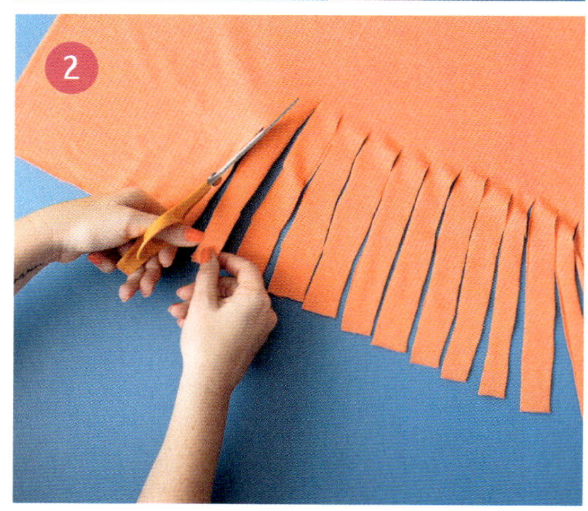

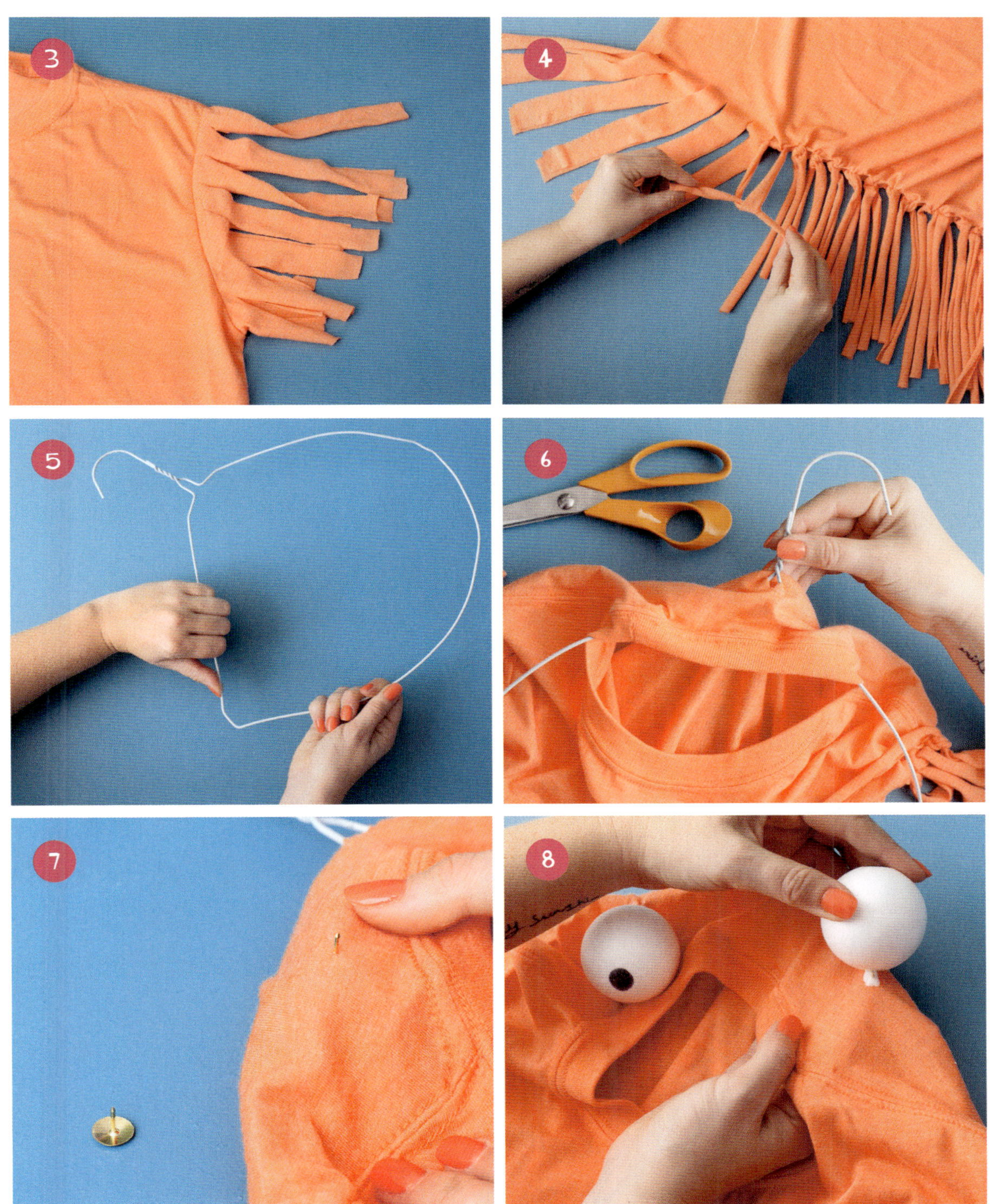
3
4
5
6
7
8

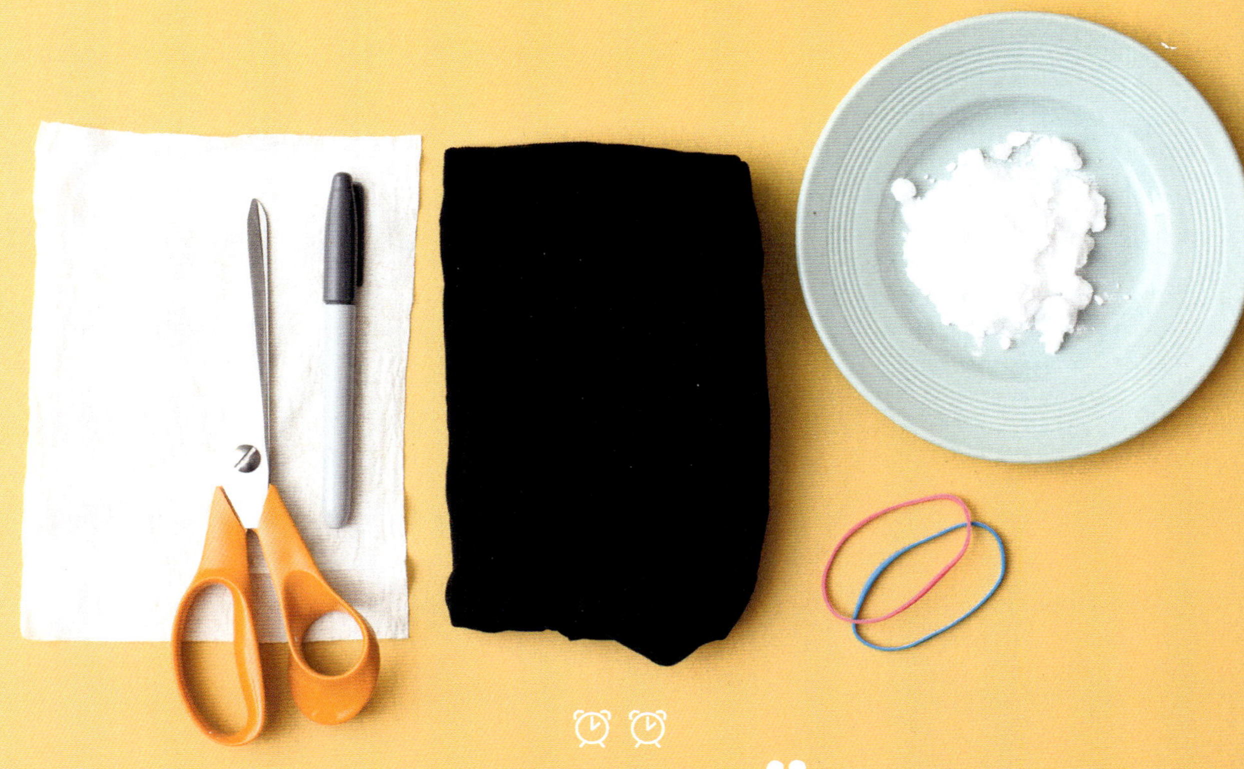

GERUCHSRÄUBER

Manche kreativen Projekte entstehen aus einer Notwendigkeit heraus. Ich habe nach einem Mittel gegen stinkende Schuhe gesucht und herausgefunden, dass Natron prima Gerüche absorbiert. Ein Beutelchen Natron über Nacht in den Schuhen lässt den Gestank auf wunderbare Weise verschwinden.

Wenn wir ihm ein Gesicht geben und wie einen kleinen Räuber aussehen lassen, stiehlt er in der Nacht den Gestank. Ein tolles Geschenk für alle, die übelriechende Schuhe haben!

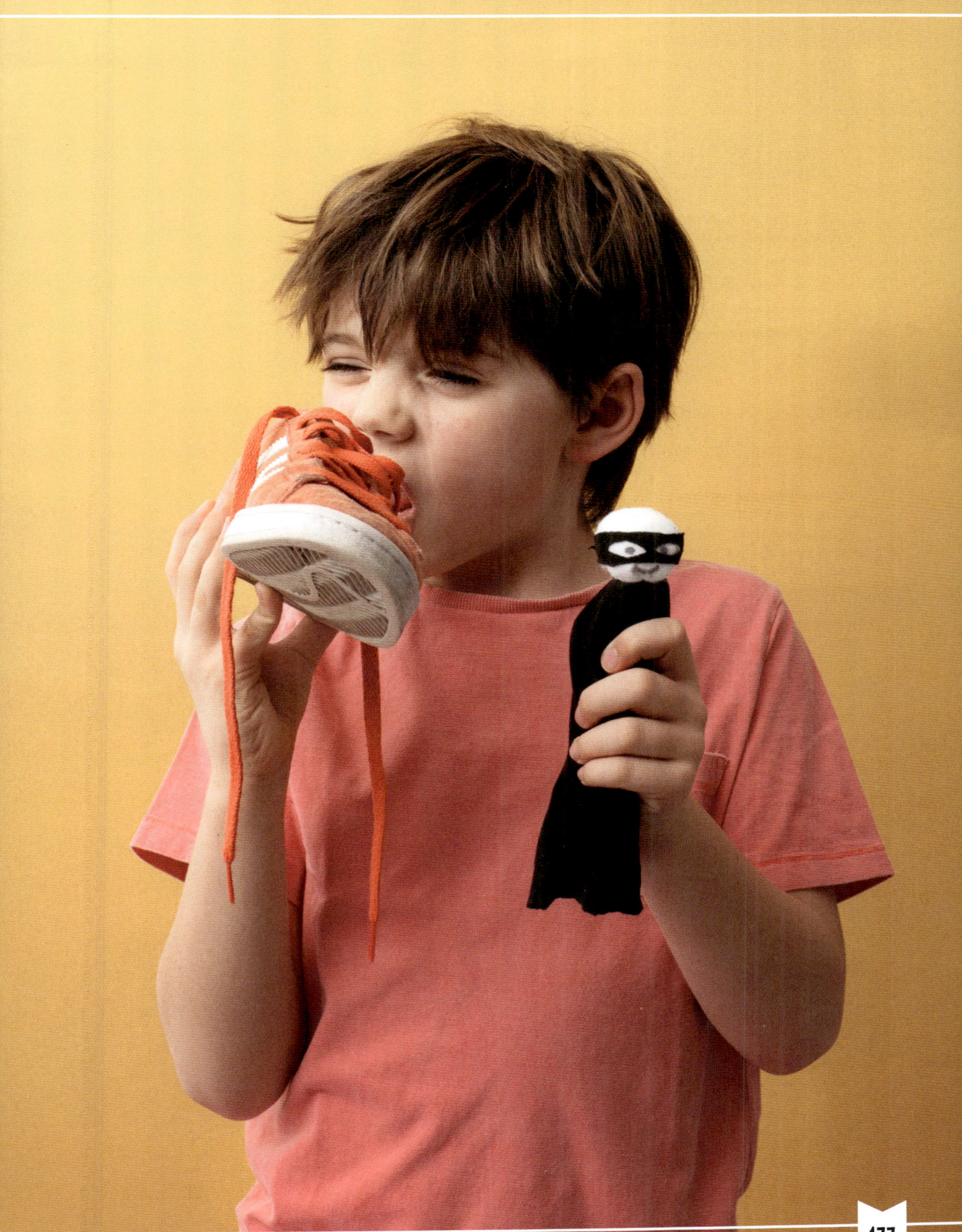

DU BRAUCHST

- Feuchttuch, getrocknet
  24 Stunden ausgebreitet liegen gelassen
- 1 EL Natron
- Strumpfhose oder Leggings in Schwarz
- 2 Gummibänder
- Permanentmarker in Schwarz
- Schere

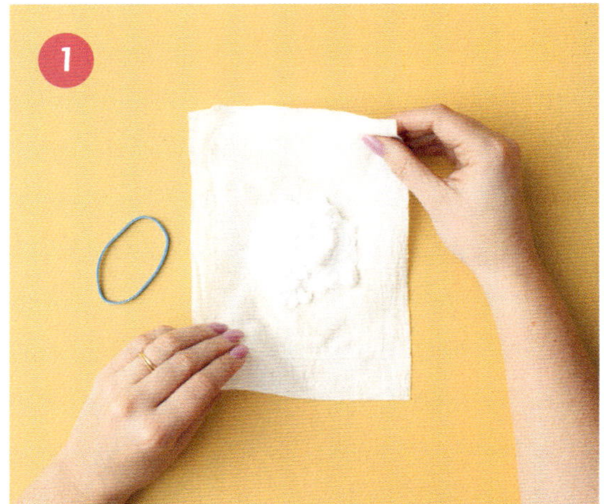

ANLEITUNG

1 ***Mit erwachsener Assistenz*** Gib das Natron mittig auf das Feuchttuch. Es kann etwas beißen, wenn es in die Augen gerät, daher sollte dieser Schritt von einem Erwachsenen ausgeführt werden. Für größere Kinder ist das kein Problem. Danach die Hände waschen.

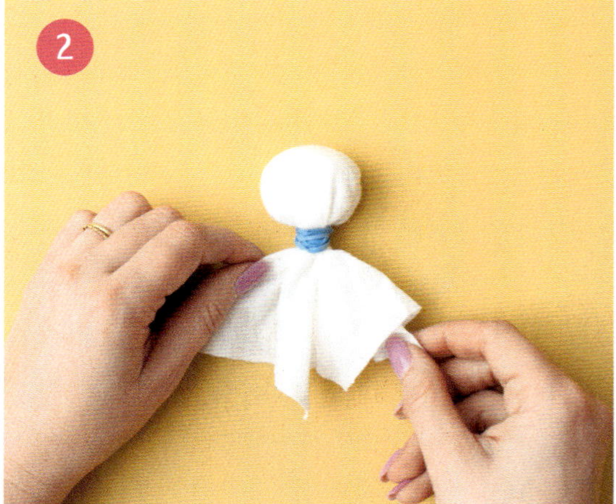

2 Nimm die Enden des Tuches über dem Pulver zusammen und befestige sie mit einem Gummiband, damit das Pulver nicht herausrieseln kann. Das wird der Kopf.

3 Von einer Strumpfhose oder Leggings eine etwa 25 cm lange Röhre abschneiden.

4 Schiebe den Kopf bis in die Mitte der Röhre.

5 Das zweite Gummiband um den Kopf und den schwarzen Stoff wickeln.

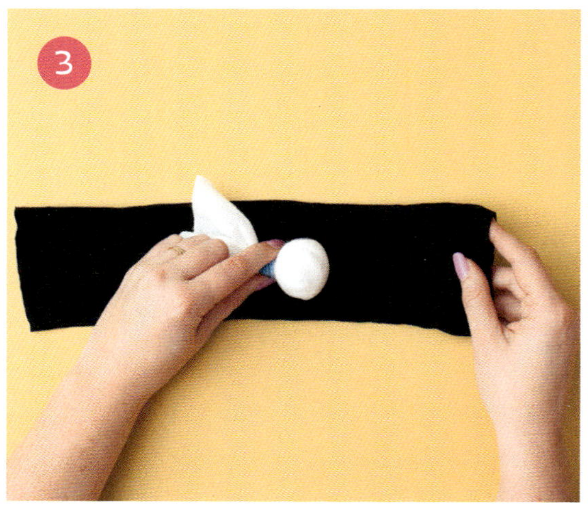

6 Klappe den schwarzen Stoff zurück, sodass der Kopf zu sehen ist. Jetzt hast du einen Kopf und einen Körper.

7 Mit dem Stift ein freches Gesicht aufmalen.

8 Schneide eine kleine Räubermaske aus dem restlichen Stoff aus. Augenlöcher hineinschneiden und die Maske um den Kopf binden.

9 Stecke den Räuber jetzt mit dem Kopf zuerst in einen stinkenden Schuh – er wird den Gestank auf wunderbare Weise entfernen.

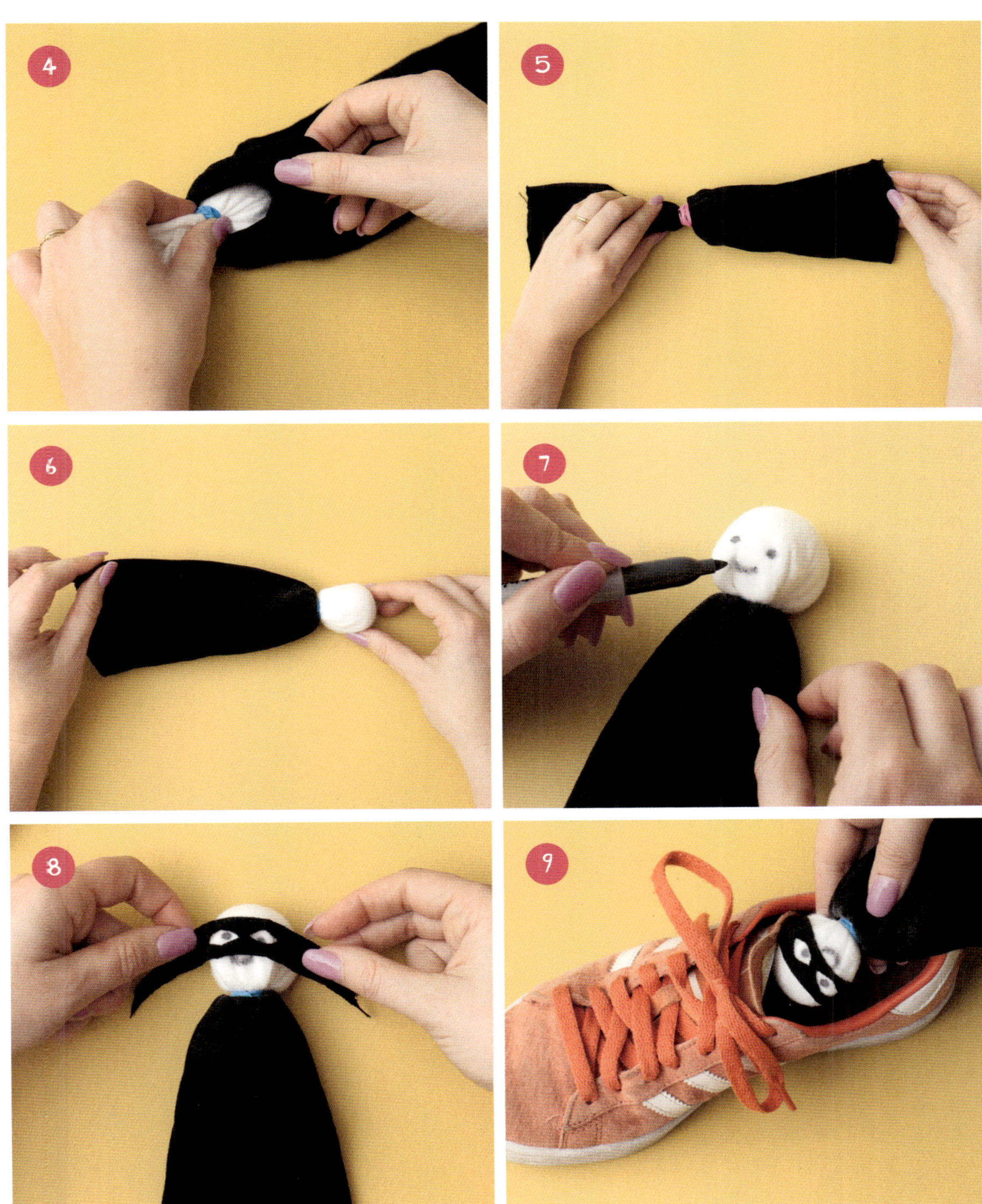
4
5
6
7
8
9

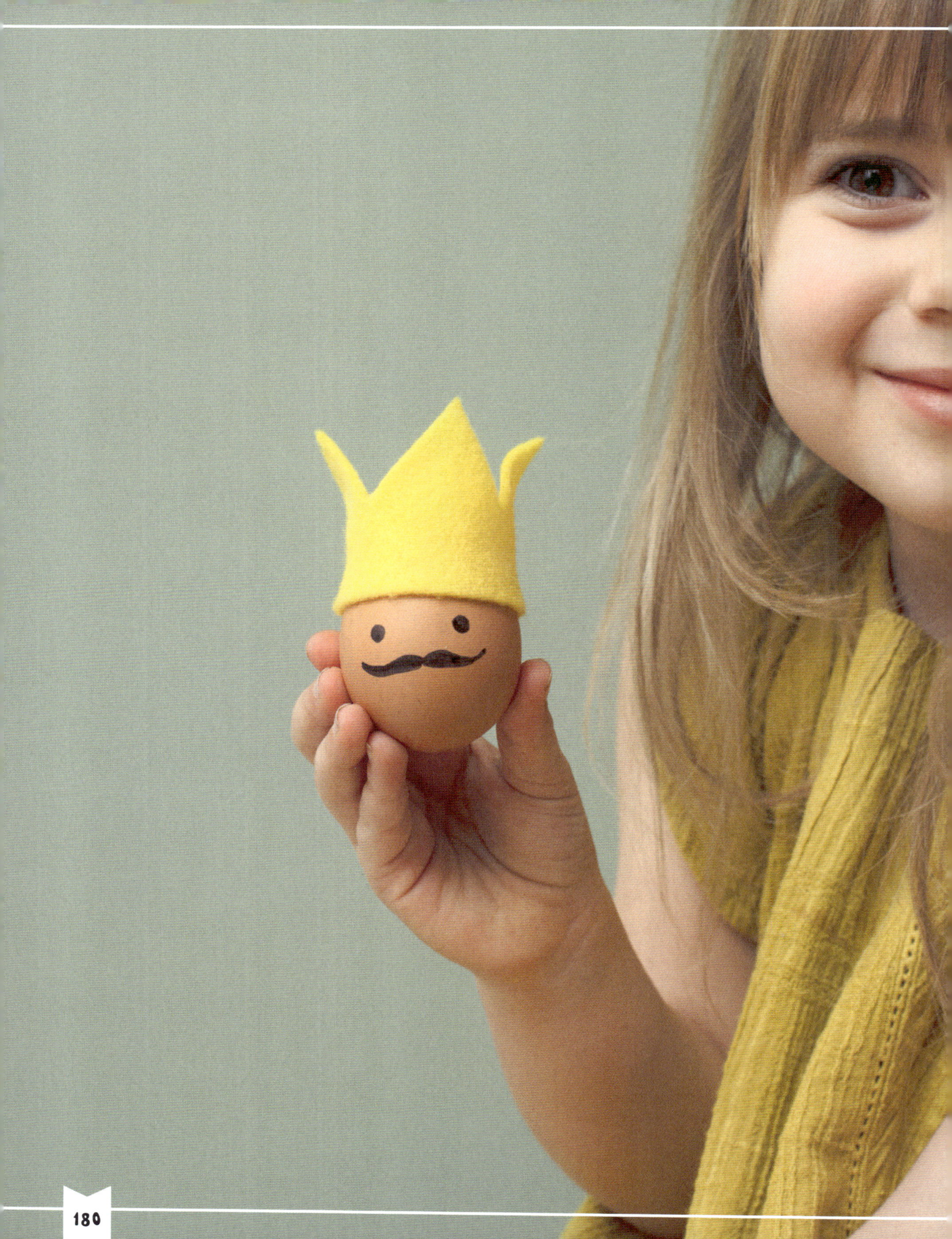

EIERHÜTE

Diese kleinen Eierhüte halten deine Eier warm, während du dir den Toast schmierst. Du kannst auch Gesichter auf die Eier malen und ihnen bestimmte Persönlichkeiten geben. Wähle zwischen einem Clown, einem König, Señor Huevos mit Sombrero oder mach alle drei, wenn du besonders hungrig bist.

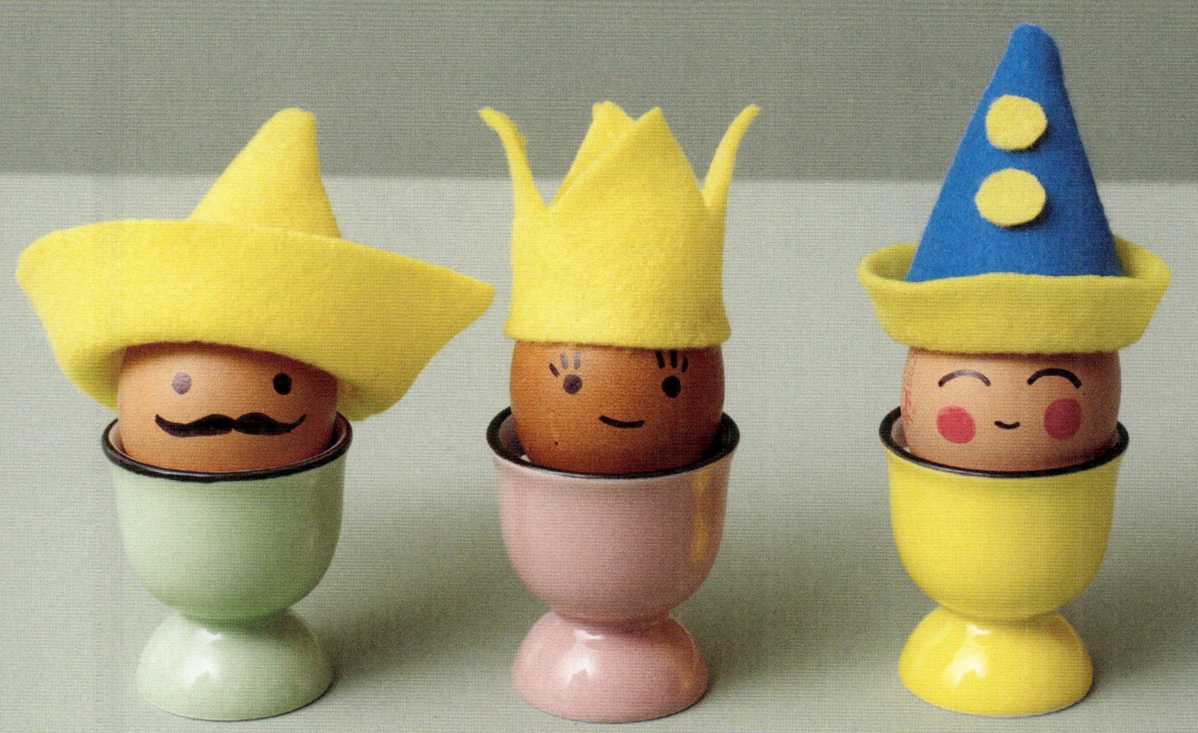

DU BRAUCHST

- Bastelfilz
- Eier
- Schere
- Bürohefter
- Klebestift
- Permanentmarker in Schwarz
- Teller als Schablone

ANLEITUNG

SEÑOR HUEVOS

1 Zeichne mithilfe eines Frühstückstellers einen Halbkreis auf den Filz.

2 Den Halbkreis ausschneiden.

3 Lege den Halbkreis zu einem Kegel und probiere, ob er auf das Ei passt. Aber Achtung: der Rand wird noch umgeklappt.

4 Tackere den Kegel ungefähr auf halber Höhe zusammen.

5 Für die Sombrero-Form die Hutkrempe nach oben umklappen.

6 Fixiere die Krempe mit einer Tackernadel.

7 Jetzt den Sombrero auf das Ei setzen. Male mit dem Filzstift ein kleines Gesicht.

Weiter geht's auf Seite 184.

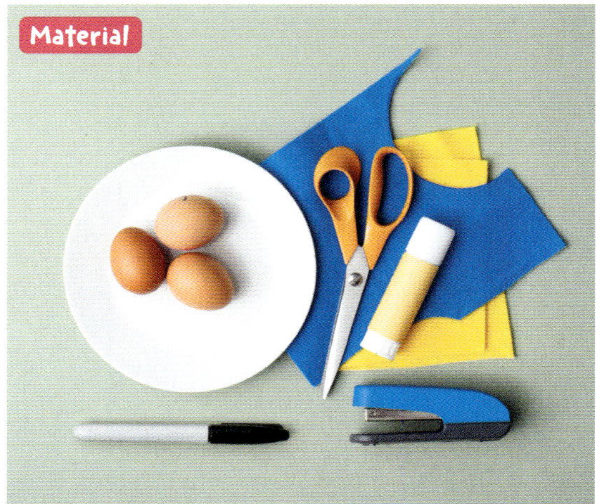

Material

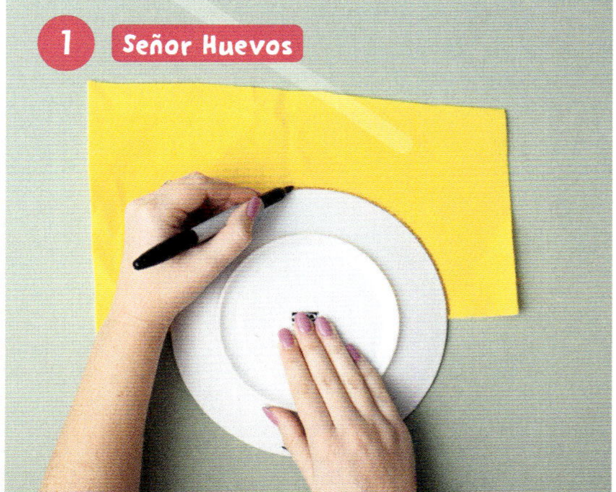

1 Señor Huevos

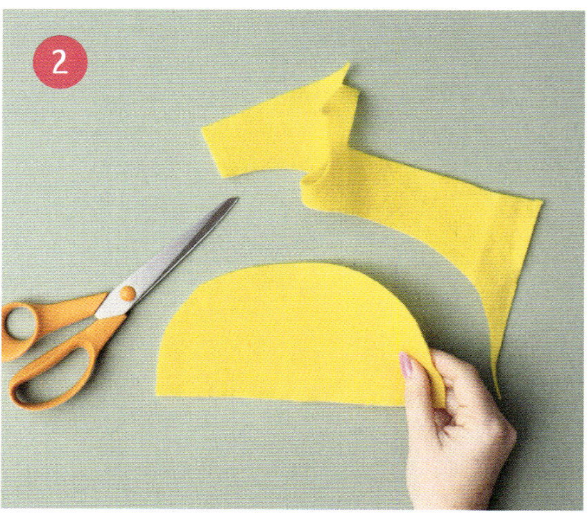

2

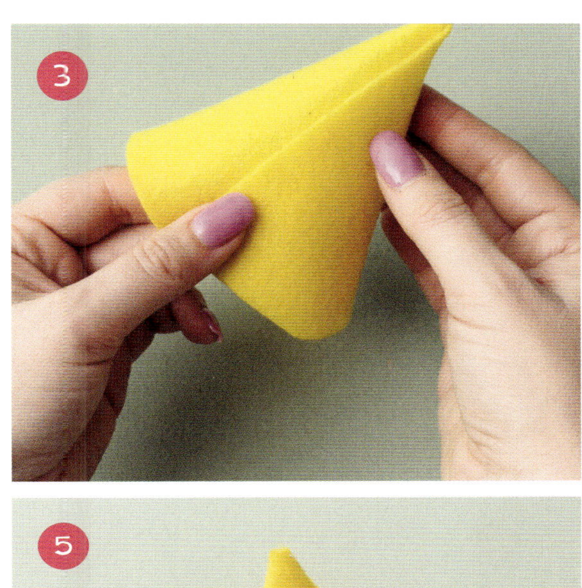
3

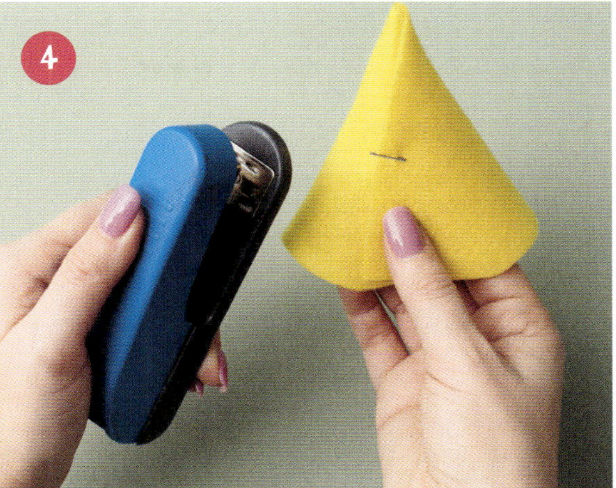
4

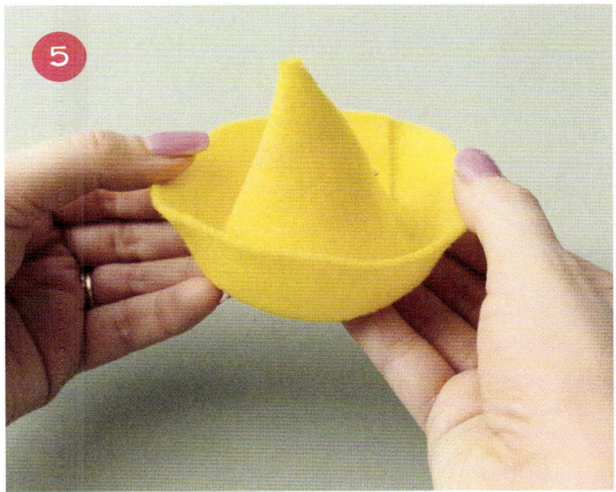
5

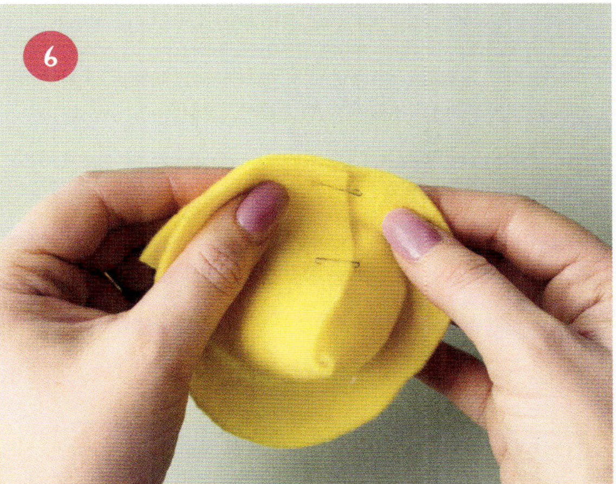
6

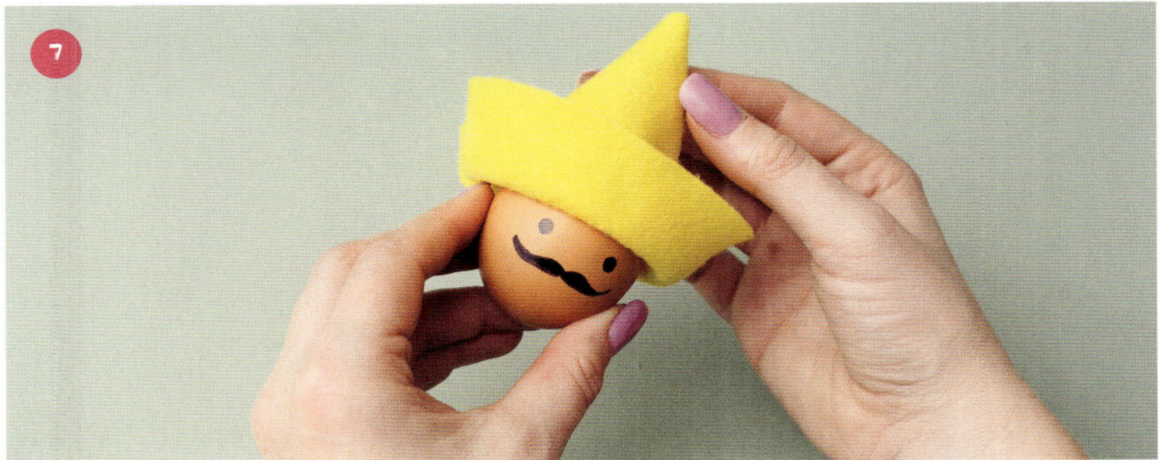
7

EIERKÖNIG

1 Schneide vom Filz einen etwa 4 x 15 cm großen Streifen ab. Die obere Kante wie gezeigt zickzackförmig einschneiden.

2 Wickele den Streifen um das Ei, um die richtige Größe für die Krone herauszufinden. Mit zwei Tackernadeln an den Verbindungsstellen zusammenheften.

3 Jetzt kannst du deinen Eierkönig krönen und ihm ein Gesicht malen.

EIERCLOWN

1 Schneide aus dem Filz zwei Halbkreise in verschiedenen Farben aus. Als Schablone für den kleineren Kreis habe ich eine CD und für den größeren eine kleine Schüssel verwendet. Die Halbkreise in zurecht. schneiden, sodass stumpfe Winkel entstehen. Schneide für die Knöpfe zwei kleine Kreise aus.

2 Die stumpfen Winkel zu Kegeln rollen und die Größe auf dem Ei testen.

3 Verbinde die Kanten durch beide Schichten mit dem Bürohefter.

4 Die größere Krempe umklappen und festheften.

5 Klebe die Knöpfe auf.

6 Den Hut auf das Ei setzen und ein fröhliches, kleines Gesicht darauf malen.

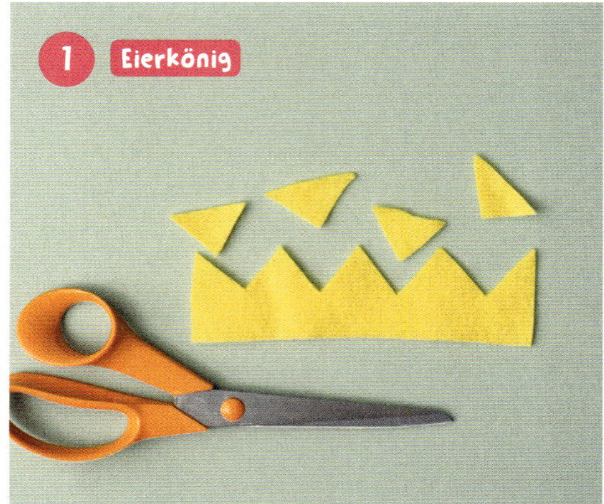

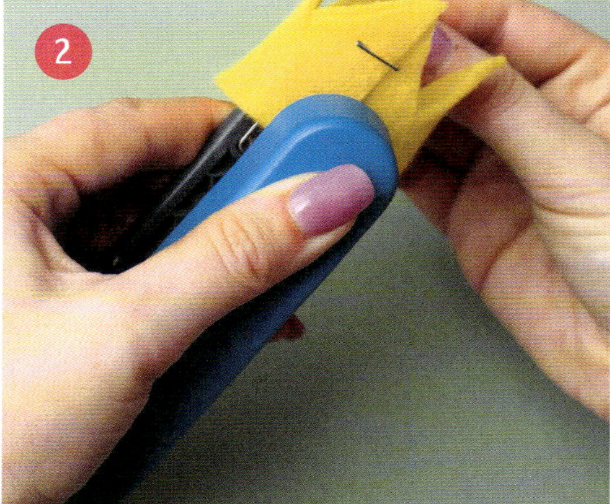

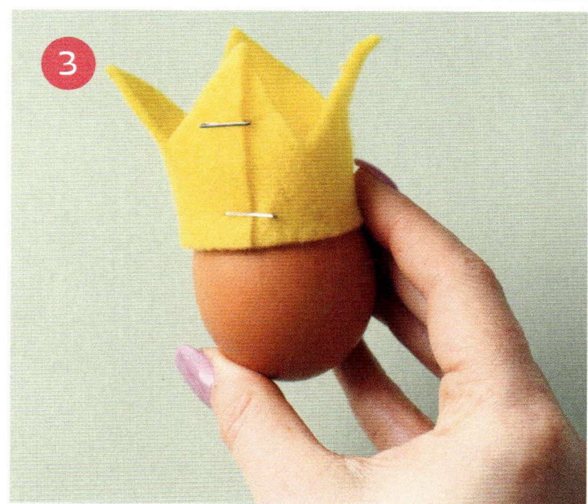

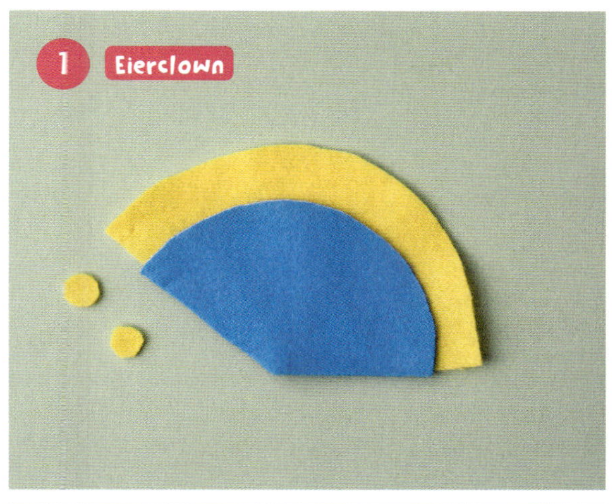
1
Eierclown

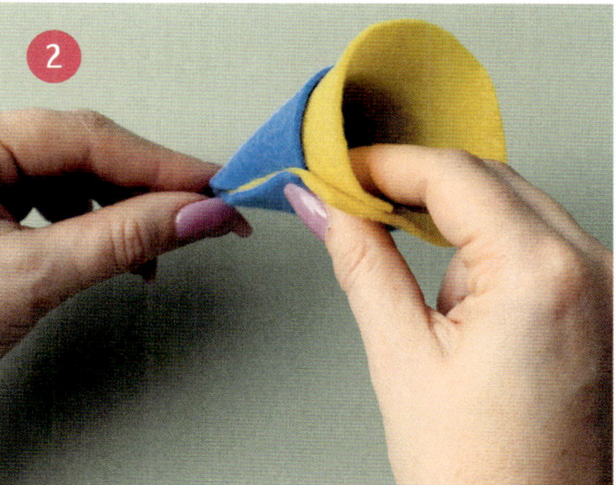
2

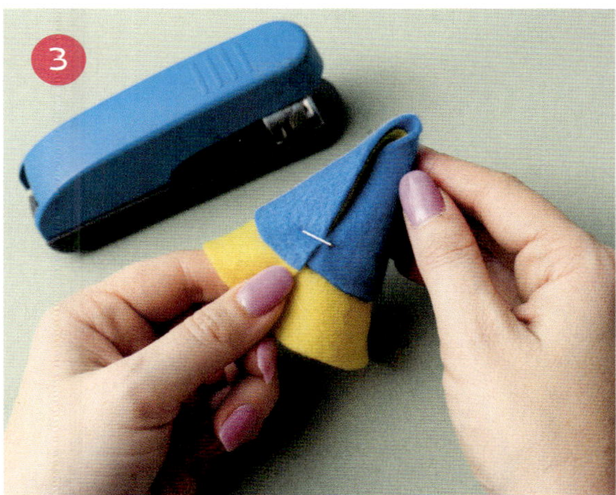
3

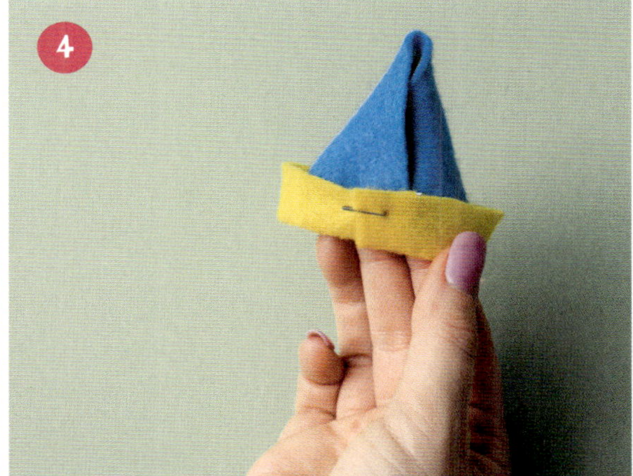
4

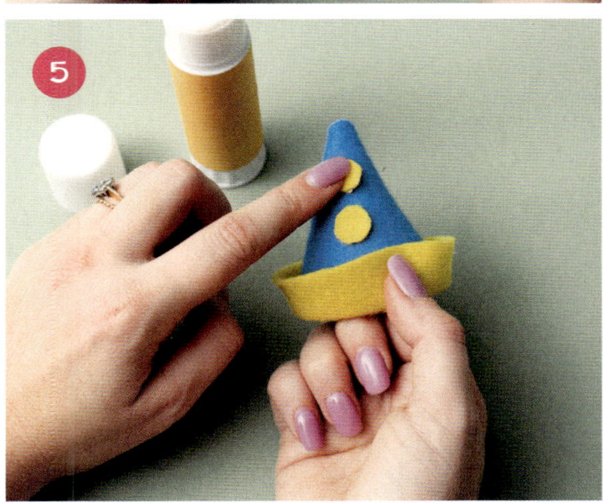
5

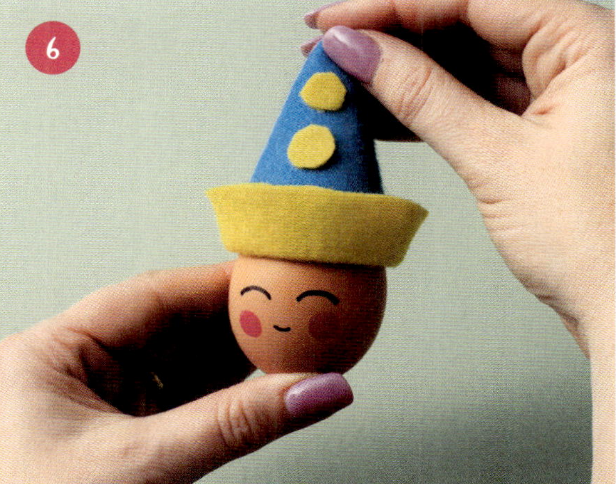
6

KRIMSKRAMS-SCHLÜSSEL-ANHÄNGER

Wir haben alle irgendwo überflüssigen Kleinkram herumliegen, den du prima in Schlüsselanhänger verwandeln kannst.

Dieses Projekt ist etwas für Erwachsene, die mit einem Bohrer umgehen können. Am besten eignen sich Stücke aus Plastik, Holz und Gummi, weniger gut welche aus Glas und Metall.

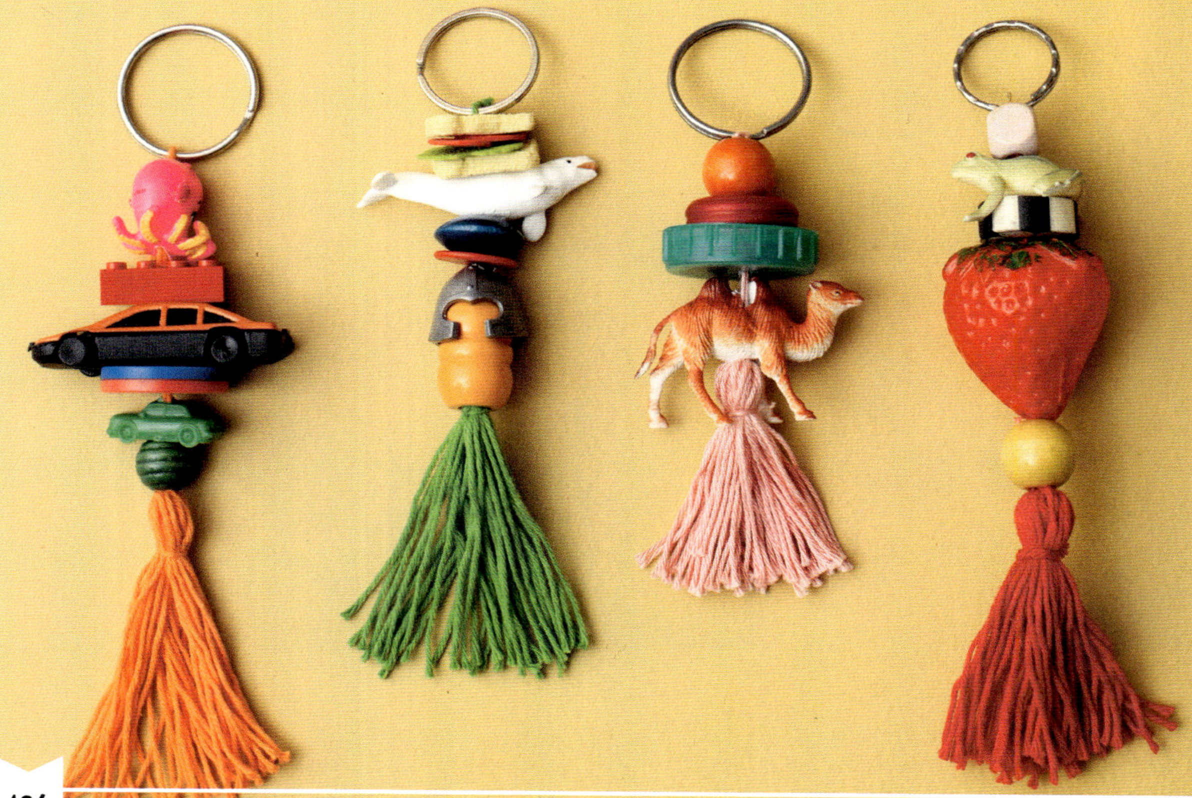

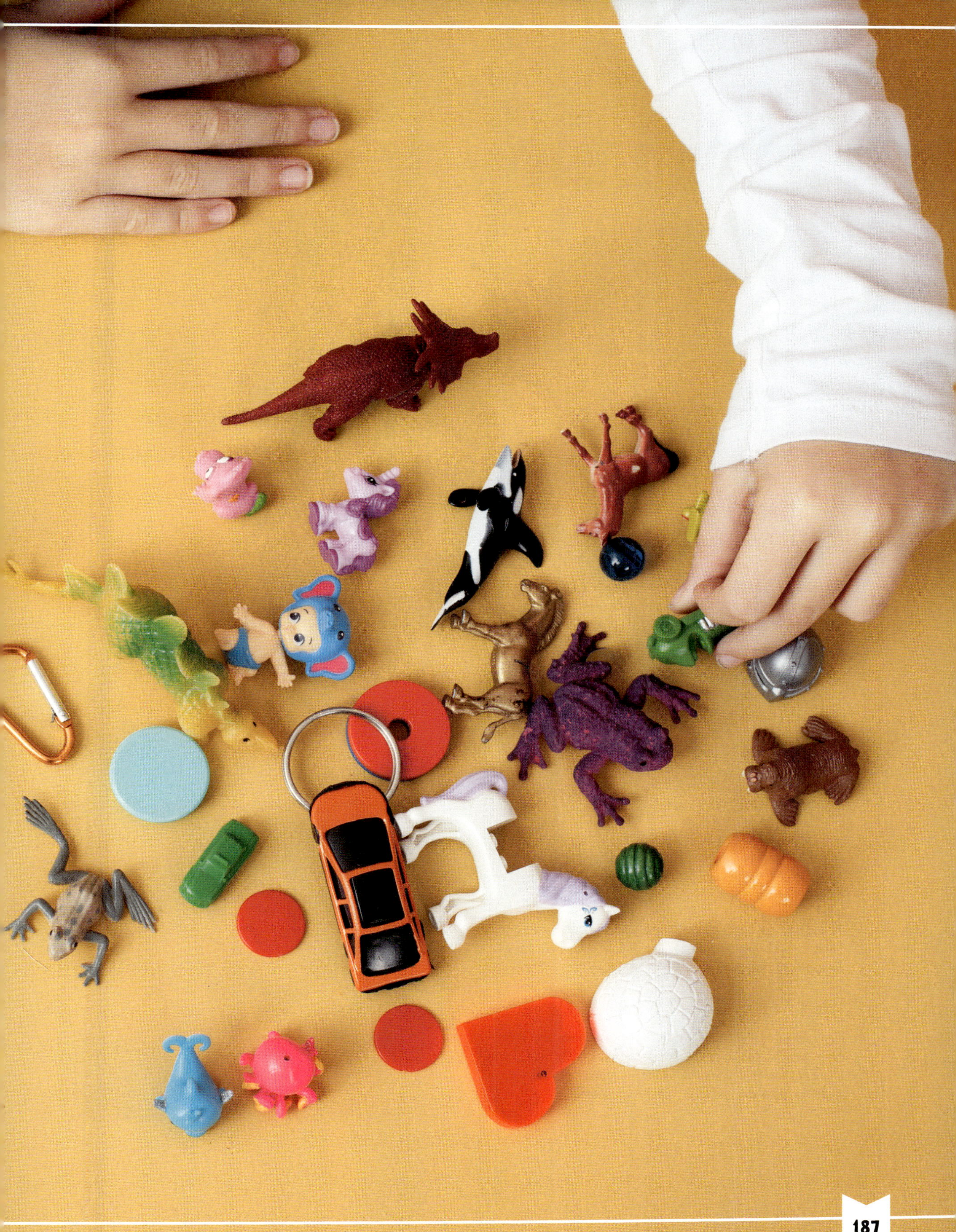

DU BRAUCHST

- Kleinkram: Figuren, Perlen etc.
- Schlüsselring
- Schnur oder Garn
- Bohrer
- Bohraufsatz
  hier Größe 5
- Zange
- Pappschachtel
  Unterlage beim Bohren, alternativ eine Werkbank, falls vorhanden
- Zahnstocher
- Klebeband

ANLEITUNG

1 Den Kleinkram in einem Stapel übereinanderlegen. Probiere am besten etwas herum, welche Teile gut aufeinanderpassen.

2 ***Mit erwachsener Assistenz*** Eine Pappschachtel als Unterlage zum Bohren verwenden. Halte den Gegenstand mit einer Zange fest, auf keinen Fall mit bloßen Händen!

3 Bohre ein Loch in jedes Teil.

4 Darauf achten, dass die Löcher so groß sind, dass die Schnur zweimal durchpasst.

5 Fädele die Schnur durch die Löcher. Das geht einfacher, wenn man dafür einen Zahnstocher nimmt: die Schnur mit Klebeband daran befestigen und wie eine Nadel durchziehen.

6 Nachdem du die Schnur durch alle Figuren gezogen hast, stecke sie durch den Schlüsselring und fädele sie wieder zurück durch alle Figuren.

7 Dann mit einem festen Knoten gut sichern.

8 Zum Schluss bringe eine Quaste am Ende an. (Wie man eine Quaste anfertigt, kannst du dir auf Seite 114 anschauen.) Dadurch wird verhindert, dass die Figuren von der Schnur gleiten können.

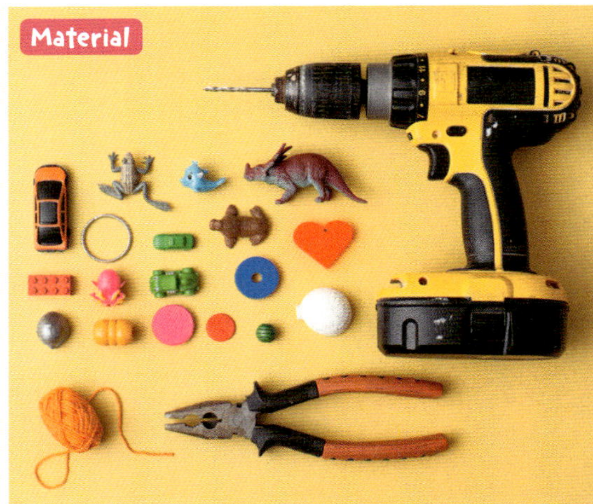
Material

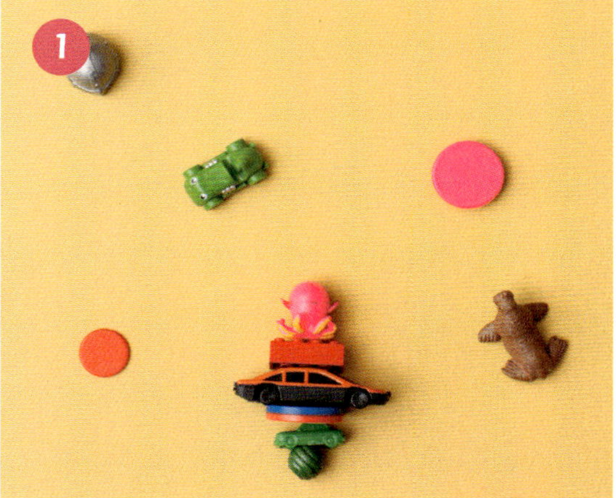
1

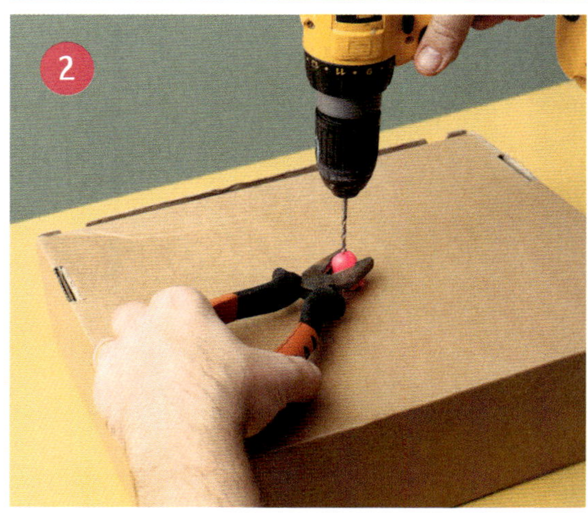
2

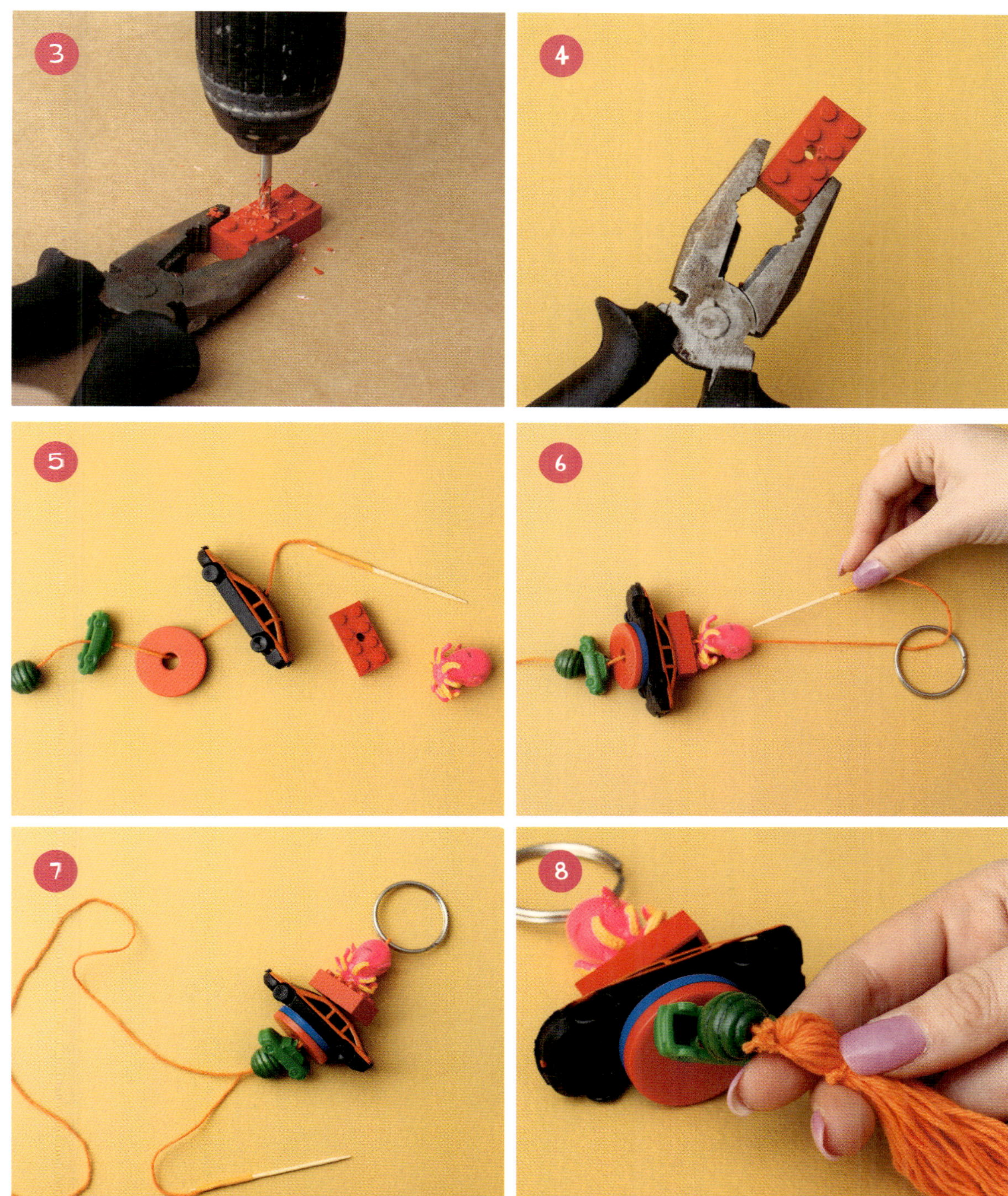
3
4
5
6
7
8

Register

Register

DANKSAGUNG

Seit fünfzehn Jahren illustriere ich nun Bücher und Zeitschriften, aber jetzt erscheint mein Name zum ersten Mal auf dem Titelblatt. Das fühlt sich fast unwirklich an!

Mein erstes Buch trug den Titel What is Green? und ich veröffentlichte es 1987 als einmalige Sonderausgabe. Es war etwa 10 Seiten lang und hatte Löcher, hinter die ich grüne Folie aus Bonbonpapier geklebt hatte. Meine Mutter fand das fantastisch und stellte es neben ihre dicken Kunstbände in ihr Bücherregal. Meine Liebe zum Büchermachen wurde so bestärkt. Daher möchte ich meiner Mutter großen Dank sagen, weil sie meine Liebe zu Büchern gefördert und sich immer Zeit genommen hat, mit mir gemeinsam kreativ zu sein.

Vielen Dank an meine Kinder Elliot und Frida, die mir die Freude, aus kleinen Resten irgendetwas anzufertigen, zurückgegeben haben. An meinen Mann Tom, der mich in all meinen kreativen Angelegenheiten stetig unterstützt hat, auch wenn sie noch so sonderbar wirkten. Und an die Ladyland-Gang, mit der alles begann: Selina, Bella, Margherita, Celia, Clementine, Ruth und Kelly.

An Sam und Emma und das Team vom Penguin-Verlag sowie an Flora von Independent für ihre Unterstützung und harte Arbeit. An das Dream-Team bei Junction Studio: Tom, Helena, Zoe, Sam, Anna und Mary – und an meine Freundin Hollie, die mich in die ganz richtige Richtung gestupst hat.

Und am wichtigsten: Vielen Dank an meine kleinen Models Frida, Elliot, Jessica, Louisa, Kate, Yousuf, Farah, Leilah und Louie. Danke, dass ihr mir geholfen habt, die Dinge anzufertigen und sie mit euren so netten Gesichtern zu beleben.

IMPRESSUM

Die englische Originalausgabe erschien erstmalig 2019 unter dem Titel Quick Crafts for Parents Who Think They Hate Craft bei Vermilion.

First published as QUICK CRAFTS FOR PARENTS WHO THINK THEY HATE CRAFT in 2019 by Vermilion, an imprint of Ebury Publishing. Ebury Publishing is part of the Penguin Random House group of companies.

Design: Emma Scott-Child
Photography: Emma Scott-Child

Für die deutsche Ausgabe
Übersetzung: Dr. Katrin Korch, Literatur und mehr UG, Baden-Baden
Lektorat: Nele Thiemann, Leipzig
Produktmanagement: Nele Schlötzer
Covergestaltung: Eva Hook
Herstellung: Katrin Röhlig
Satz: Werbeagentur Rypka GmbH, Dobl-Zwaring, www.rypka.at, Adelina Tešija
Druck und Bindung: Neografia, Slowakei

2. Auflage 2024

ISBN 978-3-7358-9115-0 · Best.-Nr. 29115

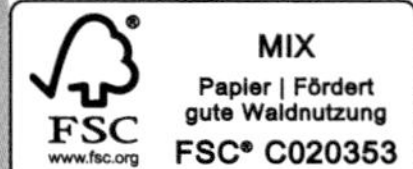

Penguin Random House Verlagsgruppe
FSC® N001967